KB073555

당신의
불안은
죄가
없다

GOOD ANXIETY

당신의 불안은 죄가 없다

걱정 많고
불안한 당신을 위한
뇌과학 처방전

웬디 스즈키 지음
안젤라 센 옮김
김경일 감수

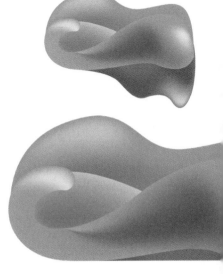

21세기북스

아버지 미키오 스즈키와 오빠 데이비드 코치 스즈키에 대한
사랑의 기억을 담아.
감사합니다. 그립습니다. 사랑합니다.

차례

1부 · 불안 다시 보기

3부 · 불안과 다른 관계 맺기

10장 불안과 친해지기

11장 불안을 유리한 방향으로 유도하기

12장 나를 지키는 좋은 불안 사용법

불안을 대하는 방식이 행복을 결정한다

김경일(인지심리학자, 아주대학교 심리학과 교수)

심리학자들끼리 종종 이런 말을 주고받는다. 인간에게 이 감정이 없다면 심리학은 오늘부로 문을 닫아야 한다고. 실제로 나 역시 그 말에 전적으로 동의한다. 내가 지금까지 써왔던 수많은 논문, 책, 그리고 칼럼에서 '심리' 다음으로 많이 등장한 단어가 이 감정이다. 바로 '불안'이다.

불안, 아마도 인간이 가장 싫어하는 심리 상태 중 하나가 아닐까 싶다. 하지만 불안은 인간의 마음을 들여다보는 가장 중요한 창구로 사용되기도 한다. 불안에 대처하고 불안을 다루는 방식은 사람, 집단, 문화마다 각기 다르다. 그 천차만별의 방식들을 자세히 살펴보면 그 사람의 중요한 성향을 잘 알 수 있다. 그래서 지난 100년간 심리학자들의 관심은 온통 불안에 초점이 맞춰져 왔다고 해도 과언이 아니다. 하지만 대부분의 사람은 그저 불안을 싫어한다. 불안한 상태나 불안을 만드는 상대방, 더 나아가 원인을 알 수 없는 불안을 암시하는 정보조차 싫어하거나 외면한다. 불안을 과도하게 무시하면 허세나 자만으로 흘러간다. 그렇다고 해서 불안에 지나치게 민감하면 아무것도 할 수 없는 혼란스러움과 무기력에 빠진다. 불안을 대하는 자세가 잘못되면 우리는 늘 불행하다. 실제로 불안 자체는 죄가 하나도 없는데 말이다.

이 책에서도 분명히 이야기해주고 있듯이 불안은 우리의 생존과 지속성을 위해 '적정한 수준'으로 느끼고, '적절한 대처'를 필요로 한다. 여기서 중요한 말은 '적정'과 '적절'이다. 즉, 정도의 문제이며 균형 감각의 문제라는 뜻이다. 그리고 이런 문제일수록 섬세하면서도 구체적인 지침들이 필요하다. 무작정 '용기'나 '의지'와 같은 무책임한 말로 무장한 자세로는 어림도 없다. 실제로 성적이 우수한 학생이든 업무 성과가 좋은 직장인이든 뛰어난 운동선수든 무언가를 훌륭히 해내고 있는 사람들은 평균적인 사람들보다 '느끼는 불안'의 수준이 더 높다. 그래서 그들에게는 무언가 변화를 만들어 내려는 움직임이 있다. 그 움직임을 가능하게 하는 건 자신만의 마인드셋이다. 문제는 그들 자신도 그게 무엇인지 설명하는 걸 매우 어려워한다는 거다. 마치 전교 1등을 밥 먹듯이 하는 학생이 자기가 공부를 왜 잘하는지 설명하지 못하는 것처럼 말이다. 그래서 좀 더 친절한 안내서가 필요하다. 이 책은 그 역할을 굉장히 훌륭하게 해주고 있다.

불안에 관한 수많은 연구를 종합해봤을 때, '원하지 않는 생각이나 감정을 가질 때 생기는 불쾌한 감정'인 불안은 그것으로부터 벗어나고 싶은 강한 욕구를 발생시킨다. 동시에 불안이 지향하는 바를 우리가 알아차릴 수 있도록 매우 강력한 메시지를 생성한다. 심리학자들은 그것을 '동기'라고 부른다. 동기는 무언가를 향해 인간을 움직이게 만드는 근원이며 일종의 에너지 같은 것이다. 즉, 불안을 느낀다는 건 우리가 어떤 종류의 에너지를 마련해놓았으니, 이제부터 용처를 잘 찾아 활용하라는 메시지를 세상과 나의 내면이 듀엣으로 은밀하게 들려주고 있는 셈이다. 그리고 이 책은 독자의 시선과 관심에 닿게 그 과정 하나하나를 매우 친절하면서도 구체적으로 이해할 수 있게 한다. 불안의 원인과 이유를 깨닫고, 앞으로 어떻게 해야 할지 자연스럽게 가늠해볼 수 있게 한다.

이 책의 원제는《Good Anxiety: Harnessing the Power of the Most Misunderstood Emotion》이다. 우리말로 번역하면 '가장 오해하기 쉬운 감정의 힘 활용하기'다. 이 말대로라면 불안은 '나쁜 불안'이 아닌 '좋은 불안'이 될 수 있다. 활용할 수 있는 무언가이니 말이다. 부디 이 친절하고도 탄탄한 지침서를 통해 불안을 느낄 때마다 어디를 향해 무엇을 할지에 대한 쓸모 있

는 고민을 시작해보시길 권한다. 이 과정들이 하나씩 쌓여 올라
간 탑이 우리 인생이다. 이 책을 읽으면서 심리학자인 나 역시 지
나온 인생의 많은 부분을 '불안 - 정서 - 동기 - 행동의 변화'라는
일련의 연쇄로 이루어진 틀 안에서 이해할 수 있었다. 그래서 오
랜만에 사람이 아닌 책에 고맙다는 인사를 하고 싶다.

불안은
마음이 보내는 신호

안젤라 센(영국 국립정신과 공인심리치료사)

나는 영국 국립정신과의 공인심리치료사다.

지난 15년간, 삼백 개의 언어가 통용되는 국제도시 런던에서 19세부터 92세까지, 50개국 이상의 다양한 사람들을 만나왔다. 영국 국립정신과 심리치료 클리닉 아이앱트IAPT에서는 주로 인지행동 심리치료(이하 CBT)를 통해 우울증과 다양한 불안 장애를 다룬다. 처음 상담실을 찾으면 증상에 대해 깊이 이해하는 것부터 시작한다. 이때 불안 장애의 경우, 내담자는 불안이 나쁜 것만은 아니라는 것, 즉 불안의 순기능에 대해 가장 먼저 배운다.

불안은 위험을 감지하고 미리 대처할 수 있도록 도와주는 마음의 신호로, 생존에 필수적인 감정이다. 많은 사람이 간과하지만, 우리는 선천적으로 불안을 느끼도록 만들어진 존재다. 이 책은 불안의 순기능에 초점을 맞추어 이를 '좋은 불안'으로 정의한다. 저자는 불안에 대한 뇌과학적 이해를 바탕으로 불안을 '좋은' 방향으로, 그 순기능을 최대한 활용하여 자기 보호와 자기 돌봄을 너머 생산적이고 창의적인 방향으로 나아가는 방법을 제시한다.

런던의 상담실을 찾는 사람들은 다양한 모습만큼이나 마음의 고민 또한 각양각색이다. 하지만 대부분 사회 불안 장애, 외상 후 스트레스 장애, 공황 장애, 공포증, 신체 이형 장애, 범불안 장애, 강박증 등 다양한 불안 장애를 안고 문을 두드린다. 이 수는 점점 증가하다가 팬데믹 이후로 폭증하여 연간 180만 명이 찾는 영국의 국민 상담소인 아이앱트의 거대한 규모에도 그 수요를 감당하기 벅찬 상황이다. 미국은 인구의 약 18퍼센트인 4천만 명이 불안 장애를 앓고 있고, 영국은 인구의 약 10퍼센트 이상인 8백만 명이 불안 장애를 겪고 있다. 전문가의 진단을 받지 않은 수치를 감안하면 더욱 심각한 상황이다.

우리의 뇌는 구석기 시대와 비교해서 생물학적 진화를 이루지 못한 데 반해 우리가 살고 있는 현대 사회는 비교할 수 없을 만큼 복잡해지고 변화에 가속도가 붙어 밀려드는 정보의 양을 필터링하는 것만 해도 턱없이 힘에 부치는 상황이다. 불확실하고 따라잡기 힘든 현실에 불안은 일상에 더욱 깊숙이 파고든다.

아이 준비물을 챙겨줘야 하는데 잊어버리면 어떡하지? 그래서 아이가 날 원망하면? 아, 맞다. 구독을 해지해야 하는데 잊어버려서 금액이 청구되면 어떡하지? 상사의 이메일을 깜빡 잊어버리면? 자료를 다 읽지 못하면? 보고서를 늦게 내면 어떡하지? 그래서 낙인찍히면? 인사 평가에서 뒤처지면? 그래서 해고되면? 아이들 학원은? 담보 대출은? 거리에 나앉으면? 그럼 어떻게 얼굴을 들고 다니지?

미풍에도 이리저리 흔들리는 자존감에 문제는 해결되지 않고 발만 동동 구르는 일상의 불안은 점점 그 영역을 넓혀 과도하고 통제 불가능한 걱정으로 이어져 범불안 장애가 된다. 통계에 따르면 영국 근로자의 약 60퍼센트가 이러한 불안을 경험한다. 이제 불안은 '장애'가 아니라 현대인의 삶에 자연적인 '현상'이다.

빠르고 복잡하게 변해가는 현대 사회에서 불안을 일으키는 이유는 넘쳐난다. 그리고 불안이란 감정이 피할 수 없는 숙명이라면 어떻게 해야 할까? 저자는 우리가 불안에 대처하는 방식에 주목할 필요가 있다고 한다. 이에 따라 불안은 좋은 불안이 될 수도, 나쁜 불안이 될 수도 있다. 불안을 좋은 방향으로 충분히 활용하기 위해선 이것을 마음의 신호로 바라보고 피하지 않는 자세가 필요하다.

이 책의 번역을 맡은 이유는 공감대다.
먼저 불안에 관한 이 책의 접근법은 나의 전문 분야인 CBT와 상당히 유사하다. 그도 그럴 것이 CBT는 과학적 심리치료의 대명사라고 불리며 현대 인지과학을 기반으로 한 치료 모델을 적용하고 방대한 임상 데이터를 축적하며 계속 진화하는 분야다. 따라서 신경과학자인 저자의 이해와 해법이 CBT와 일맥상통한다는 것은 거의 필연적이다. 다만 이 책은 전문가의 진단과 치료가 필요한 병리학적 불안이 아니라 누구나 겪는 일상의 불안을 다룬다는 점에서 CBT의 접근법을 일상의 불안에 쉽게 활용할 수 있는 방법을 제시한다. 이 책은 과학적 근거를 바탕으로 쉽고 구체적이며 실용적인 방법을 통해 스스로 문제를 대면하고 해결하며 자존감을 적립할 수 있도록 안내한다. 그래서 일상의 불안이 더 큰 문제로 발전하지 않도록 일종의 '예방 접종'과 같은 역할을 해준다.

이제 불안은 상담실을 찾는 '그들'만의 특수한 문제가 아닌 현대 사회에 유기적으로 엮여 살아가고 있는 우리 모두의 문제다. 뉴욕에 있는 저자의 바람대로, 런던에 있는 옮긴이의 바람대로 한국의 독자 여러분에게 위로와 도움이 되기를 바라는 마음을 전한다.

신경과학자인 내가 불안에 주목한 이유

우리는 불안의 시대에 살고 있다. 불안은 언제나 지구상에 존재했던 생명체처럼, 혹은 어디에나 존재하는 지독한 냄새와 같이 우리에게 익숙해졌다. 전 세계적인 팬데믹부터 경제 붕괴, 일상에서 겪는 가족 문제까지 우리의 삶은 불안을 느낄 수밖에 없는 정당한 이유로 넘쳐난다. 게다가 24시간 내내 맹렬하게 돌아가는 뉴스와 끊임없이 흘러나오는 소셜 미디어는 불안을 부채질한다. 우리의 삶은 매번 걸러내야 할 정보와 쉴 새 없이 많은 자극으로 둘러싸여 있다. 더 이상 일상의 스트레스는 피할 수 없는 것처럼 느껴진다. 그렇다면 불안은 어쩔 수 없는 것일까?

안타깝게도 그렇다. 다만 다른 방식으로 받아들일 수는 있다.

내가 이 주제에 대해서 연구하고 글을 쓰기 시작한 것은 뉴욕대학교 연구실에서 신경과학자로 일할 때였다. 그 당시까지만 해도 나 자신을 불안한 사람이라고 생각해본 적이 한 번도 없었다. 나의 연구 대상자와 친구, 연구원, 동료들, 내가 느끼는 감정을 묘사하는 단어에 주목하기 전까지는 말이다.

'걱정되는', '안절부절못하는', '스트레스받는', '산만한', '지루한', '비관적인', '아무것도 하기 싫은', '긴장되는', '버럭하는', '방어적인', '두려운', '잠 못 이루는'

이러한 단어들이 익숙한가?

우리는 구글 검색만으로도 미국 인구의 18퍼센트인 약 4천만 명이 공황 장애, 외상 후 스트레스 장애PTSD 및 범불안 장애GAD 등 다양한 불안 장애를 앓고 있다는 사실을 찾아볼 수 있다. 그러나 불안이 인구 전체에 끼치는 광범위한 영향을 살펴볼 때 이러한 공식적인 진단으로 나타나는 수치는 빙산의 일각에 불과하다. 전 세계 수억 명의 사람들은 미처 진단받지 못한 경미한 불안에 시달리고 있다. 이는 불안이 누구나 겪을 수 있는 평범한 경험이라는 뜻이다. 피곤한데도 걱정 때문에 밤잠을 설쳤거나 해치워야 할 일의 목록이 끝도 없어 제대로 쉬지 못했던 경험을 해본 적이 있을 것이다. 어떤 문제 하나를 끝까지 생각해보지 못하는 것은 물론이고, 잡지 기사 하나를 집중해서 다 읽지 못할 만큼 산만한 경험 또한 해보았을 것이다. 마음과는 달리 가족이나 친구와 소통하지 못하고 거리감을 느꼈던 경험은 또 어떤가? '일상적 불안everyday anxiety'이라고 부를 수 있는 이러한 증상의 일부 혹은 전부는 우리에게 이미 익숙할지도 모른다. 그렇다. 불안은 우리 삶 속에서 다양한 모습으로 드러난다. 당장 불안을 느끼지는 않더라도 현대인의 삶은 거의 매 순간이 스트레스라는 것에 다들 고개를 끄덕일 거다.

최근 추정에 따르면, 전체 인구의 90퍼센트 정도가 일상생활에서 불안을 느끼며 그로 인해 영향을 받는다고 한다. 이것은 나 자신뿐만 아니라 많은 사람에게 불안이 삶의 일부라고 받아들일 수밖에 없는 놀라운 숫자다. 기운 저하, 불만족, 성욕 감퇴를 겪거나 자신의 신체를 부정적으로 바라보고 친구와 소중한 사람들과의 진정성 있는 소통을 방해하는 불안은 마치 붙박이 같은 삶의 일부처럼 느껴진다. 불안이 잠시 사라진 듯 반짝하고 좋은 순간을 보내기도 하지만, 머지않아 '만약에…'로 시작되는 걱정이 꼬리에 꼬리를 물며 다시 두려움에 사로잡힌다.

하지만 이러한 일상적인 불안 증상은 심각한 것으로 간주하지 않기 때문에 치유되지 않고 남는다. 그리고 그 부작용은 엄청나서 일상생활과 인간관계, 업무 처리 능력, 재미를 느끼고 즐기는 능력이나 새롭고 흥미로운 시도를 하고 그 의미를 찾으며 변화를 수용할 삶의 의지를 방해한다. 그렇게 일상의 불안은 삶을 훔쳐 간다.

많은 사람이 이러한 스트레스를 피할 수 없는 삶의 일부로 받아들인다. 실제로 지속적인 긴장, 불면증, 주의 산만 및 두려움은 우리가 살아가는 세상에 대한 적절한 대응인 것처럼 보인다. 어떤 사람들은 불안이 내적 경험이 아니라 자신의 외부에 존재하는 전반적인 스트레스 상황 때문이라고 생각한다. 마치 빠르게 도망치지 않으면 갇혀버릴 수 있는 먹구름처럼 불안을 여기는 것이다.

처음 불안에 대해 흥미를 느끼기 시작했을 때, 나는 내 책의 첫 번째 주제인 뇌와 운동에 대한 혁신적인 연구를 활용하여 불안을 효과적으로 관리할 수 있도록 사람들을 돕고 싶었다. 나는 주변에서 직접 목격한 불안의 위기에 대해 말하고 싶었다. 내가 가르치는 뉴욕대학교 캠퍼스, 내가 연구했던 다수의 고등학교, 재능있고 열심히 일하는 친구들과 동료들, 그리고 여행하며 관찰한 통계 등 주변에서 목격했던 불안의 위기를 해결하고자 했다. 처음에는 단순히 운동과 균형 있는 영양 섭취, 그리고 명상이 불안을 줄이는 완충제 역할을 해줄 수 있다고 믿었고, 나의 연구 또한 그것을 증명해준다고 생각했다. 하지만 그것은 불안의 복잡한 측면을 제대로 이해하지 못한 것이었다. 우리가 불안을 피하고 없애거나 억누르려고만 한다면 문제를 해결하지 못할 뿐만 아니라 창조적인 힘을 이끌어 낼 수 있는 불안의 힘을 활용할 기회를 놓칠 수도 있다.

나는 연구에 점점 깊이 몰두하면서 불안의 전혀 다른 측면을 발견했다. 물론 불안은 불쾌하지만, 원래 그렇게 만들어진 것이다. 전문가의 진단을 받을 만큼 중증이 아니라도 삶의 시련을 겪으며 느끼는 불안은 여전히 고통스럽다. 그러나 과학자, 의사와 치료사를 포함하여 대부분의 사람이 간과하는 건 불안이 생존을 위해 필수라는 사실이다. 다시 말해 불안은 좋고 나쁜 면을 모두 가지는 동전의 양면과도 같다.

나는 개인적으로 불안의 이런 모순에 끌렸다. 마흔에 접어들었을 때, 나는 흔히 말하는 중년의 위기에 봉착했었다. 내 삶이 굉장히 불만족스러웠다. 정상 체중의 약 11킬로그램을 초과했고, 매일 그리고 하루 종일 일만 했다. 답답했고 외로웠으며 지루하게 반복되는 일상에서 벗어나고 싶었지만, 그럴 능력 또한 턱없이 부족했다. 그때 나는 과학자로서 내가 가장 잘 아는 과학에 의지하여 나 자신을 실험 대상으로 삼기로 했다. 그리고 무작위 대조 실험RCT Randomised Controlled Trial*을 통해 실험실에서 그 효과를 반복 검증해보았다. 결과적으로 운동과 균형 있는 영양 섭취 및 명상은 체중 감량과 생산성, 기억력 및 집중력 향상의 측면에서 눈에 띄는 결과를 보여줬다. 이뿐만 아니라 몸과 마음의 치유적 개입(전략을 뜻하는 과학 용어)은 실제로 뇌를 변화시키고, 우리가 불안과 맺는 관계를 변화시켰다.

---

* 역주: 무작위 대조 실험은 과학 용어로 신약이나 치료 방법의 효과를 확인하기 위해서 무작위로 치료군과 대조군을 나누어 치료 효과를 비교 분석하는 실험 방법이다.

이러한 뇌의 변화를 측정할 수 있었던 것은 정말 만족스러운 연구 결과였다. 실험을 통해 개인적으로도 절망 속에 피어나는 희망을 몸소 체험했다. 삶의 방식을 바꾼 후 나는 놀라울 만큼 좋아졌다. 행복하고 낙관적이며 훨씬 덜 불안했다. 처음에는 그냥 체중을 감량하고 몸매를 좋게 만들려고 했을 뿐이었다. 그래서 전반적인 정신 건강과 행복 지수가 이 정도로 향상될 수 있을지는 전혀 예상하지 못했다. 이러한 변화는 전에는 불가능할 거라고 생각했던 다른 차원의 즐거움, 사회적 참여, 그리고 만족감과 같은 감정적 변화로 나를 이끌었다.

불안이 부정적인 감정에서 긍정적인 감정으로 변하는 지점 이면에 도대체 무엇이 있었는지 더 자세히 살펴보기 위해, 나는 초기 연구 자료를 다시 보았다. 새로운 방식의 교차학제 연구cross disciplinary analysis**를 통한 분석으로 모든 데이터를 맞춰본 결과 발견한 것은 내가 처음 느꼈던 답답함과 불편함은 신경생물학적, 심리적인 방식으로 표현된 불안이었다. 본질적으로 불안은 우리가 부정적인 자극이나 스트레스를 대면할 때 뇌와 신체 전반에 일어나는 각성이나 활성화 작용으로 설명할 수 있다. 뇌와 신체는 본질적으로 서로 연결되어 있다(사실 이런 상호 연결성은 우리가 왜 인간의 체계를 '뇌-신체brain-body' 시스템이라는 용어로 표현하는

** 역주: 교차학제 연구는 과학 용어로 학제 간 연구, 초학제 연구, 다학제 연구라고도 부를 수 있다. 일반적으로 하나의 연구 주제를 놓고 다양한 학문 분야와 접근법을 가진 연구자들이 모여 연구하는 방법이다.

지 설명해준다). 불안과 긍정적인 사고방식, 자신감 향상과 눈에 띄게 증가한 행복감 사이에 어떤 관계가 있는지 신경생물학적 원인을 찾기 시작했을 때 발견한 건 각성 상태, 즉 불안은 갑자기 사라지지 않는다는 것이다. 오히려 부정적인 상태에서 좀 더 긍정적인 상태로 변화할 수 있다.

그렇다. 불안은 진지하고 경쟁이 치열한 나의 경력에 불가피한 부분이다. 나는 불안을 삶 전반에 다양하고 광범위하게 영향을 미치는 신경학적 각성이나 자극의 한 종류로 보기 시작했다. 에너지의 한 형태와 같은 불안은 스트레스를 유발하는 외부적 요인에 우리가 대응하는 방식에 따라 긍정적일 수도 있고 부정적일 수도 있다. 나는 내가 경험하고 있는 긍정적인 감정이 실제로는 이전의 스트레스 요인들(너무 많은 마감, 휴식 없이 반복되는 일상, 운동은 하지 않으면서 먹기만 한 지나치게 달고 기름진 저녁 식사)에 대한 부정적인 생각이 계기가 되어 시작한 운동, 건강한 식단, 명상에 대한 신경생물학적 반응이라는 것을 깨달았다. 불안으로 인해 생활 방식을 바꾸게 되었는데, 지금은 큰 기쁨의 원천이 되었다.

이런 시각에서 볼 때, 불안은 본질적으로 나쁜 것이 아니다. 불안을 어떻게 경험하는지는 우리 혹은 우리의 뇌-신체 시스템이 외부 스트레스 요인을 어떻게 해석하고 관리하는가에 달려 있다. 외부의 스트레스 요인은 걱정, 불면증, 주의 산만, 동기 저하, 두려움 등 여러 형태로 불안을 촉발한다. 하지만 외부 스트레스 요인은 긍정적인 반응을 이끌어내기도 한다. 예를 들어 어떤 사람은 연설을 하기 전에 긴장한다. 또 어떤 사람은 청중 앞에서 선다는 생각으로 자극과 흥분을 느낀다. 서로 다른 대응 방식 중 어느 것이 더 낫다고 할 수는 없다. 이건 한 개인의 역사적 맥락에서 어떤 특정한 순간에 그 사람이 스트레스를 대하는 방식을 반영할 뿐이다. 우리가 스트레스를 어떻게 받아들이는지에 따라 스트레스에 대한 대응 방식이 변한다는 건 곧 우리가 이에 대한 주도권을 잡을 수 있다는 뜻이 된다.

· · · · · · · ·

불안이 동적으로 변한다는 관점을 발견하고 나는 너무나 놀랐다. 물론 불안은 인생에서 피할 수 없는 요소이며, 우리 중 아무도 불안에 대항하는 면역을 가지고 있지 않다. 그러나 나는 불안을 제대로 이해하면서 비로소 불안과의 싸움을 멈출 수 있었다. 감정을 피하고 억누르거나 부정하고 물리치려 하지 않고, 오히려 불안을 활용하여 삶을 개선하는 방법을 배웠다. 얼마나 다행인가. 누구에게나 그렇듯, 불안은 여전히 불쑥 찾아오곤 한다. 하지만 지금은 부정적인 생각이 내 안으로 들이닥칠 때 어떻게 대처해야 할지 알고 있다. 불안의 신호를 알아차리고 몸의 긴장을 풀거나 마음을 안정시켜 다시 명료하게 생각하고 감정의 중심을 잡을 수 있다. 이것은 개인적으로도, 업무적으로도, 감정적인 면에서도 나에게 큰 도움이 되었다. 이제 나는 일에서 더 큰 의미와 만족감을 느낀다. 불가능할 것 같았던 일과 개인적인 삶의 균형도 이룰 수 있게 되었다. 다양한 즐거움을 찾기 위해 시간을 내고 즐길 줄 알게 되었으며, 내게 가장 중요한 가치가 무엇인지 되돌아보는 마음의 여유도 가지게 되었다. 이런 경험을 많은 사람들과 함께 나누고 싶다.

우리는 대체로 불안을 부정적으로 바라보는 경향이 있다. 불안은 부정적이고 불편하기만 한 감정이기에 통제가 불가능하다고 생각한다. 하지만 불안 이면에 있는 신경생물학적 처리 과정에 대해 좀 더 객관적이고 정확하게 이해한다면 불안을 다른 시각으로 바라볼 수 있다. 물론 우리가 자신도 모르게 생각하고 느끼고 행동하는 반응 패턴에 주도권을 잡는다는 것은 근본적으로 쉬운 일이 아니다. 만약 사람들 앞에서 연설한다는 생각만으로도 불안을 느낀다면 의식적으로 불안을 알아채고 반응 방식을 바꾸기 위해 조치를 취하지 않는 한, 우리의 뇌-신체 시스템은 기존의 패턴에 따라 반응하도록 명령을 내린다. 하지만 나는 이를 반박하는 증거 또한 발견했다. 불안의 상태 자체를 긍정적으로 변화시키기 위해 우리는 무언가를 할 수 있다.

내가 스트레스와 불안 사이의 역동적인 상호 작용을 충분히 이해할 수 있었던 건 뇌과학 분야에서 내가 주력하는 연구인 신경가소성neuroplasticity 이론과 맞닿아 있기 때문이다. 신경가소성이란 말 그대로 우리의 뇌가 플라스틱처럼 모양이 변하는 소재로 만들어졌다는 것이 아니라 우리의 뇌가 주위 환경에 대응하여 적응하는 능력을 가졌다는 것이다. 이것은 이로울 수도 있고 해로울 수도 있다. 뇌 기능을 개선하기 위한 신경가소성 연구는 우리의 뇌가 굉장히 적응성이 높은 기관이라는 사실을 바탕으로 하며, 여기서 스트레스는 필수라고 말한다. 다시 말해, 스트레스는 우리에게 꼭 필요하다. 돛단배가 움직이기 위해 바람이 필요한 것처럼, 뇌-신체 또한 죽지 않으려면 성장하고 적응하기 위해 외부에서 밀어주는 힘이 필요하다. 바람이 너무 많이 불면 배는 위험할 정도로 빨리 움직이고 균형을 잃어 침몰할 수 있다. 뇌-신체 또한 과도한 스트레스를 경험하면 부정적으로 반응하기 시작하지만, 그렇다고 적절한 스트레스가 없다면 뇌-신체는 정체되고 그저 둥둥 떠다니게 된다. 흥미를 잃고 지루한 감정을 느끼며 신체적으로도 성장이 정체된 것처럼 보인다. 뇌-신체에 적정량의 스트레스가 주어진다면 최적의 기능을 하지만 스트레스가 전혀 없다면 바람이 불지 않는 돛단배처럼 한쪽으로 기울게 된다.

신체의 다른 모든 부위와 같이 우리가 스트레스와 맺는 관계는 항상성을 유지하려는 생명체의 속성과 관련 있다. 갑자기 과다한 스트레스를 경험할 때, 불안은 조절 과정을 통해 균형 혹은 내부 평형 상태로 돌아오려고 한다. 적절한 스트레스가 삶에 주어질 때 우리는 균형 감각을 느끼며, 이것이 우리가 추구하는 삶의 질을 뜻한다. 뇌-신체 시스템에서 불안이 작동하는 방식은 스트레스의 유무를 보여주는 동적인 신호와 같다.

삶의 방식을 바꾸고 명상, 건강한 식사, 정기적인 운동을 시작하면서 나는 뇌-신체 시스템이 조절 과정을 거치며 적응한다는 느낌을 받았다. 불안과 관련된 신경 회로가 다시 균형을 맞추면서 기분도 굉장히 좋아졌다. 그렇다면 불안이 완전히 사라졌을까? 그건 아니다. 스트레스에 대해 긍정적으로 반응하면서 불안을 표현하는 방식이 달라졌을 뿐이다.

나의 경험은 불안이 피하고 없애야 할 대상이 아니라 우리를 이롭게 하는 중요한 정보로 전환될 수 있음을 보여준다. 뇌과학적 이해와 개인적 실험을 통해 배운 것은 수면, 음식 그리고 몸과 마음의 수행 등 새롭고 다양한 방식을 통해 정신 건강을 지키는 방법이었다. 그뿐 아니라 불안의 한가운데서 한 발짝 물러나 이러한 경험을 수용하고 오히려 존중하는 삶의 방식을 만들어갈 수 있었다. 바로 이런 관점에서 불안은 우리에게 좋을 수도 있다. 뉴욕대학교의 실험 연구에서 나는 운동, 명상, 낮잠, 사회적 자극을 포함한 다양한 치유적 개입이 불안 자체를 감소시킬 뿐 아니라 불안에 휘둘릴 때 나타나는 주의 집중력의 저하, 우울감 그리고 적개심 등과 같은 감정과 인지적 상태에도 큰 영향을 준다는 것을 확인했다.

불안의 작동 방식에 대한 깨달음은 이 책의 주제가 되었고 독자와의 약속이 되었다. 나는 불안이 뇌와 신체에 어떻게 작용하는지 이해시키고, 그 지식을 활용하여 더 나은 감정을 느끼고 더 명료하게 생각하며 우리가 도달할 수 있는 최적의 상태에서 성과를 낼 수 있는 생산적인 삶을 살아가도록 도울 것이다. 또한, 독자는 이 책에서 불안과 걱정, 그리고 온갖 불편한 감정을 설명하는 신경생물학적 지식을 적극적으로 활용하여 새로운 신경 경로를 형성하고 생각, 감정, 행동의 패턴을 바꾸어 삶을 변화시킬 방법에 대해 구체적으로 배울 것이다.

우리는 자기 자신뿐만 아니라 타인과 상호 작용하는 방식과 생각, 감정, 행동을 결정하고 변화시킬 수 있는 내면의 힘을 가지고 있다. 불안의 신경 회로를 조절하는 전략을 통해서 더 깊고 의미 있는 수준에서 자신의 뇌와 신체를 깨우는 첫발을 떼고, 불안에 휘둘리는 대신 견고하게 주도권을 잡을 수 있다. 불안은 우리의 뇌와 신체를 움직이는 강력한 도구가 되어 삶의 영역에서 우리의 생각과 감정 그리고 신체에 영향을 미친다. 나는 이것을 불안의 초능력이라 부른다. 불안은 적당히 살던 삶에서 더 높은 목표를 향해 더 만족스러운 삶으로 우리를 인도하고, 보통의 삶에서 비범한 삶으로 나아가도록 할 것이다.

이 책은 신경가소성에 대해 알고 있는 모든 지식을 활용하여 스트레스에 대한 맞춤형 대응 전략을 다양하게 제시하고, 불안을 마음의 신호로 활용하여 좋은 기회로 삼는 방법을 알려줄 것이다. 우리는 각자의 독특한 모습으로 불안을 표현하기 때문에 긍정적인 측면의 신경가소성은 사람마다 다른 성향을 보일 수 있다. 하지만 우리가 어떻게 대응하고, 불편한 감정을 관리하며 항상성이라는 균형의 지점을 향해서 일상의 어려움을 어떻게 견딜 수 있는지 배운다면 불안의 초능력에 이르는 자신만의 해답을 발견하게 될 것이다. 불안은 좋은 것일 수도 있고 나쁜 것일 수도 있다. 그 선택은 우리 자신에게 달려있다.

나의 불안감은 어느 정도인가?

책을 시작하기 전, 현재 자신이 느끼는 불안감의 정도를 알아보는 테스트다. 우리가 불안을 경험하는 방식은 계속 변하기 때문에 아래의 질문에 바로 떠오르는 답변을 써보자. 선택한 답변(1, 2, 3, 4)은 각 질문에 대한 점수이며 모든 점수를 더해 자신의 불안을 계산해보자.

A. 지난 몇 주간 긴장하고 걱정스러웠던 적이 얼마나 있었나?
　　1. 전혀 그렇지 않았다
　　2. 며칠간
　　3. 절반 이상
　　4. 거의 매일

점수: ＿＿＿＿＿＿

B. 지난 몇 주간 긴장을 풀거나 즐기는 데 어려움을 겪었던 적이 얼마나 있었나?
　　1. 전혀 그렇지 않았다
　　2. 며칠간
　　3. 절반 이상
　　4. 거의 매일

점수: ＿＿＿＿＿＿

C. 지난 몇 주간 쉽게 짜증이 나고, 타인과 자신이 처한 상황에 화가 난 적이 얼마나 있었나?
　　1. 전혀 그렇지 않았다
　　2. 며칠간

3. 절반 이상

4. 거의 매일

점수: _____

D. 지난 몇 주간 끔찍한 일이 일어날 듯한 두려움을 느낀 적이 얼마나 있었나?

1. 전혀 그렇지 않았다

2. 며칠간

3. 절반 이상

4. 거의 매일

점수: _____

E. 지난 몇 주간 잠을 이루기 힘들거나 수면에 변화가 있었던 적이 얼마나 있었나?

1. 전혀 그렇지 않았다

2. 며칠간

3. 절반 이상

4. 거의 매일

점수: _____

F. 지난 몇 주간 과식하거나 좋아하는 음식을 폭식한 적이 얼마나 있었나?

1. 전혀 그렇지 않았다

2. 며칠간

3. 절반 이상

4. 거의 매일

점수: _____

G. 지난 몇 주간 집중하거나 집중력을 유지하는 데 어려움을 겪었던 적이 얼마나 있었나?

1. 전혀 그렇지 않았다

2. 며칠간

3. 절반 이상

4. 거의 매일

점수: _____

H. 지난 몇 주간 불안을 극복하기 위해 술이나 담배, 진통제 등에 의지한 적이 얼마나 있었나?

1. 전혀 그렇지 않았다

2. 며칠간

3. 절반 이상

4. 거의 매일

점수: _____

I. 지난 몇 주간 직장이나 학교 또는 약속 시간에 늦은 적이 얼마나 있었나?

1. 전혀 그렇지 않았다

2. 며칠간

3. 절반 이상

4. 거의 매일

점수: _____

J. 지난 몇 주간 친구나 가족의 초대를 거절한 적이 얼마나 있었나?

1. 전혀 그렇지 않았다

2. 며칠간

3. 절반 이상

4. 거의 매일

점수: _____

K. 지난 몇 주간 걷기를 포함한 신체 활동을 얼마나 규칙적으로 했나?

　1. 규칙적으로 운동했다

　2. 규칙적인 운동을 몇 번 건너뛰었다

　3. 몸을 움직일 기회를 평소보다 반 이상 건너뛰었다

　4. 전혀 운동하지 않았다

점수: _____

L.　지난 몇 주간의 느낀 전반적인 불안감을 1(최저)부터 10(최고)까지의 수치로 점수를 매겨보자.

1 2 3 4 5 6 7 8 9 10

점수: _____

합계(A부터 L까지의 점수를 더한다)

_____

12~18점: 전혀 또는 거의 불안을 느끼지 않는 상태

18~24점: 어느 정도 불안을 느끼는 상태

24~30점: 일상적인 불안이 상당한 수준에 이른 상태

30~54점: 매우 높은 수준의 불안을 겪고 있는 상태

이 자가 진단 테스트는 불안에 대한 현재 자신의 상태를 파악할 기회다. 불안을 경험하고 감정을 관리하는 방법은 생활 속 스트레스 요인에 따라 매일, 매주, 매달 달라질 수 있다. 이 활동은 자기비판이 아니라, 탐색의 목적이므로 자신을 너그럽게 대하길 바란다.

또한, 자신의 불안 점수를 다른 사람과 비교해서는 안 된다. 누구나 각자의 기준점이 있다. 어떤 사람은 업무 마감일을 맞추지 못할 때 심한 불안을 느끼지만, 다른 사람은 마감일을 놓쳐도 곧 끝낼 거라 믿으며 동요하지 않을 수도 있다. 우리는 저마다 다른 기질과 성격을 타고났으며, 스트레스에 대한 민감도와 이에 관련된 생리학적 기준도 다양하다. 좋은 소식은 스트레스 반응은 동적이므로, 변화할 수 있다.

1부

불안
다시 보기

CHAPTER 1

·

불안의 재발견

·

불안은 뇌가 만들어낸 반응일 뿐

매일 일상에서 겪는 스트레스에 우리는 산을 오르는 것처럼 숨
이 찬다. 책임감, 걱정, 불확실성, 의심으로 가득 찬 일상을 보내
며 밤에는 잠을 이루지 못하고 낮에는 부정적인 생각에 사로잡
혀 집중하기 힘들다. 인스타그램, 엑스(X, 옛 트위터), 페이스북뿐
만 아니라 온라인 뉴스 기사에서 쏟아내는 온갖 정보는 테러와
같은 뉴스부터 놓치면 뒤처질 것만 같은 자잘한 것들까지 우리
를 과도하게 자극한다. 많은 사람에게 불안은 이런 세상의 모습

에 가장 적절하게 반응하는 유일한 방식인 것처럼 보인다.

저마다 다른 이름으로 부르기도 하지만, 불안이란 스트레스에 대한 신체적, 심리적 반응이다. 문제는 우리 몸이 그 스트레스가 실제 상황 때문인지 머릿속으로 만들어낸 상상이나 가설 때문인지 구별하지 못한다는 것이다. 하지만 불안을 일으키는 신경생물학적 측면과 실제로 뇌와 신체가 어떻게 반응하는지를 이해하면 이러한 감정을 조절하고 관리할 수 있다. 그러면 불안이라는 에너지를 긍정적으로 끌어올리는 것이 가능하다. 불안은 실제로 에너지의 한 형태로서 작용한다. 이것을 어떤 사건이나 상황에 대한 화학 반응으로 생각해보자. 믿을 만한 재료와 훈련, 타이밍이 없다면 화학 반응은 통제할 수 없지만, 역으로 가치 있고 좋은 방향으로 통제하고 활용하는 것 또한 가능하다.

원시인의 뇌가 우리 머릿속에서 벌이는 일

구석기 시대, 수렵 채집 부족의 여성이 되었다고 상상해보자. 우리의 임무는 유목 생활을 하는 임시 천막촌에서 약 500미터 떨어진 얕은 강가에서 식량을 채집하는 거다. 돌이 된 아기를 등에 업은 채 강가를 따라 자라난 나물을 따려고 내려가는데 갑자기 근처에서 바스락거리는 소리가 난다. 그러면 우리는 얼어붙어 모든 동작을 멈춘다. 아기를 깨우지 않으면서 잠재적 포식자로부터 숨기 위해 조용히 웅크린다. 이 자세를 한 상태에서 바스락 거리는 소리가 얼마나 떨어진 곳에서 나는지 귀를 기울인다. 심장이 빨리 뛰고, 아드레날린이 몸 전체를 돌며 호흡이 얕고 가빠진다. 싸우거나 도망치기 위해 다리에 힘이 바짝 들어간다.

위협 반응 상태에 돌입한 것이다. 이것은 위험할지도 모르는 상황에 대한 자동 반응이다. 조심히 일어났을 때 눈앞에 나타난 것이 어슬렁거리는 사자였다면 불안은 의심할 여지 없이 정당한 반응이 된다. 아드레날린이 분비된 각성 상태에서 우리는 어떻게 해야 생존 가능성이 가장 높은지 판단하여 동작을 멈추고 가만히 있거나, 도망치거나, 혹은 싸워야겠다는 결단을 내릴 것이다. 반면에 소리가 난 곳에서 낮게 날아가는 새를 발견한다면 심장 박동 수는 천천히 감소하고, 아드레날린 수치와 공포는 잠잠해지고, 뇌와 신체는 정상으로 돌아올 것이다.

이것이 불안의 첫 번째 단계인 위협에 대한 자동 처리 과정이다. 이 과정을 담당하는 원시적인 뇌의 영역은 자동화되어 신속하게 작동하기 때문에 우리는 그 기능을 거의 의식하지 못한다. 위협을 감지하는 불안은 생존을 위한 방식으로 설계되었다. 뇌가 신체에 위험하다는 신호를 보내면 아드레날린과 코르티솔(스트레스 호르몬) 분비가 급격히 증가하여 심장은 빨리 뛰고 진땀 등의 반응이 나타난다. 또한 소화 및 생식 기관을 차단해 신속하게 탈출하거나 자신과 자손을 보호하는 데 집중한다.

이번에는 2020년의 상황을 상상해보자. 당신은 작은 외곽 도시 골목의 거실과 방 한 칸이 있는 집에 혼자 살고 있는 여성이다. 당신은 저녁 시간, 제일 좋아하는 드라마를 보려고 따뜻한 차 한 잔을 준비한다. 전기 주전자를 꽂아놓고 찬장 안의 과자를 찾고 있는데, 뒷문 쪽에서 무언가 세게 부딪치는 소리가 난다. 그 순간 심장이 빨리 뛰고 겁에 질려 꼼짝도 못 한 채 뒷문을 뚫어져라 바라본다. 도둑일까? 날 해치지는 않을까? 처음에는 무서워서 미동도 할 수 없지만 시간이 지나자, 주방에 난 창문 틈으로 슬쩍 밖을 살펴보기로 결심한다. 그러자 동네 너구리가 눈에 들어온다. 생각해보니 지난주 뒷문에 널브러져 있던 쓰레기를 치워야 했던 기억이 난다. 이후 차를 마시며 드라마에 집중하려 하는데 마음이 놓이질 않는다. 불안함에 이 동네는 안전한지, 룸메이트를 구해야 할지, 다른 동네로 이사를 가야 할지 또는 고층 아파트에 살면 도로와 좀 떨어진 느낌이 드는지 생각에 빠진다. 그러다 최근 주거 침입 사건이 증가했다는 이야기도 떠오르고, 정당 방어를 위해 총을 사야 할지도 고민된다. 당신은 총기를 다룬다는 생각만으로도 갑자기 무섭고 머리가 복잡해진다. 드라마를 봐도 더 이상 재미가 없어 TV를 꺼버리고, 자고 나면 이 상황을 잊을 수 있을 것 같아 수면 보조제를 복용하기로 한다. 잠을 자는 동안 이런 끔찍한 기분에서 벗어나고 싶다.

엄청난 시차를 두고 가정해본 두 개의 시나리오는 둘 다 불안의 시작점과 경험을 담고 있지만 전혀 다른 결과를 보여준다.

먼저, 두 시나리오의 공통점을 살펴보자. 우리가 의식하기도

전에 뇌는 잠재적인 위협이나 위험을 감지하고 몸이 대비할 수 있도록 신호를 보낸다. 이러한 반응의 생리적인 측면은 신속한 움직임을 위한 심박수 증가, 아드레날린 분비, 그리고 얕고 가쁜 호흡과 같은 신체적 증상이다. 이러한 일련의 신체적 반응은 신속하게 도망가거나 싸우기 위한 준비를 위해 설계되었다. 이러한 반응에는 감정적인 측면도 있다. 그것은 두 시나리오에서 공통으로 볼 수 있는 코르티솔 분비로 인해 촉발되는 즉각적인 공포다. 이러한 위협 반응은 '투쟁-도피-경직fight, flight, or freeze' 반응이라고 부르며, 자극이 실제로 위험한지 확인한 후 빨리 도망칠지, 잠재적인 위험과 싸울지, 아니면 마치 죽은 척 멈춰버리는 게 나은지 판단하기 위해 뇌는 100만 분의 일 초라는 엄청난 속도로 계산한다. 이 반응은 주로 척수 밖, 교감신경계라는 주요 소통 경로를 통하여 의식적인 통제 없이 자동으로 작동한다. 따라서 심박수의 증가, 위협의 대상에 온전히 집중하기 위한 동공 확장, 신속하게 행동할 수 있도록 혈액이 소화 기관에서 근육으로 급속히 이동하면서 속이 울렁거리는 것 같은 신체적 반응을 일으킨다. 이렇게 온몸의 시스템이 활성화되는 것은 위험이 임박한 상황에서 유리하게 작용한다. 생리적인 반응과 공포라는 감정적인 반응은 위험에 빠르게 대처하기 위해 자동으로 일어난다.

이런 방식으로 우리의 뇌-신체가 위협으로부터 자신을 보호하기 위해 설계된 것이 불안이며, 공포라는 감정은 생존을 위한 신체적인 반응을 더욱 강화하기 위한 것이다.

첫 번째 시나리오의 구석기 시대 여성은 위급한 상황이 아니라는 판단을 내리자, 뇌-신체가 초기화되었다. 하지만 두 번째 시나리오의 현대 여성은 너구리를 발견한 이후에도 계속 불안 반응을 보였고, 뇌-신체는 두려움에 사로잡혀 통제할 수 없는 상태가 되었다. 저명한 신경과학자이자 뉴욕대학교 동료인 조셉 르두Joseph LeDoux 교수는 "공포 상태는 실제로 위험이 임박한 상황일 때 발생하며, 불안 상태는 위험할 수도 있지만 그렇지 않을 수도 있는 불확실한 경우에 나타난다"[1]고 설명한다. 르두 교수는 실제 위험이 존재할 때 느끼는 공포와 인지적 또는 상상적 위험에 대해 느끼는 감정적인 불안 사이에는 차이가 있다고 말한다. 구석기 시대의 여성은 몸의 변화와 함께 매우 강한 공포를 경험했으며, 혼자 사는 현대 여성은 멈출 수 없이 지속되는 불안을 느꼈다.

· · · · · · · ·

불안에 대한 초기 연구는 자동적이고 선천적인 공포 반응이 우리에게 이로운 방식으로 자연스럽게 적응하는 진화론적 기제라는 점에 집중했다. 이것은 잠재적 위험 요소에 주의를 기울이도록 신호를 보내는 뇌의 작동 방식이며, 생존 본능이다. 그러다 시간이 흐름에 따라 문명이 진보하면서 우리의 삶은 더 복잡하게 체계화되고 사회적인 요소에 많은 영향을 받게 되었다. 그러나 인간의 뇌는 우리가 살고 있는 환경의 사회적, 지적 및 감정적 변화에 대한 요구를 따라잡지 못하고 있다. 따라서 우리는 불안을 통제하기 어렵다고 느낀다. 원시적인 뇌 영역을 바탕으로 하는 감정 체계는 어떤 종류의 위협인지 그 미묘한 차이를 능숙하게 판단하지 못한다. 가령 의사 결정에 중대한 기능을 하는 소위 뇌의 최고 집행 기관인 전전두피질은 지성을 통해 공포와 관련된 자동적 반응을 어느 정도 제어할 수 있다. 하지만 원시적인 뇌 영역은 특히 위협에 대한 자동적 반응에 있어 몇백만 년 전과 크게 다르지 않은 방식으로 작동한다. 이러한 작동 방식은 처음 소리를 감지했을 때 초원 지대의 구석기 시대 여성이나 도시에 사는 현대 여성이 왜 유사한 반응을 보이는지 이유를 설명해준다. 하지만 현대 여성의 사례에서 불안은 끝나지 않고 '만약에⋯'와 같은 걱정이 꼬리에 꼬리를 물고 이어진다. 반면 구석기 시대 여성의 경우, 즉각적인 위험에 대한 공포를 더 이상 느낄 이유가 없다고 판단했을 때 다시 평소대로 하루를 보낸다. 여기서 현대 여성의 경우 나쁜 불안에 빠져 있다.

뇌과학자이자 영장류학자인 로버트 새폴스키Robert Sapolsky[2] 박사와 과학자들은 우리가 받아들이기 힘든 사실을 발견했다. 우리의 뇌는 복잡한 형태로 변화한 현대 사회에 충분히 적응하지 못했다는 것이다. 위협이라고 생각했을 때 일어나는 첫 번째 단계인 자동적인 감정 반응은 주로 변연계의 편도체, 뇌섬, 복측선조체의 복합적인 기능으로 작동하며 허리케인 시스템으로도 알려진 원시적인 뇌에서 발생하지만, 현대인의 뇌는 그 위협이 실제인지 상상인지 자동으로 구별하지 못한다. 그 결과, 우리는 자주 불안 상태에 빠진다.

새폴스키 박사는 이러한 뇌의 분별 능력 부족이 개인과 사회가 만성적인 스트레스에 빠지는 이유라고 설명한다. 우리가 살고 있는 환경에서 어떤 것이 실질적인 위협인지 우리는 분별할 수 없으며, 설사 상상적 위협이라 할지라도 자동으로 발생하는 감정적, 정신적, 신체적 반응을 차단하지 못한다. 이렇게 조절 불가능한 반응은 우리의 건강을 해치며, 계속되는 악순환에 빠지게 한다. 이것이 바로 일상적 불안의 본질이다.

새폴스키 박사와 여러 연구자는 위협에 대한 뇌-신체 시스템의 반응이 초원의 사자와 같은 치명적인 위험이 없어도 일상에서 만성적으로 활성화된 상태라는 것을 보여주었다. 현대 사회에서 받는 스트레스는 사자 대신 도시의 소음, 질병이나 가난, 그리고 정서적 학대나 심리적 외상에 의해 악화된다. 크든 작든, 겉보기에 미미해보이든 깊은 상처든 우리의 뇌-신체는 잠재적인 위협과 과도한 자극의 차이를 자동으로 구별하지 못한다. 이에 따라 단순히 지나가는 소방차에 의해 불안이 촉발되었다는 걸 머리로는 알지만, 우리의 신체는 위험성을 판단하는 일련의 과정을 이미 발동시킨다. 하버드대학교 아동 발달 연구 센터의 잭 숑코프Jack Shonkoff[3] 및 연구진은 생애 초기부터 극심한 스트레스에 지속해서 노출되면 지능과 의사 결정 능력 등 뇌 기능에 거의 영구적인 적응 장애를 일으킬 수 있다는 가슴 아픈 연구 결과를 보고했다. 이것은 영양 결핍이나 신체적 또는 정서적 학대에 직간접적으로 노출되는 것과 같은 스트레스 요인을 포함한다.

상상의 위협에 반응하는 것이야말로 내가 말하고자 하는 나쁜 불안의 원인이다. 이것은 만성적인 걱정, 산만함, 신체적 및 정서적 불편함, 절망감과 우울감, 다른 사람들의 의도에 대한 의심, 자신의 삶이 통제 불가능하다고 느끼는 것 등이다. 늦은 밤 잠들지 못하거나 건강 문제에 대한 두려움 또는 예상치 못한 일로 상처받는 사건으로 인해 촉발되는 '만약에…'로 이어지는 걱정과 같은 것들이다. 이러한 상태가 반복되면 뇌-신체는 근본적으로 부적응적인 반응 패턴에 빠진다.

나쁜 불안으로 가는 길

위협 반응, 정확히 말하자면 스트레스 반응에 관련된 뇌의 영역과 연결된 신경 회로에 대해서 아직 완전히 밝혀지지는 않았지만, [그림 1]에 나타난 뇌 영역들이 밀접하게 연관되어 있다는 것에는 일반적으로 이견이 없다. 뇌 측두엽 깊은 곳에 있는 작은 아몬드 모양의 편도체는 위협을 주는 자극을 재빨리 감지한다. 원시적인 뇌 영역의 감독관이 편도체이고 뇌의 최상위층 영역의 감독관은 전전두피질이라고 생각해보자. 실제 혹은 상상에 의한 위협적인 자극에 대해 편도체가 자동으로 반응하면 교감신경을 제어하는 시상하부와 그 외 다양한 영역이 활성화되어 불안을 일으키고 반응이 시작된다. 심박수가 증가하고 호흡이 가빠지며, 포도당 에너지를 방출하고, 뇌의 시상하부와 부신에서 코르티솔 (부신에서 생성되는 스트레스 호르몬)의 분비를 활성화하여 신체는 대응할 채비를 한다. 현대 사회의 스트레스 반응에서도 이러한

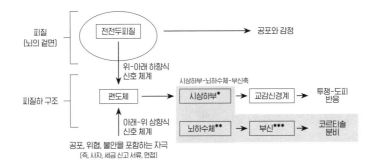

[그림 1] 뇌-신체의 공포와 감정 회로

피질하 구조는 피질 또는 뇌의 바깥쪽을 덮고 있는 뇌 영역을 말한다.
위-아래 하향식 신호 체계는 하부 뇌에서 피질로 보내는 자동 감정 유도 신호이며 강렬한 감정 반응을 처리하는 데 도움을 준다.
아래-위 상향식 신호 체계는 전전두피질에서 발생하며 자극에 대한 격렬한 감정 반응이 생성되는 편도체와 같은 하부 뇌 영역을 조절한다.
교감신경계는 투쟁 또는 도피 상황에서 신체가 행동할 수 있도록 준비하는 자율신경계의 일부를 말하며 시상하부의 통제를 받는다.
시상하부-뇌하수체-부신축은 부신에서 스트레스 호르몬인 코르티솔의 방출을 조절하는 시상하부와 뇌하수체 사이의 복잡한 상호작용을 말한다.

---

*   역주: 주요 역할은 뇌하수체를 통해 신경계와 내분비계를 연결한다.
**   역주: 시상하부 아래쪽에 있는 내분비 기관이다.
***   역주: 좌우 콩팥 위에 각각 하나씩 있는 내분비선이다.

패턴을 보이지만, 문제는 이때 코르티솔이 계속 생성되고 방출된다는 것이다. 이것이 바로 나쁜 불안의 상태다.

일상적 불안일까, 불안 장애일까?

연속선상에서 불안 장애가 한쪽 끝에 있다면 일상적 불안은 나머지를 이루는 대부분의 범주를 차지한다. 이처럼 일상의 불안과 불안 장애는 정도의 차이라고 이해하는 것이 좋다.

이 책은 일상적 불안을 다루고 있지만 불안 장애로 진단받은 사람들의 수는 따로 언급할 필요가 있을 만큼 놀라운 수치다. 현재 미국 인구의 28퍼센트가 불안 장애를 진단받은 적이 있으며, 이 숫자는 무려 9천만 명 이상이다.

심리학자와 정신건강의학과 의사들은 증상이 발생하고 나타나는 방식에 따라 불안 장애를 여섯 가지 범주로 분류한다.

범불안 장애는 가장 흔한 불안 장애로 가족과 인간관계, 건강, 취업, 돈 등 삶의 여러 문제에 대해 지나친 걱정과 압박감을 느낀다. 범불안 장애를 앓는 사람들은 걱정을 한번 시작하면 멈추기 어렵고 때로는 위협이 실제로 존재하는지에 대한 현실 감각조차 잃게 된다. 미국 불안 우울증 협회ADAA[4]에 따르면, 범불안 장애의 증상은 다음과 같다.

- 지속되는 두려움과 당장 위험이 닥친 것 같은 느낌
- 호흡이 빨라짐
- 수면 문제
- 집중력 저하 또는 주의 집중을 유지하는데 어려움
- 소화 불량과 만성 위장 장애

또 다른 흔한 불안 장애는 사회 불안 장애로, 흔히 대인 공포 증이라고도 한다. 이런 경우 사람들을 대면하는 사회적 상황에 두려움을 느끼고 사람들이 자신을 어떻게 평가하는지, 자신이 집단에 속하거나 받아들여지는지 걱정한다. 극단적인 경우 일부 는 공황 발작을 일으키기도 한다(공황 장애에 대해서는 아래에 더 자세히 다룰 것이다). 사회 불안 장애는 다음과 같은 격렬한 신체 적 증상을 보이기도 한다.

- 빠른 심장 박동
- 메스꺼움
- 땀

극단적인 불안에 시달리는 경우 갑자기 강렬한 두려움과 함 께 경계심을 느끼며 공황 장애로 발전하기도 한다. 공황 발작은 주로 다음과 같은 증상을 동반한다.

- 땀

- 떨림

- 숨이 차거나 막힘, 질식할 것 같은 느낌

- 목이 메이는 듯한 증상

- 가슴 통증이나 불쾌감

- 메스꺼움 또는 복부 통증

- 어지러움, 균형 감각 상실 또는 멍하고 쓰러질 것 같은 느낌

- 오한 또는 열감

- 손발 저림과 같은 감각 이상(무감각이나 찌릿찌릿한 느낌)

- 비현실적인 느낌 또는 자아와 분리된 느낌

강박 장애는 강박적인 행동이나 반복된 사고 패턴을 보이는 불안 장애다. 처음에는 불안을 모면하기 위한 전략으로서 특정한 행동을 시작하지만, 나중에는 그 행동 자체가 문제가 되어 불안을 완화하기는커녕 오히려 악화시키는 결과를 초래한다. 강박 장애가 있는 사람들은 오염에 대해 지나치게 걱정하거나 청결 및 대칭에 집착하기도 한다. 흔히 볼 수 있는 강박적 행동에는 확인하기, 세척·청소 및 줄 맞추기 등이 있다.

외상 후 스트레스 장애는 자연재해, 심각한 사고, 테러 공격, 사랑하는 사람의 갑작스러운 죽음, 전쟁, 성폭행과 같은 폭력적인 사건이나 죽음의 위협을 느낀 사건을 겪거나 목격했다면 누구라도 경험할 수 있다. 미국인의 약 8백만 명(미국 인구의 약 7~8

퍼센트)이 외상 후 스트레스 장애로 고통받고 있다고 한다. 외상 후 스트레스 장애는 주로 세 가지 특징을 보인다.

- 사건에 대한 고통스러운 기억이 의도치 않게 불쑥 떠오르거나 사건 당시 감각 이미지의 재현, 반복되는 악몽으로 마치 당시로 돌아간 듯한 재경험
- 감정의 마비, 사건을 상기시키는 장소나 사람 그리고 활동을 피하는 행동
- 과잉 각성 상태로 인한 수면의 어려움, 주의 집중력 저하, 쉽게 짜증과 화가 남

이 외에 불안 장애로는 특정 대상에 대해 비이성적일 정도로 공포를 느끼는 공포증이 있다. 흔히 볼 수 있는 공포증에는 비행 공포증, 벌레 공포증, 엘리베이터와 같은 곳에서 느끼는 폐쇄 공포증, 다리나 높은 곳에서 느끼는 고소 공포증 등이 있다. 이 불안 장애는 심할 경우 공포의 대상을 억지로 피해 가기 위해 평소에 하던 활동을 줄이는 결과를 낳기도 한다.

여기서 꼭 기억해야 할 점은 모든 불안 장애는 연속선상에 존재하며 어떤 스트레스에 얼만큼 반응하는지에 따라 증상의 강도와 지속 기간이 다르다는 것이다. 심각할 경우에는 관련 신경계를 억제하거나 재조절하고 불안을 감소시키는 정신건강의학과 처방으로 증상을 관리해야 한다.

미국 불안 우울증 협회가 개발한 아래의 표를 살펴보자.

일상적 불안과 불안 장애의 차이

일상적 불안	불안 장애
관리비와 청구서 지불, 취업, 연인과의 이별 또는 삶의 중대한 사건에 대한 걱정	지속적이고 근거 없는 걱정으로 일상생활을 방해할 정도로 심각한 고통을 받음
불편하거나 어색한 사회적 상황에서 수치심을 느끼거나 주위를 의식함	타인의 평가, 수치심, 굴욕감에 대한 두려움으로 사회적인 상황을 피함
큰 시험, 사업 설명회, 무대 공연 또는 다른 중요한 행사에 앞서 땀이 나거나 긴장함	갑작스러워 보이는 공황 발작 및 공황 발작을 할지도 모른다는 두려움에 사로잡힘
위험한 물건이나 장소, 상황에 대한 현실적인 두려움	별다른 위험이 없는 물체, 장소 또는 상황에 대한 비이성적인 두려움
트라우마 직후 경험하는 불안, 슬픔, 수면 장애	몇 달이나 몇 년 전에 발생한 트라우마에 대해 반복되는 악몽, 이미지의 재현, 또는 감정적 마비

위의 목록에서 살펴볼 수 있는 일상적 불안 증상은 우리에게 익숙하고 그다지 심각해 보이지 않는다. 하지만 불안 장애는 일상적 불안에 비해 증상이 심각하고 큰 영향을 미친다. 염두해 두어야 할 중요한 점은 둘 다 그 이면에 있는 생물학적 원리는 동일하나, 표현되는 양상이 다양하다는 것이다. 불안은 뇌의 다른 특성과 마찬가지로 변화하고 적응할 수 있다. 희소식은 우리는 불안을, 특히 일상적 불안을 스스로 통제할 수 있는 힘을 가지고 있다는 점이다. 실제로 구석기 시대부터 이어진 뇌의 신경생

물학 기능은 업데이트가 가능하다. 우리가 신경가소성의 원리를 의식적으로 사용하고 적용하여 스트레스를 효과적으로 관리하는 방법을 배우면 불안이 우리를 지배하지 않고 우리가 불안의 주인이 될 수 있다.

불안에 지배받지 않으려면

불안은 여러 상황에서 다양한 방식으로 나타날 수 있지만, 몇 가지 공통적 특징을 보인다. 통제하기 힘든 불안을 경험할 때 뇌와 신체 내부에서 무슨 일이 벌어지는지 살펴보자.

불안이 일상생활에 지장을 주면 불편함을 느낀다. 안절부절 못하고 과다한 자극으로 예민해진다. 너무 많은 코르티솔이 분비되어 그 힘을 통제하지 못할 것 같다. 우리가 중심을 잡고 주도권을 잡을 수 있도록 돕는 두 가지 주요 신경전달물질인 도파민과 세로토닌의 양도 줄어들어 서로 소통하는 기능을 제대로 하지 못한다. 이로 인해 우리는 업무에 집중하기 어려워 미루거나 프로젝트를 마무리할 수 없게 된다. 또한 비관적이거나 절망감을 느끼기도 한다. 이러한 감정적 불균형 상태는 수면 패턴, 식습관 및 전반적인 건강에 지장을 준다. 우리는 불안한 생각과 감정을 누그러뜨리려 술이나 약물에 기대거나 순간적으로 기분 전환을 시켜주는 음식을 과다하게 섭취할 수도 있다. 그러나 이는 결국 우리를 둔감하고 병들게 한다. 불안한 상태가 지속될수록 우리는 친구들과 함께 보내는 시간을 줄인다. 사회에서 소외되고 고립된 느낌이 들며 외로움에 휩싸인다. 우리는 온갖 걱정으로 엉망진창이 되어 도움을 청하는 것마저 잊어버린다.

불안을 너무 심각하게 묘사한 것 같지만, 대부분의 사람에게 익숙한 이야기일지도 모른다. 왜냐하면 일상적 불안을 조절할 수 있다는 생각은 비교적 새로운 개념이기 때문이다. 하지만 불안에 대한 통제력을 갖게 되면 기분이 달라질 수 있다.

스트레스 반응으로 불안이 과도하게 활성화되었다는 것은 가정이나 직장에서 갑작스러운 변화와 같은 고민거리가 마음을 괴롭히고 있다는 신호다. 이점에 주목해서 상황을 생각해보자. 이러한 변화가 나에게 무슨 의미를 갖는가? 내가 사랑하는 사람들에게 어떤 영향을 미치는가? 내가 얼마나 그 상황을 통제할 수 있는가? 통제할 수 있는 부분에 대해 생각을 정리함으로써 세로토닌, 도파민 및 코르티솔의 작용을 활용하고 다음 단계에 집중한다. 이러한 행동을 통해 감정을 조절하고 목표에 집중할 수 있다. 자, 이제 믿을 수 있는 사람들에게 피드백을 구하고 진행 상황을 모니터링한다. 새로운 아이디어에 열린 마음을 가지며 실수를 받아들이고 이를 통해 무엇을 배우고 변화시킬 수 있을지 생각한다. 자기 돌봄을 잊지 않고 건강한 식사와 규칙적인 운동을 하며 밤에는 뇌와 신체가 재충전할 충분한 휴식과 잠을 잔다. 술은 뇌 기능을 둔화시키기 때문에 금주하기로 한다. 그러자 점차 나아지고 있다는 생각에 편안함과 안정감을 느낀다.

두 시나리오는 비슷한 불안으로 시작했지만, 위협-방어 체계가 어떻게 각성되는지에 따라 전혀 다른 두 가지 경로로 진행되었다.

이제부터 이 책을 통해 우리는 부정적인 영향을 마구 쏟아내는 스트레스에 대한 대응 방식을 변화시키는 구체적인 방법을 배울 것이다. 몸을 이완하고 마음을 진정시키는 방법, 생각의 방향을 틀고 우리가 처한 상황을 재평가하여 자신에게 도움이 되는 결정을 할 수 있는 방법 또한 배울 것이다. 그리고 스트레스에 대한 자신의 반응을 스스로 모니터링하고 불편한 감정을 견딜 방법을 살펴볼 것이다.

CHAPTER 2

·

나쁜 불안과
좋은 불안

·

뇌는 변한다, 신경가소성이라는 희망

내가 지난 20년간 해왔던 신경과학 연구의 중심 주제는 주변 환경의 자극(또는 스트레스 요인)에 반응하는 뇌의 변화였다. 뇌는 자라거나 줄어들기도 하고 적응하면서 진화한다. 뇌는 더 효율적인 방식으로 진화해왔다. 우리가 어두운 밤에도 꼬불꼬불한 길을 다니거나, 특정 종류의 새를 알아보거나, 새로운 곡을 외우고 또는 전혀 본 적 없는 새로운 형태를 조각할 수 있도록 뇌 기능은 세포 단위에서 작동한다. 이 모든 활동이 뇌의 신경가소성이 작동하는 예시다.

오늘날 우리는 주변 환경에 대해 매 순간 변화하고 적응하기 위해 신체 해부학적, 세포적, 분자적인 관점에서 성인의 뇌가 어떻게 작동하는지 자세히 이해하고 있다. 하지만 그리 오래되지 않은 1960년대까지만 해도 성인의 뇌는 변할 수 없다는 것이 정설이었다. 그 당시만 해도 신경계의 거의 모든 성장과 발달은 소아기에 이루어지고, 청소년기에 완성되어 성인에 이르면 더 이상 변화가 일어나지 않는다고 믿었다.

하지만 1960년대 초, 선구적인 신경과학자인 캘리포니아대학교 버클리의 매리언 다이아몬드Marian Diamond 교수[1]와 연구진은 그렇지 않았다. 그들은 성인이 된 포유류의 뇌도 변할 수 있다고 믿었으며 단지 이것을 증명할 방법이 필요했다. 그들은 단순하지만 훌륭한 실험 방법을 떠올렸다. 연구진은 성인이 된 쥐들을 '디즈니 월드'와 같은 넓은 쥐장에 넣어 새로운 장난감을 자주 넣어주는 실험을 했다. 연구진은 이것을 '풍족한' 환경이라고 불렀다. 그들은 풍족한 환경에서 사는 쥐들을 '빈곤한' 환경이라고 불리는, 장난감 없이 좁은 공간에서 한두 마리의 쥐들하고만 어울리는 쥐들과 비교했다. 몇 달 후, 이 두 그룹의 쥐들에게 어떤 뇌 해부학적 변화가 있었는지 차이를 분석했다. 만약 당대 과학자들이 가졌던 생각이 맞았다면 성인 포유류의 뇌는 변화할 수 없으므로 어떠한 차이도 보이지 않아야 했다. 반면, 성인이 된 인간의 뇌도 변할 수 있다는 다이아몬드 교수와 연구진의 가설이 맞다면 뇌 해부학적 차이를 관찰할 수 있었을 것이다. 이 실험을 통한 결과는 뇌에 대한 우리의 이해를 바꾸어놓았다. 디즈니 월드 쥐장에서 살았던 쥐들의 뇌는 시각피질과 운동피질, 그리고 다른 주요 부분을 포함한 다양한 영역에서 크기가 더 커지고 발달했다. 이것은 성인의 뇌 또한 변화의 가능성을 보인다는 발견 즉, '성인 뇌의 신경가소성'을 증명하는 첫 번째 실험 결과였다. 나아가 다이아몬드 교수는 이러한 변화를 결정하는 것은 주위 환경의 내용과 질적 특성이라는 것을 보여주었다.

여기서 중요한 점은 신경가소성은 양방향으로 작동한다는 것이다. 디즈니 월드 실험이 보여준 뇌의 내재적 신경가소성이 가리키는 긍정적인 변화는 디즈니 월드에서 지냈던 쥐의 뇌 크기가 증가했다는 결과로 알 수 있었다(추후 연구에서는 뇌 크기 증가뿐만 아니라 신경전달물질과 성장인자, 혈관 밀도의 증가 또한 보여준다). 그러나 이와 다른 환경이나 경험은 성인의 뇌에 부정적인 변화를 일으킬 수도 있다. 가령 흥미로운 자극이 없거나 폭력적인 환경에 노출되었을 때, 특정 뇌의 영역(2부에서 더욱 자세히 다룰 예정인 해마와 전전두피질)이 눈에 띄게 수축하고 우리의 정서와 주의력을 조절하는 신경전달물질(도파민과 세로토닌)이 감소한다. 제대로 돌봄을 받지 못한 환경에서 자란 아이의 경우, 뇌세포 간의 연결 지점으로 소통이 이루어지는 시냅스의 숫자가 감소하여, 사고와 인지 능력이 경직되는데 이 두 가지 특성은 지능과 관련 있다.

뇌가 성장하며 변할 수 있다는 엄청난 능력은 다이아몬드 교수와 연구진의 고전적 연구에서 시작하여 오늘날에 이르기까지 수천 번의 실험을 통해 입증되었다. 우리의 뇌가 얼마나 유연하게 변화하며 적응력을 갖추었는지 이해한다는 것은 불안이 제어 가능하며 심지어 반가운 거라는 믿음이 된다. 실제로 긍정적인 방향으로 작용하는 신경가소성이라는 놀라운 능력의 핵심은 우리가 새롭게 학습하면 행동을 변화시킬 수 있다는 것이다. 불안과 맺는 관계에서 우리가 하는 행동을 포함해서 말이다.

뇌의 신경가소성은 감정을 진정시키고 상황을 재평가하여 생각과 감정을 재구성한 다음 긍정적인 대안을 선택할 수 있도록 돕는다.

다음을 생각해보자.

- 분노는 주의력이나 수행 능력을 차단할 수 있다.
  - 반면 동기 부여를 위한 연료가 된다. 예리한 주의력으로 자신에게 무엇이 가장 중요한지 우선순위를 상기시켜준다.
- 두려움은 기분을 망치고 과거의 실패를 떠올리게 한다. 주의 집중력을 빼앗고, 가령 숨 막히는 압박감에 짓눌려 성과를 저해할 수 있다.
  - 반면 결정을 내릴 때 더 신중해질 수 있고, 깊이 성찰하며 삶의 방향을 바꾸는 기회가 되기도 한다.
- 슬픔은 감정을 무디게 하고, 동기를 낮추며 사회적 교류를 저

해한다.

- 반면 슬픔은 자신의 삶에서 무엇이 가장 중요한 것인지 알려주고, 우선순위를 재설정하도록 도와주며 환경, 상황 또는 행동의 변화를 위한 동기부여가 되기도 한다.
- 걱정은 미루는 습관과 목표 달성을 방해한다.
  - 반면 계획을 세밀하게 조정하도록 돕고, 자신에 대한 기대를 조절하며 더욱더 현실적이고 목표 지향적이 될 수 있도록 한다.
- 좌절은 자기 계발을 막고, 성과를 방해하며 동기를 앗아갈 수 있다.
  - 반면 더 많이, 더 잘할 수 있도록 도전하는 자극을 주기도 한다.

이러한 비교는 단순해 보이지만 손에 잡히는 결과를 만들어내는 강력한 선택지가 있다는 걸 가리킨다. 다시 말해, 우리에게는 선택권이 있다.

· · · · · · · ·

우리는 흔히 경험하는 불안을 부정적인 감정으로 표현한다. '예민한, 비관적인, 방어적인, 두려운' 등 이러한 것은 불쾌함을 느끼는 감정 상태라고 할 수 있다. 하지만 이러한 감정에 대응하는 우리는 힘이 없지 않다. 게다가 이러한 감정이 전부 나쁘기만 한 것도 아니다. 사실 이런 부정적인 감정은 우리 몸과 마음의 상태에 대한 중요한 정보를 알려준다. 그렇다면 부정적인 감정을 긍정적으로 전환하려면 노력이 필요할까? 그렇다. 이것은 우리에게 무엇이 중요하고 가치 있는지 보여주는 신호다. 예를 들어 돈에 대한 걱정은 우리가 금전적 안정성을 얼마나 가치 있게 여기는지 상기시켜 주며, 프라이버시에 대한 걱정은 개인 시간이 충분히 필요하다는 것을 상기시켜 준다.

따라서 부정적인 감정은 건강한 스트레스 반응을 방해하는 생각, 감정, 그리고 행동 패턴의 악순환을 멈출 좋은 기회가 된다. 불안의 주인이 될 수 있는 첫 번째 단계는 감정이 어떻게 작용하는지 이해하는 거다.

부정적인 감정이 더 오래가는 이유

불안은 온갖 부정적인 감정들을 한 단어로 묶어서 표현하는 용어다. 앞서 설명했듯이, 불안은 근본적으로 뇌-신체가 활성화된 상태, 세포들이 서로 신호를 보내고 에너지가 증폭되며 무언가를 하기 위해 준비된 상태다. 경계하고 준비하여 바로 행동하기 위한 준비 태세를 취하는 것이다. 나쁜 불안에 빠졌을 때, 이러한 활성화는 초조함, 두려움, 불편함, 고통 같은 일련의 감정을 유발한다. 이러한 부정적인 감정은 우리의 기분을 끌어내리고 산만하게 하며, 스스로 자신을 소외시키거나 고립시킨다.

부정적인 감정의 반대편에는 기분을 고조시키는 멋지고 긍정적인 감정이 있다. 기쁨, 사랑, 유머, 흥분, 호기심, 경이로움, 감사, 평온, 영감 등 끝도 없이 나열할 수 있는 감정들이다. 긍정적인 감정들은 자기 자신과 타인을 연결해주고 질병으로부터 보호해주는 면역 체계를 강화하여 건강을 유지하게 해준다. 또한, 즐겁고 유쾌한 행동에 대한 긍정적인 보상을 통해 우리가 계속 이런 감정을 추구하도록 만든다. 긍정적인 감정의 특징들은 대개 자동으로 일어난다. 가령, 자기 자신에게 기쁨을 느끼라고 지시한다고 해서 갑자기 기쁨을 느끼지는 않는다. 위험과 위협으로부터 자신을 보호하기 위해 부정적인 감정은 꼭 필요하지만, 이른바 친근하고 긍정적인 감정 또한 우리에게 필요하다. 기쁨, 사랑, 흥분, 호기심은 우리가 애착과 관계를 추구하도록 한다. 호기심은 우리가 배우고 성장하며 주변 환경을 이해하도록 동기를 부여하며 욕망은 번식을 위한 성적 충동을 일으킨다.

불안과 마찬가지로 기본적인 감정은 좋든 나쁘든, 긍정적이든 부정적이든 어떤 대상에 대해 경고하는 뇌 기반 신호라고 정의할 수 있다. 이러한 기본 핵심 감정들은 위협으로부터 우리를 보호하고 우리에게 필요한 것, 안전한 거주지, 음식, 동료애를 추구하도록 동기를 부여하기 위해 변연계를 포함한 하부 뇌 안에 자리 잡고 있다. 하지만 불안을 다루기가 까다로운 것은 인간의 감정이 훨씬 더 복잡하게 진화했기 때문이다.

불안이 우리의 기분을 좌지우지하는 많은 이유 중 하나는 우리가 긍정적인 것이 아니라 부정적인 것을 기본값으로 설정하기 때문이다. 우리의 뇌는 부정적인 감정에 더 큰 의미를 부여하고 이 감정을 더 생생하고 강렬하게 기억한다. 그 결과, 이러한 기억들은 우리의 뇌에 더 강력하게 새겨진다. 왜 우리는 긍정적인 감정보다 부정적인 감정을 더 많이 기억하려고 할까? 왜 우리는 긍정적인 감정을 예외적인 현상이라고 생각하는 걸까? 이 질문에 답하자면 기본적으로 우리의 뇌는 생존을 위한 방어를 중심으로 설계되어 있으므로 문제를 찾고 위험을 감지하며 고통을 회피하려고 한다. 이러한 생존 본능은 우리의 신경계 구조 깊은 곳에 자리 잡고 있다.

대부분의 과학자, 의사, 심리학자, 감정에 대해 글을 쓰는 저널리스트는 각자 자신의 관점에 따라 감정을 긍정과 부정이라는 두 범주로만 나눈다. 마치 부정적인 감정은 가능한 피해야 할 나쁜 것처럼 말이다. 이런 식으로 분노, 두려움, 걱정, 슬픔, 좌절 등 부정적인 감정에 대해 무의식적인 편견을 보인다. 또한, 질병에 대한 이해나 예방을 목적으로 시작되는 과학의 부정 편향으로 인해 긍정적인 감정을 증진하기 위한 연구에는 상대적으로 적은 시간을 할애해왔다.

긍정적인 감정에 방해가 되는 장애물의 예시는 많은 연구가 이루어진 분야로, 부정 편향 Negativity Bias[2]이라고 한다. 부정 편향은 뇌가 긍정적인 것보다 부정적인 것에 자연스럽게 기운다는 의미다. 비슷한 강도와 양의 정보를 주었을 때 부정적 정보가 긍정적 정보보다 더 빨리 사람들의 관심을 끌 뿐만 아니라 가치 판단에 더 큰 영향을 미친다는 것을 많은 연구 결과가 보여준다. 얼마나 잘 되고 있든지 간에 잘못되는 것에만 집착하는 사람들을 알고 있거나 본 적이 있을 것이다. 아마 우리 자신이 이런 행동을 하고 있을지도 모른다. 이것이 바로 부정 편향이 고개를 드는 모습이다.

긍정적인 것보다 부정적인 것에 생물학적으로나 반사적으로 치우치는 것이 우리의 잘못은 아니다. 다만 부정적 감정에서 고통을 덜어낼 수 있는 법을 배운다면 감정을 더 유연하게 처리할 수 있다. 그렇다면 감정을 새로운 시각으로 바라보는 것은 어떨까? 부정적인 감정으로 기우는 기본적인 태도에서 한 발짝 물러나 우리가 달성하고자 하는 목표에 초점을 맞춘다면 어떨까? 부정적인 감정을 시련이 아닌 도전으로 접근한다면 어떨까? 이러한 감정을 피해야 할 위험이 아니라 호기심의 대상으로 바라본다면 어떨까?

신경생물학적인 관점에서 볼 때, 불안과 이에 관련된 감정들은 중요한 무언가에 주의를 집중시키기 위한 목적을 가진다. 2부에서는 나쁜 불안으로 흐를 수 있는 감정 에너지의 방향을 틀 수 있는 방법, 긍정적인 마음가짐과 생산성, 최적의 성과와 창의성 등의 신경생물학적 연관성에 대한 주요 연구 결과를 깊게 살펴

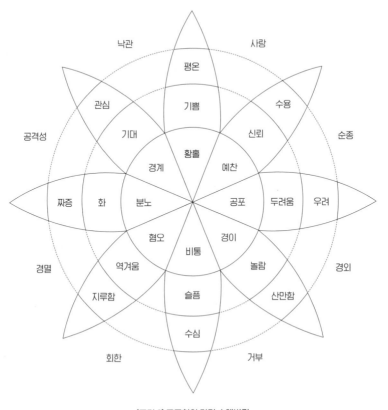

[그림 2] 플루칙의 감정 수레바퀴

볼 것이다.

정서 신경과학(감정적 경험을 연구하는 신경과학 분야)이 이룬 중요한 발전 중 하나는 우리가 대여섯 가지의 기본 감정만 가지고 있지 않다는 것이다. 1980년 로버트 플루칙Robert Plutchik[3]은 감정의 수레바퀴를 통해서 감정의 다양함과 정도를 보여주었다.

이런 관점에서 감정을 바라보면 불안에 대한 사고방식을 바꾸는 것이 왜 중요한지 알 수 있다. 실제로 불안은 부정적인 측면과 긍정적인 측면이 결합하여 감정의 수레바퀴 전체에 나타난다. 이 책을 읽으면서 삶에 긍정적일 수도 있고, 부정적일 수도 있는 불안의 양면에 익숙해지길 바란다. 불안이 반드시 부정적일 필요는 없다! 감정은 늘 변하는 것이다!

불안을 관리하는 네 가지 방법

불안을 유발하는 스트레스 자체는 사라지지 않지만 이에 대한 우리의 반응을 '최적화'할 수는 있다. 스탠퍼드대학교의 심리학 교수인 알리아 크럼Alia Crum 교수를 포함한 연구자들은 전전두피질의 기능인 사고방식의 변화와 재평가 기법을 활용해서 스트레스를 '업무 능력 향상 및 성장'을 위한 도전과 기회가 되도록 접근하는 방법을 제시했다.[4]

신경생물학적 단계에서 알리아 크럼 교수와 연구진이 연구 영역의 일부로써 제시한 건 '감정 조절'로 알려진 뇌를 구조화하는 것이다. 상향식과 하향식 처리 방식 모두를 포함하는 처리 과정은 불안을 포함한 모든 감정 반응을 관리하도록 돕는다.

그렇다면 감정 조절에서 조절은 무엇을 의미하는 걸까? 또 다른 스탠퍼드대학교의 심리학 교수로 감정 조절 분야의 전문가 중 한 명인 제임스 그로스James J. Gross 교수에 따르면, 감정 조절은 '자신이 어떤 감정을 느끼는지, 어떻게 느끼는지, 어떻게 표현하는지에 영향을 미치는 처리 과정'이라고 정의한다.[5] 과거 과학자들은 감정 조절이란 단지 상향식 처리 방식의 감정을 통제하기 위한 하향식 처리 과정일 뿐이라고 생각했지만, 이제는 상향식 뇌 영역들(변연계)과 하향식 뇌 영역들(전전두엽 및 상호 작용하는 다른 신경 경로들) 간에 쌍방향 상호 작용이 훨씬 많이 일어난다고 이해한다. 왜 그럴까? 그것은 그로스 교수가 주장하듯 감정 조절은 '서로 연결된 신경 하위 시스템으로 다양한 방식으로 서로 모니터링 하며 끊임없는 상호 자극이나 상호 억제 작용을 하는' 복잡한 체계이기 때문이다. 또한 그는 조절이란 '의식적인 노력이 필요한 통제된 조절에서부터 무의식적이고 자동으로 일어나는 조절에 이르기까지 연속선상'에 존재하는 일련의 과정이라고 지적한다.[6]

이것은 실제로 무엇을 의미하는 걸까? 기본적으로 불안은 위험을 피하고자 주의를 끄는 어떤 신호로서 시작될 수는 있지만, 반드시 불편함이나 산만함을 일으키거나 우리가 자연스럽게 추구하는 안녕과 균형을 방해하지는 않는다. 우리는 인지 능력을 활용하여 상황을 위험하다고 판단하기보다 도전으로 재해석하여 시련을 극복하고 새로운 학습의 기회로 삼을 수 있다. 우리에게는 감정적 신호에 대한 주의력뿐만 아니라 불안(혹은 감정)을 관리하고, 가능하다면 반응 자체를 관리할 수 있는 여러 선택지가 있다. 우리의 뇌는 실로 놀라운 것이다!

우리의 뇌-신체 시스템은 긴장과 이완 사이의 균형 상태인 항상성을 향해 끊임없이 움직인다. 신경계부터 소화계, 호흡계, 심혈관계, 면역계 등 모든 시스템은 스트레스 요인에 대응하고 항상성을 회복하기 위해 상호 작용하고 신호를 교환한다. 이는 감정 체계도 마찬가지다. 부정적인 감정은 위험하거나 위험을 초래할 가능성이 있는 대상에 대해 우리의 주의를 환기하고 기분이 나아지도록 어떤 변화나 적응을 하게 한다. 다시 말해, 이러한 감정은 단 한 가지 용도로 만들어진 것이 아니라 긍정적인 목적도 가진다. 불안도 마찬가지다. 불안은 일반적으로 느끼는 부정적 감정이나 불편함을 통해 뇌-신체가 우리에게 주의를 기울이라고 신호를 보내는 방식이다. 그리고 감정 조절은 여러 감정 중 특히 부정적인 감정을 처리하고 이에 반응하며 대처하기 위해 설계된 시스템으로 우리가 항상성을 복원하고 유지하기 위한 것이다.

불안은 다양한 감정들의 집합이며 감정 조절력을 교란시킨다. 그것은 애초에 그렇게 만들어졌는데, 그 이유는 문제가 있는 부분으로 우리의 주의를 끌기 위해서다. 불안이 각성을 일으키면 감정을 처리하기 위한 조절 도구가 사용되기 시작한다. 그렇게 되면 불안은 가라앉고 항상성은 회복된다. 하지만 우리의 감정 조절력이 항상 예측 가능한 것은 아니다. 실제로 감정 조절 능력은 개인의 성장 과정, 생활 방식, 심지어 유전 정보 등 다양한 요인에 따라 달라진다. 좋은 소식은 우리가 효과적으로 감정을 조절할 방법을 배울 수 있다는 것이다. 그로스 교수의 감정 조절 모델은 불안과 기타 부정적 감정을 관리할 수 있는 다섯 가지 전략을 제시한다. 그 다섯 가지 전략은 상황 선택, 상황 수정, 주의 전환, 인지 변화, 반응 조절이다. 반응 조절을 제외한 처음 네 가지 전략은 불안이 극단적이거나 만성적인 상태로 진행되기 전에 중단시킬 수 있는 전략이다. 마지막 다섯 번째는 불안(혹은 다른 부정적인 감정)이 이미 발생한 후에 택할 수 있는 조절 기법이다.

감정 조절을 이해하기 위한 이러한 모델(그로스 교수는 문헌에서 모달 모델로 정의한다)은 널리 수용되었고 계속 확장되고 있다. 이 분야의 또 다른 신경과학자 닐스 콘Nils Kohn은 감정 조절이 자동적이고(불분명하고 무의식적임), 또 의식적일(분명하고 의식적 인식을 통해 실행됨) 수도 있다는 점을 기억해야 한다고 덧붙인다. 또한 감정 조절은 본질적으로 적응적, 기능적일 수도 있고, 따라서 우리에게 이로울 수도 있고 부적응적인 기능 장애를 보일 수도 있다.

그렇다면 실생활에서 감정 조절이 어떻게 적용되는지 살펴보자. 반년 전에 직장에서 해고된 후 재취업을 위해 중요한 면접을 앞두고 있다고 상상해보자. 아마 압박감, 자기 의심, 거부감, 거절에 대한 두려움, 실패에 대한 두려움, 실력 미달에 대한 두려움을 느낄지도 모른다. 면접은 나흘이나 남았지만 이미 긴장되기 시작한다. 회사 문에 들어서는 모습을 상상하는 순간 손에 땀이 나고, 심장 박동이 빨라지며 호흡이 조금 가빠진다. 그러고는 일이 어긋날 만한 모든 시나리오에 대해 상상하기 시작한다. 이력서를 빠뜨리거나 양말을 짝짝이로 신고 가거나 애초에 이 회사에 지원한 이유마저 잊을 것 같다.

여기서 우리가 선택할 수 있는 것 중 하나는 불편함을 초래하거나 불안을 악화시키는 상황 자체를 피하는 거다. 상황을 피하는 것 즉, 면접을 건너뛰는 것은 단기적으로는 두려움과 스트레스를 완화할 수 있지만 이 직장을 원하고 필요로 한다면 장기적으로는 분명히 도움이 되지 않는다. 그로스 교수는 이 전략을 '상황 선택'이라고 부른다.

또 다른 선택지는 걱정과 불안을 더 잘 견딜 수 있는 방식으로 현재 상황에 변화를 주는 거다. 가령 면접을 앞두고 불안을 느낀다면 전화나 영상을 통해 면접을 보도록 요청하여 상황을 변경할 수 있다. 이러한 변화를 통해 불안을 일부 통제하여 압박감을 스스로 조절한다. 그로스 교수는 이를 '상황 수정'이라고 부른다. 이것은 나쁜 불안에서 좋은 불안으로 전환할 수 있는 지점이다. 그렇다고 긴장감이 완전히 사라진 것은 아니다. 단지 적절히 통제할 수 있는 경로로 유도한 것이다.

세 번째 선택지는 '주의 전환'이다. 불안을 유발하는 상황에서 주의를 돌려 다른 곳으로 향하게 하는 방법을 말한다. 많은 부모가 이 기술을 아이에게 활용한다. 가령, 어린아이가 개를 무서워한다면 부모는 개가 멀어질 때까지 우스꽝스러운 표정으로 아이의 주의를 돌릴 수 있는데, 이것은 일종의 의도적인 주의 분산이다.

네 번째는 가장 정교한 유형의 감정 조절 전략이라고 할 수 있는 '인지 변화'다. 이 경우 우리는 가장 적극적이고 의식적으로 자신의 사고방식이나 태도를 재평가하고 재구성한다. 면접에 대해 금요일 아침을 보내는 끔찍한 방법이라고 생각하는 대신, 자기 자신과 잠재적 고용주에게 회사나 조직, 그리고 지원하고자 하는 역할에 대해 자신이 얼마나 잘 알고 있는지 보여줄 수 있는 절호의 기회라고 생각한다. 사고의 전환으로 인해 자신감이 생기고 면접관의 말을 잘 듣고 이해하려는 호기심과 열정을 보인다. 이렇게 생각을 재구성하는 전략은 두려움과 압박감이라는 감정에서 도전을 위한 흥분의 감정으로 불안을 변형시키는 사고방식으로 작용한다.

하지만 지금까지 사용해왔던 전략들에도 불구하고 막상 면접실에 들어가 좌석에 앉으면 불안이 다시 머리를 들지도 모른다. 이런 경우 불안한 감정을 통제하고 완화하기 위해 적극적인 노력을 해야 한다. 가령 호흡법을 시도하거나 물을 마실 수도 있다 (깊은 호흡은 신경계를 진정시키는 가장 빠르고 효과적인 방법 중 하나다). 만약 긴장되는 상황이 면접이 아니라 첫 데이트라면 맥주나 와인을 한잔하며 긴장감을 누그러뜨릴 수도 있다. 이러한 방법들은 이미 불안을 경험한 후에 활용할 수 있는 '반응 조절'의 대처 전략 중 몇 가지다.

현재 불안과 감정 조절 간의 상호 작용에 대한 연구는 재평가와 같은 개입 전략이 감정 조절력을 발전시키고 불안을 다루는데 긍정적인 영향을 줄 수 있다는 강력한 증거를 제시한다. 이런 연구들은 불안 장애의 맥락에서 이루어졌다.[7] 특히 뇌 영상 연구는 불안 또는 두려움과 같은 부정적인 감정이 감정 조절 전략을 통해 감소한다는 것을 보여주었다. 더 나아가 부정적인 감정의 영역과 감정 조절이 일어나는 영역은 각기 다른 신경 영역에서 발생한다는 것도 보여준다. 이 연구 분야는 아직 초기 단계지만 새로운 질문을 통하여 계속 확장하고 있다. 우리에게 좋은 소식이다. 우리는 감정 반응을 업데이트할 수 있으며 감정을 조절하는 방법을 배울 수 있다. 불안을 잘 관리하고 다른 방향으로 나아갈 수 있다.

나는 불안에 대한 이러한 접근 방식을 스트레스에 대한 회복 탄력성을 키우는 방법이라고 생각한다. 4장에서는 불안의 뇌-신체 시스템이 신체적, 정서적 회복탄력성을 어떻게 향상할 수 있는지를 심층적으로 파고들 것이다. 하지만 지금은 이렇게 생각해보자. 감정은 느끼는 것이고 감정에 대한 반응은 업데이트하는 것이다. 이것을 인지하는 것부터 시작된다. 불안의 신호에 불편함을 느꼈다면 잠시 멈추고 그 감정을 어떻게 다룰지 생각해봐야 한다. 그러기 위해서는 불편한 감정을 즉시 은폐하고 부정하거나 도망치고 고개를 돌려버리는 것이 아닌, 감정을 안고 가는 연습이 필요하다. 단순히 불편함을 안고 가는 것만으로도 우리는 두 가지를 할 수 있다. 불편한 감정에 익숙해지면서 견딜 수 있다는 것을 깨닫게 되고, 행동하거나 반응하는 방법에 대해 의식적인 결정을 내릴 수 있는 뇌의 시공간적 여유를 가질 수 있다. 이것이 바로 긍정적인 신경 경로가 새롭게 형성되는 방식이다.

CHAPTER 3

•

불안은 죄가 없다

•

불안할 때 우리가 하는 일

불안을 유발하는 스트레스 상황에 처할 때, 우리는 안정감과 편안함을 느낄 수 있는 균형 상태를 찾기 위한 대처 전략을 짠다. 본능적으로 우리는 감정을 조절하고 경로 이탈 시 제자리로 돌아오려고 노력한다. 이러한 즉각적인 행동이나 사고 과정은 기억 속에 조건 반응으로 자리 잡아 종종 우리의 의식적인 인지 영역 밖에서 자동으로 작동한다.

하지만 이러한 전략들은 우리가 어렸을 때 미처 인지하지 못한 상태에서 만들어진 것들이다. 가령 일곱 살의 한 여자아이는 어둠이 두려울 때 몸을 흔들거나 이불 밑에 숨는다. 그 아이는 열일곱 살이 되어서도 두려움을 느끼면 여전히 몸을 흔들어 진정하고 싶지만, 이제는 그 습관이 부끄러워 대신 알코올이나 담배를 이용해 불편한 감정을 마비시키려 한다. 이렇게 두려움을 다루는 방식을 업데이트하지 않고 부적응적인 대처 전략을 취한다면 나중에는 더 부정적인 결과를 초래할 수 있다.

어떤 사람은 기절한 듯 잠들기 위해 수면제를 복용한다. 또 어떤 사람은 위안을 삼기 위한 애착 물건을 사용한다. 대부분 성인에게 휴대 전화는 아기의 애착 인형이나 쪽쪽이의 대체품이 되고 있다. 내가 마감 기한에 압박감을 느낄 때 자주 하는 행동은 주로 과식이다. 이러한 행동은 적은 양으로는 해가 되지 않지만, 반복적으로 의존하게 될 때 문제가 된다. 10년 전쯤 나에게도 이런 일이 일어났는데, 그때 나는 체중이 약 11킬로그램이나 늘었다.

본질적으로 대처 기제란 불편한 감정을 피하거나 자기 위안을 위해 하는 행동이다. 이러한 대처 기제로 더 이상 스트레스를 관리할 수 없게 되면 불안은 증가하고, 자신의 삶을 통제할 수 있다는 믿음이 깨지면서 문제가 악화된다. 일반적으로 대처 기제는 적응적(스트레스를 관리하는 데 도움이 되고 좋은)이기도 하고 부적응적(문제를 피하면서 결국 문제를 키우거나 알코올 의존 및 남용과 같은 이차적 문제를 일으키는 유해하고 나쁜)이기도 하다.

운동장에서 위협을 느꼈을 때, 친구들과 싸웠던 여덟 살의 소년은 성인이 되어서도 자신을 방어할 때 화를 내며 상대를 몰아붙이는 방식으로 반응한다. 그래서 지하철에서 누군가 승하차를 방해하면 화를 낼지도 모른다. 내면의 고독을 완화하려는 방편으로 자해를 했던 10대 소녀는 서른이 되어서도 두려움과 불확실함을 진정시키는 긍정적인 자기 위안의 방식을 찾지 못한다면 폭식증을 겪게 될 수도 있다. 이런 행동들은 억눌려 왔던 분노나 절박한 고립감, 혹은 어둠에 대한 두려움과 같은 부정적인 감정의 밑바탕에 깔린 고통을 잠깐 무디게 해줄 것이다. 하지만 이러한 행동 이면에 있는 감정을 다루고 처리하지 않는다면 불안 요소는 커지고 문제는 해결되지 않는다. 부정적 대처 행동은 감정 관리 능력과 조절 능력의 부족함을 더욱 강화할 뿐이다.

또 다른 예를 들어보자.

랄프의 통근 시간은 30분이다. 그는 현재 직장에서 힘든 시기를 겪고 있다. 매일 같이 사내 정치 문제로 피곤하고 정신이 닳아버리는 것만 같다. 금요일 오후 5시 15분, 차에 타면 집으로 빨리 돌아가 맥주 한잔과 함께 TV를 보며 편안히 쉬고 싶은 마음뿐이다. 멋진 경기를 보면서 긴장을 풀고 직장 일은 모두 잊어버리고 싶다.

하지만 고속도로에 올라서자 교통 체증이 그를 맞이한다. 모두가 서두르는 통에 움직일 틈이 거의 없다. 랄프는 차선을 바꾸기 시작한다. 그는 점점 화가 치미는데 한 남자의 픽업트럭이 그를 막자, 그만 폭발하고 만다. 격노한 랄프는 속도를 내어 위험하게 끼어들며 그 운전자가 자신의 제스처를 보고 경적을 들을 수 있도록 그의 픽업트럭에 자신의 차를 바짝 붙인다. 랄프는 통제가 불가능할 정도의 분노에 휩싸인다.

관찰자의 시점에서는 그가 경적을 울리고 자신의 화를 표출하기 전에 다른 선택지가 있었던 것처럼 보인다. 하지만 수년간 도로에서 분노가 표출되도록 내버려둔 탓에 뇌에서는 다른 반응을 고려할 시공간적 여유가 없다. 아무 생각 없이 랄프의 분노는 폭발한다. 그의 분노는 처리되지 않은 채 자극에서 반응까지 이르는 신경 경로가 너무 깊게 각인되어 있다. 그럼에도 불구하고 랄프는 이러한 행동을 '놓아버릴' 잠재력을 가지고 있다.

랄프의 반응은 감정 조절이 되지 않고 통제할 수 없을 것 같다. 그의 부정적인 감정은 계속 강화해 보복 운전과 비슷한 유형의 반응을 촉발시켰다. 하지만 랄프가 감정을 관리하는 긍정적인 도구를 꾸준히 활용한다면, 효과적인 방법으로 교통 체증에 대한 자신의 반응을 다룰 수 있을 뿐 아니라 직장 생활의 어려움에도 건설적으로 대처하는 방법을 배울 수 있다. 또한, 출퇴근 준비를 할 때 차에 타기 전 의식적으로 긴장을 푸는 연습을 하는 게 도움이 될 수도 있다. 하지만 한 발짝 물러나 어떤 변화를 바라는지 고려할 마음의 여유를 자기 자신에게 주지 않는다면 랄프의 스트레스와 불안 패턴은 계속될 것이다.

스트레스에 대한 만성적인 부적응은 신경내분비계, 자율신경계, 심혈관계 및 면역계를 포함한 여러 영역에서 우리의 뇌와 신체에 큰 영향을 미친다.[1]

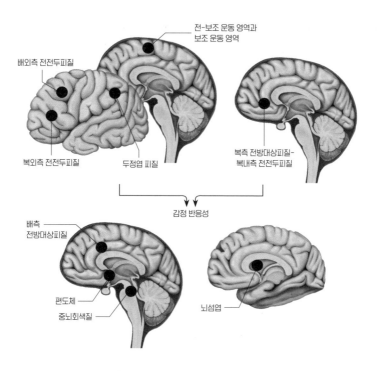

[그림 3] 감정 조절에 관련된 뇌의 영역들
감정적 각성(즉, 공황 발작)은 편도체와 기저핵에서 처리되고 복외측 전전두피질, 전방뇌섬엽, 보조 운동 영역, 모이랑과 관자이랑으로 전달된다. 감정적 판단은 감정 조절이 필요하다고 신호를 보내는 복외측 전전두피질에서 시작되어 배측 전전두피질로 이어진다. 배측 전전두피질은 감정 조절을 처리하고 모이랑, 보조 운동 영역, 관자이랑과 편도체, 그리고 원하지 않는 감정 상태의 조절을 돕는 기저핵으로 신호를 보낸다(Etkin et al. 2015 and Kohn et al. 2016의 도식을 변형함).

감정을 다루는 두 가지 방식

우리는 부정적인 감정을 다루기 위해 대처 전략을 만든다. 이는 불편함, 공포, 고통 등을 완화하거나 방향을 전환하기 위한 행동과 조치다. 이런 이유로, 대처 전략은 우리가 불안과 어떤 관계를 맺고 있는지 보여주기도 한다. 만약 자신을 위해 생산적인 방식으로 대처하고 있다면 불안을 잘 제어하고 있다는 뜻이 될 것이다. 하지만 건강, 직업, 안전, 사랑하는 사람들과의 관계를 해치는 방식으로 스트레스에 대처하고 있다면 다른 선택지를 고려할 때가 되었다.

우리가 스트레스와 불안에 어떻게 반응하는지 스스로 인지하는 것은 중요하다. 두세 가지 이상의 부정적 대처 전략을 사용한다면 이는 나쁜 불안에 빠져있다는 지표가 될 수 있다. 반면에 긍정적 대처 전략을 사용한다면 스트레스에 대한 내성과 감정에 대한 유연성이 있다는 것을 말해준다.

아래 목록을 살펴보자. 혹시 자신에게 익숙한 부분이 있는지 자문해보자. 자신을 평가하지 말고 단순히 메모해보자.

부정적으로 대처하는 행동

- 알코올이나 약물 사용 혹은 남용
- 다른 사람에게 폭력을 행사(언어적, 신체적, 성적으로 혹은 감

정적으로)

- 일부러 행동을 저지르거나 문제 행동하기
- 갈등 피하기
- 자신의 문제를 합리화하거나 다른 사람 탓으로 돌리기
- 문제가 없다고 부정하기
- 이미 일어난 일에 대한 기억을 억압하거나 잊기
- 자신이 아닌 사람처럼 행동하기
- 상황으로부터 자신을 분리하기
- 통제하는 행동
- 일 중독(감정을 피하고자 바쁘게 지내기)
- 자해, 자살을 고민하거나 시도
- 자신을 고립시키며 평소 하던 활동을 줄이고 사람들로부터 멀어지기
- 다른 사람을 통제하거나 조종하기
- 의사소통 거부하기
- 공상에 빠지기
- 최악의 상황을 떠올리기
- 지나치게 도움을 주려는 행동(자신보다 타인 챙기기)

다음으로는 긍정적인 대처 기제를 살펴보자. 이는 불안을 관리하는 유익한 방법이기 때문에 적응적 대처 방식이라고 할 수 있다.

긍정적으로 대처하는 행동

- 긍정적이든 부정적이든 자신의 감정에 이름 붙이기
- 분노를 억제하거나 폭발하지 않고 조절
- 자기 성찰 연습하기
- 친구와 가족의 도움 받기
- 감정에 대해 이야기하거나 소통하기
- 운동하기(운동은 불안을 완화하는 것으로 나타남)
  - 성적 활동 유지하기(성관계는 불안을 줄이고 신경계를 진정시키는 것으로 알려짐)
- 취미나 스포츠에 참여하기
- 야외에서 시간 보내기
- 다른 관점에서 상황을 고려하기
- 유연한 태도를 가지고 새로운 사고방식에 개방적인 자세 갖기
- 일기를 쓰거나 여러 방식으로 자신을 의식적으로 성찰하기
- 가족, 파트너, 친구들과 질적으로 좋은 시간 보내기
- 자신에게 긍정적인 말과 긍정 확언해주기
- 명상이나 기도하기
- 작업 공간이나 집을 청소하거나 정리하기
- 아플 때 전문가의 도움 구하기
- 반려동물이나 아이들과 놀기

나쁜 불안이 운전대를 잡고 있다면

불안과의 관계는 시간이 지남에 따라 변하며, 그것을 처리하는 우리의 능력도 마찬가지다. 대처 전략은 업데이트해야 하며, 부적응적인 대처 전략 또한 면밀히 살펴볼 필요가 있다. 그리고 이 과정에는 노력이 필요하다.

리자는 성공 지향적인 여성이다. 하버드 비즈니스 스쿨을 졸업하고 금융 서비스 분야에 뛰어들어, 남다른 머리와 사회성으로 좋은 인맥을 자랑하며 동료들에게서 존경받고 있다. 10년 넘게 고속 승진을 해왔지만 마흔하나가 된 지금 갑자기 일 이외의 삶은 없는 것 같다. 그녀는 일 중독자로 그간의 헌신과 성공을 위한 열망은 은행 잔고와 자존감에 이득이 되어 돌아왔다. 하지만 최근에는 보스턴 백 베이에 있는 자신의 아름다운 고급 아파트에 들어설 때면 완전히 소진되어 버린 것만 같다. 그래서 긴장을 풀고 잠들기 위해 와인을 서너 잔 마신다. 그녀는 새벽 5시에 알람이 울리면 찰스강을 따라 달리기를 하고, 아침 7시까지 사무실에 도착한다. 수년간 도움이 되어왔던 일과였지만 이제는 아침에 눈을 뜨자마자 이미 기운이 다 빠진 것 같은 느낌이다. 리자는 외롭고 자신에 대한 의구심에 시달리면서 무엇을 위해 그렇게 애쓰며 살고 있는지 자문하기 시작했다.

리자는 걱정에 익숙하다. 걱정은 항상 다른 동료들보다 더 열심히, 더 오래 일하도록 동기를 부여했다. 리자는 근면함에 대한 긍정적인 피드백을 많이 받았고, 이것을 마음에 새겼다. 다시 말해 예전의 리자는 불안 회로가 높이 활성화된 상태를 긍정적인 방향으로 활용할 수 있었다.

그러나 지난 몇 년간, 특히 마흔을 넘긴 후부터는 일을 통한 즐거움이나 상사와 동료들에게 인정받는 것에서 만족감을 얻지 못하고 있다. 일을 할 때는 고갈된 느낌이고 일을 하지 않을 때는 마비된 것만 같다. 리자가 걱정하는 것은 과연 무엇일까? 혼자라는 것, 나이가 든다는 것, 그리고 더 이상 직장에서 젊고 번뜩이는 일류 사원이 될 수 없을 거란 생각이다.

리자는 이제 불안 에너지가 자신의 통제 범위를 벗어나 밖으로 새어 나가고 있다고 느낀다. 불편한 감정을 무디게 할 수 있는 유일한 방법은 하루를 마무리하는 와인이다. 심지어 일 때문에 너무 스트레스를 받아서 머리가 터질 때면 와인을 마실 생각만으로 버티기도 한다. 그녀는 여전히 매일 아침 달리기를 하지만, 달리기는 이제 더 이상 즐거운 것이 아닌 지긋지긋한 습관이 되어버렸다. 그녀는 살기 위해서, 두려움으로부터 도망치기 위해 달리는 것만 같다. 살찌는 것에 대한 두려움, 뒤처지는 것에 대한 두려움, 달리기를 멈춘다면 또는 멈출 때 무슨 일이 일어날 것만 같은 두려움이다.

만약 리자가 잠시 멈춰 자신의 패턴을 가까이서 살펴본다면, 몇 가지 경고 신호를 발견할 거다. 그녀는 기력이 쇠약해지고, 더 이상 업무가 신나지 않고 피로하며 점점 더 초조함을 느낀다. 이러한 뇌-신체의 변화들은 불안이 악화하고 있다는 신호다. 아직 불안 장애를 겪는 것은 아닐지라도 나쁜 불안이 점점 강하게 자주 나타나 타격을 주는데, 이것은 그녀의 대처 방식이 더 이상 불안을 막아주지 않는다는 것을 보여준다.

리자의 뇌를 스캔해보면 일반적으로 불안한 상태에서 활성화되는 편도체와 전두엽의 일부인 배측 전방대상피질이 활성화되었다는 것을 발견할 수 있다. 한때 뇌 기능의 균형을 잡아 주었던 적응적 활동은 이제 더 이상 효과가 없다. 더욱 문제가 되는 건 예전에 했던 행동들이 이제 부적응적인 행동으로 변했다는 거다. 이전에는 불안이 악화되지 않도록 운동을 하고, 상사와 동료들로부터 긍정적인 피드백과 칭찬을 받으며 와인 몇 잔으로 충분히 불안을 달래어 긴장을 풀고 재충전한 다음 다시 성취욕을 일으키는 회복기를 가질 수 있었다. 하지만 이제는 그렇지 않다. 언제부터 잘못되기 시작했는지 말하기는 어렵다. 하지만 우리가 알고 있듯 만성 스트레스는 주요 신경전달물질을 고갈시키고 수면을 방해하며 부신 기능을 저하시킨다. 이 모든 것은 우리가 감정적 조절 상태(즉, 항상성이라고 불리는 정서적 신체적 균형 상태)를 유지하는 데 필요하다. 예전에는 조절 가능하고 도움이 되었던 불안이 이제 문제가 되는 이유에는 단 하나의 원인만 있는 게 아니다.

리자는 몇 가지 선택을 할 수 있다. 같은 행동을 반복하며 불안에 대한 부적응적 대처 방식을 강화할 수도 있고, 새로운 방식으로 행동하기 위한 단계를 밟을 수도 있다. 하지만 뭔가를 하기 이전에 무엇보다도 중요한 것은 자신이 변화할 힘을 가지고 있다고 믿는 것이다. 리자는 스스로 결정하기 위해, 스스로 행동하기 위해, 그리고 자신이 느끼고 심지어 상상하는 것보다 더 이 상황을 잘 제어할 수 있다는 내면의 힘을 믿기 위해 주인 의식을 가져야 한다.

리자의 뇌는 부정적인 방식으로 적응하고 있을 가능성이 크다. 이러한 대처 방식이 자신에게 더 이상 도움이 되지 않을뿐더러 정말 필요한 정신적 위안을 주지 못한다는 것을 알아차리지 못하는 상황이 오래 지속될수록 그녀의 나쁜 불안은 악화되고, 부정적인 대처 방식은 더욱 뿌리 깊게 자리 잡는다. 하지만 그녀가 자신의 상황을 정말 있는 그대로 인지한다면 늦었더라도 자신의 대처 방식을 업데이트해 자신이 처한 상황에 변화를 주어 만족스러운 삶을 향해 나아갈 수 있다.

기존의 대처 방식이 더 이상 작동하지 않는 또 다른 예를 살펴보자.

저레드를 만난 것은 그가 대학 졸업 후 5년이 지난 스물여섯 살 때였다. 그는 부모님과 함께 살고 있었고 자신이 무엇을 원하는지 결정하지 못하고 있었다. 부모님은 그의 미래를 걱정했다. 하지만 그에게는 어떤 직업도 좋아 보이거나 흥미로워 보이지 않았다. 그는 헤드헌터와 진로 상담가를 만나 보기도 했다. 하지만 저레드는 자신의 삶을 어떻게 꾸려갈지 몰라 불안에 빠져있었고 중소기업, 중견 기업 혹은 그 어떤 회사에서도 신입 사원으로 일해보겠다는 결단을 내리지 못했다. 저레드는 대학원에 진학하는 것도 고민했지만, 특정 연구 주제에 대해 열정이 있는 것도 아니었고 무엇보다도 학비를 갚기 위해 빚에 허덕이고 싶지 않았다. 그리고 그의 부모님은 더 이상 학비를 대주지 않을 거라고 했다.

부모님은 이미 많은 돈을 학비에 쏟아부었고, 아들이 미래에 대한 계획이 없어 보였기에 답답했다. 저레드의 부모님은 그들 자신에게도 화가 났다. 자신들로 인해 아들이 아무런 결정을 내리거나 행동을 취하지 못한다고 느꼈기 때문이다. 부모님은 아들을 집에서 내쫓아 그가 어떤 일이라도 해야 한다는 압박감을 느끼도록 해야 할지 고민했다.

하지만 저레드는 정말 겁에 질려 있었다. 시간이 지날수록 그는 아무 동기나 자신감, 그리고 에너지 없이 일종의 마비 상태에 발이 묶여버린 것만 같았다. 폭식을 하면서 그의 몸무게는 9킬로그램이나 늘었고, 친구들도 만나지 않았다. 친구들은 새로운 일과 관계를 시작하느라 분주했다. 불안이 악화되면서 저레드의 삶은 완전히 멈추었고, 자신의 상황을 변화시킬 수 있는 그 어떤 결정도 내리지 못했다.

여기서 한 가지 짚어보자. 저레드는 급성 불안 증세뿐만 아니라 만성 우울증도 함께 겪고 있었다. 불안과 우울은 동시에 함께 발생하기도 하고 세로토닌과 도파민 사이의 불균형과 조절 이상, 그리고 스트레스 반응의 기능적 장애와 같은 신경생물학적 특성을 공유하는 등 중첩되는 부분이 있다. 저레드가 항상 우울했던 건 아니다. 그는 늘 불안했고, 불안이 너무 오래 지속된 나머지 우울증으로 진행되었다. 신경화학적인 관점에서 그는 장기간 만성적인 우울증으로 의사들이 기분부전증이나 만성 우울증이라고 일컫는 증상을 겪고 있었다. 하지만 자신이 스스로 불안을 제어할 수 있다는 것을 알았더라면, 그리고 쉬지 않고 커져만 가는 불안을 회피하는 것이 아닌 대면하는 방향으로 이끌 수 있다는 걸 알았더라면 이런 상황까지는 피할 수 있었다. 만약 졸업 이후 느꼈던 불안에 더 빨리 대처했더라면, 사회적 활동과 신체적인 활동을 활발하게 유지했더라면, 불안이 차고 넘쳐 우울증으로 진행되지 않았을 수도 있다. 불안과 우울증 사이의 관계는 복잡해서 신경화학적 불균형을 어떤 방식으로 표현하는지 단 한 가지 방식으로만 예측할 수는 없다. 그럼에도 불구하고 불안과 우울은 반대처럼 보이지만 종종 공존하는 모습도 보인다.

리자와 저레드의 상황은 우리의 행동이 감정 상태에 어떻게 영향을 미치고 또 반대로 어떻게 영향을 받는지 둘 사이의 연결성을 생생하게 보여준다. 그뿐만 아니라 나쁜 불안이 어떻게 우리 삶에 들어와 에너지와 집중력을 앗아가고 의욕과 삶의 질을 고갈시키는지도 보여준다. 리자와 저레드가 임상적인 불안 장애를 겪지 않는다 해도 나쁜 불안은 충분히 그들의 삶에 지장을 주고 있다. 누구나 그런 것처럼 그들 또한 본능적으로 감정과 불안을 관리하기 위한 전략을 세운다. 사람들을 멀리하고 도전을 회피하는 행동은 미래에 대한 저레드의 두려움을 어느 정도 완화해주었다. 그러나 이러한 대처 전략의 문제점은 시간이 지나면서 회피와 거리 두기가 불안을 가중하고 그를 더욱 외롭고 무력하게 만든다. 단기간 유용했던 대처 기제는 그의 불안을 나쁜 불안으로 더 깊이 밀어 넣고 결국 우울증마저 유발했다. 그는 삶에서 두려운 시기를 지나고 있었다. 즐거운 대학 생활을 성공적으로 마치고 태어나서 처음으로 현실 세계의 갈림길에 들어섰다. 그는 자신이 완전히 자격 미달인 것처럼 느꼈다. 불행하게도 그가 활용하고자 했던 대처 기제는 그의 감정 상태를 악화시키기만 했다.

리자의 삶 역시 변곡점에 이르렀다. 그녀는 더 이상 서툰 '새내기'가 아니었으므로 자신의 경력에 맞게 더 '상급' 단계로 새로운 업무 목표를 설정해야 한다는 압박에 시달렸다. 불안이 증가함에 따라 리자는 불편한 감정을 다루기 위해 점점 더 술에 의존했다. 든든했던 그녀의 대처 기제(운동과 와인)로 처음에는 불안을 덜고 저녁 시간 동안 휴식을 취하며 긴장을 푼 후 자신을 재정비하여 다음 날을 준비할 수 있었다. 그러나 늘어난 주량이 이차적인 문제를 일으켰다. 수면을 방해하고 사고와 결단력을 흐리는 숙취를 겪으며 에너지와 의욕이 줄어든 거다. 리자의 대처 기술은 불안에 도움이 되지 못했고 특히 음주는 상황을 더욱 악화시켰다.

• • • • • • • •

우리의 뇌는 자동으로 불안과 같은 불쾌한 감정을 피하고 그 심 각성을 숨기는 전략을 만든다. 이러한 회피는 신경 경로와 회로에 내재되어 있으며 우리가 스트레스를 관리하고 나아가는 데 도움을 주기도 한다. 하지만 우리의 내외부적인 삶과 환경이 변하면 이러한 대처 기제는 작동을 멈춘다. 우리는 변화가 주는 영향을 감지하거나 못할 수도 있다. 습관은 우리를 도와주는 대신 방해가 된다는 증거도 몇 가지 있다. 리자는 너무 많은 와인을 마시기 시작했고, 저레드는 우울증과 불안으로 작은 도전마저 회피하게 되었으며 아무런 결정도 내리지 못하게 됐다. 이는 그들의 불안이 좋은 것에서 나쁜 것으로, 관리 가능한 것에서 관리 불가능한 것으로 바뀌었다는 신호다.

어떻게 이런 일이 일어나는지 이해하려면 나쁜 불안이 운전대를 잡을 때 몸에서 어떤 일이 일어나는지 이해하는 것이 중요하다. 요약하자면 다음과 같다.

• 신체적 활성화 부족, 고갈 상태는 다양한 방식으로 드러난다. 뇌-신체가 불안으로 만성적인 압박을 받으면, 감정을 관리하는 능력이 떨어진다. 즉, 내부나 외부 자극에 대해 효과적인 반응을 하기 어렵다. 어떠한 종류의 스트레스에도 매우 예민해지며 자신에 대한 의구심과 자신감 상실을 느끼기 시작한다.

- 에너지가 고갈된 후 충분한 회복과 휴식을 취하지 못하면, 긍정적인 사고방식의 주된 감정인 의욕을 끌어올릴 수 없다. 이렇게 자신을 재정비할 수 있는 능력이 상실되면 감정 조절을 유지하는 능력은 악화한다.

- 이후 자신을 스스로 고립시키며 사회적 관계를 통해서 격려와 지원을 받을 기회를 스스로 차단하고, 이를 통해 불안을 완충시켜주는 필요 요소가 사라진다.

- 추가로, 약물이나 알코올에 의지하여 위안을 찾으면 '쾌감'이 끝난 후 의도치 않게 불안을 악화시킬 수 있다. 실제로 술과 약물은 신경계 활동을 둔화시키는 기능을 한다. 술과 약물은 잠시 불안을 달래 주는 듯한 착각을 일으키지만, 실은 뇌-신체의 도파민과 세로토닌 처리 과정에 방해가 된다.

이러한 반응은 뇌-신체의 다양한 신경 경로 기능이 저하되었다는 것을 보여준다. 이러한 부정적 대처 전략의 단점들에도 불구하고 희망은 있다. 우리는 부정적인 감정과 불안에 대해 지금 당장 할 수 있는 표면적인 대처 방법뿐만 아니라 그 밑바탕에서 뇌-신체에 미치는 기저 효과까지 변화시킬 수 있다. 감정 조절력을 회복하려면 우리에게 에너지와 호기심 그리고 선택권이 있다는 걸 인지하는 것이 필요하다. 누구나 자신이 신체적으로 소진되고 감정 조절이 어렵다는 신호를 인지할 수 있고 변화를 시작할 수 있다. 이것이 바로 좋은 불안을 활용하는 방법에 대한 본질이며 결국 뇌의 신경가소성에 달려있다.

이러한 근본적인 경로들이 어떻게 불안을 각성시키고 강화하며 방향을 전환하는지 이해하면, 나쁜 불안을 막고 스스로 자기 삶의 방향에 대한 의식적인 결정을 내릴 수 있다. 우리가 자신의 감정, 생각, 행동을 알아채는 법을 배우면, 나쁜 불안을 좋은 불안으로 전환할 수 있을 뿐만 아니라 삶의 에너지, 태도, 사고방식, 의도 또한 변화할 수 있다. 우리는 신체, 정신, 관계 등 삶의 모든 면에 있어 지금 바로 의욕 넘치는 새로운 모습으로 변화를 시작할 수 있다. 누구나 자신의 목표를 달성하고 꿈을 이룰 수 있는 긍정적인 방식으로 내면의 힘을 활용하여 우리가 진심으로 원하는 삶을 영위할 수 있다.

불안 그 자체와 마찬가지로 우리의 모든 경험, 행동, 감정, 생각, 결정 및 정신적 구성 요소(즉, 인식과 해석)는 우리 뇌-신체가 어떻게 생물학적으로(어떤 자극에 대해 우리의 몸이 어떻게 반응하는지), 정신적으로(인식과 우리의 사고 과정), 감정적으로(우리의 무의식적이고 의식적인 감정과 핵심 감정 상태), 그리고 사회적으로(우리의 관계와 사회적 상황이 우리의 생물학에 어떤 영향을 끼치는지) 기능하는지에 달려 있다.

불안의 재발견을 통해 한때 장애물이었던 불안을 자신의 삶에 유용하고 심지어 이로운 것으로 전환할 수 있다. 이런 전환이 가능할 때, 불안이 우리 삶에 가져다주는 특별한 선물을 향해 문을 열게 될 것이다. 불안은 제대로 작동하면 우리가 상황을 비판적으로 평가할 수 있는 여섯 가지 초능력을 준다. 집중력과 생산성이 개선되어 업무 능력을 향상하고, 긍정적인 사고방식을 형성하고 다듬으며, 의식적으로 회복력을 키워 관계를 강화하는 기반이 된다. 또 집중력과 생산성이 가속화됨에 따라 창의적인 사고 과정이 향상된다. 이렇게 불안을 조절하여 좋은 것으로 전환하면 불안을 초능력으로 만들 수 있는 문을 활짝 열 수 있다.

2부에서는 우리가 불안과 맺는 관계를 환기하기 위해 활용할 수 있는 불안의 여섯 가지 경로를 배울 것이다. 이 여섯 가지 경로 또는 '신경 네트워크(기능적으로 관련된 뇌 영역의 그룹)'에는 감정 또는 태도 네트워크, 주의력 네트워크(앞서 언급했던 하향식 조절 네트워크를 포함함), 관계 네트워크(사회적 뇌의 경로와 관련됨), 보상 또는 동기 부여 네트워크, 창의성 네트워크, 그리고 생존을 위한 본능과 관련된 회복탄력성 네트워크가 포함된다. 이 모든 뇌의 네트워크는 서로 중첩되어 상호 작용하며 지속적이고 역동적인 방식으로 신경 경로를 공유하며 서로 신호를 보낸다.

뇌과학이 밝힌
불안의
여섯 가지 선물

CHAPTER 4

·

불안이 주는 선물
1. 회복탄력성

·

회복탄력성이 자라는 순간

불안을 관리하고 더 나은 방향으로 전환할 수 있는 힘은 회복탄력성resilience에 있다. 앞서 다루었던 뇌의 네트워크는 불안한 생각과 감정을 진정시키고 불안 에너지, 각성 상태, 그리고 불편함을 활용하여 우리가 더 나아가고, 더 좋은 감정을 느끼기 위한 관문과도 같다. 이것이 바로 회복탄력성의 본질이다.

회복탄력성은 시련에 적응하고 회복하는 능력이다. 우리가 일상에서 겪는 어려움, 실망, 모욕 또는 그렇게 받아들일 만한 상황 등 어떤 고통스러운 상황에서도 날마다 견뎌내기 위해서는 회복탄력성이 필요하다. 또한 회복탄력성은 상실, 슬픔 또는 트라우마를 맞닥뜨릴 때 끌어올려야 할 중요한 도구 중 하나다. 트라우마를 일으키는 사건은 우리에게 살아남아야 한다는 걸 말해준다. 우리가 가진 힘과 감정, 신체적 자원을 마지막 남은 1그램까지 짜내는 것이다.

다시 말해 우리는 항상 회복탄력성에 의존한다. 우리가 생존을 위해 설계된 것처럼 회복탄력성 또한 이미 설계되어 있다. 실제로 뇌의 신경가소성과 함께 오는 적응력은 우리가 유연함과 회복탄력성을 통해 시련에 다시 일어설 수 있도록 돕는다. 과학자의 입장에서 볼 때 회복탄력성은 성공적인 적응이라 할 수 있으며 살면서 겪는 스트레스 요인에 효과적으로 대응하는 능력이다. 여기서 좋은 소식은 살면서 겪는 크고 작은 스트레스 요인을 완전히 피할 수는 없지만 회복탄력성은 키울 수 있다. 우리는 유연하게 생각하는 방법을 배우고 자신의 존재 자체가 실패로 정의되지 않는다는 것을 받아들이면서 회복탄력성을 키운다. 무엇이 필요하고 언제 도움을 구해야 하는지를 알아가면서도 회복탄력성을 키운다. 또 음식이나 스포츠, 성관계에 이르기까지 기쁨이나 즐거움을 주는 것들을 추구할 때 회복탄력성을 키울 수도 있다. 그렇다. 즐거움을 누리는 것은 회복탄력성에 도움이 된다!

우리는 도전을 통해 자신감을 키울 때 회복탄력성을 키울 수 있다. 이완 기법을 통해 신체의 스트레스 반응을 낮추는 방법을 이해하면서 회복탄력성을 키울 수도 있다. 잘 먹고, 잘 자고, 운동하면서 신체적 회복탄력성을 증진시키고, 심리적 회복탄력성 또한 키울 수 있다. 본질적으로 우리 뇌-신체는 적응을 위해 설계되었으므로 몸과 마음, 그리고 뇌의 회복탄력성을 키울 수 있는 것이다. 시련, 실패, 슬픔에 직면했을 때 우리는 스트레스에 대해 최적화된 반응을 찾기 위해 적극적인 선택을 할 수 있다. 이것은 때로 부적응적인 대처 전략 즉, 불안을 악화시키고 다른 문제를 일으키는 것에 대해 되짚어 보는 것을 말한다. 회복탄력성은 양자택일의 문제가 아니다. 그것은 생존 기제로서 우리 자신을 보호하고 가장 힘든 시기에 자기 자신을 구해주는 뇌-신체 신호의 동적 시스템일 뿐만 아니라 우리가 적극적으로 키우고 강화하는 일상의 알아차림, 에너지, 저장소이기도 하다.

불안이 회복탄력성을 약화시킬 수 있다는 것은 놀라운 일이 아니다. 만성적인 경계심, 분노, 두려움, 그리고 끊임없는 걱정은 우리를 신체적, 감정적, 그리고 정신적으로 지치게 하여 힘, 용기, 면역력을 앗아가고 감정적, 신체적 에너지를 고갈시킨다. 그러나 앞서 살펴보았던 것처럼 자신을 보호하기 위해 마음 깊은 곳으로부터 나오는 불안 신호에 주의를 기울이고 이에 대처하면서 우리는 자신을 돌보고, 안전을 추구하고, 주위에 믿을 만한 사람과 함께하며 우리를 다치게 하는 사람들로부터 멀어질 용기를 낼 수 있다. 회복탄력성은 의식적이고 의도적으로 선택할 수 있다.

회복탄력성의 진정한 힘은 개인 각자가 자신의 성공과 실패의 경험을 어떻게 조합하는지에 따라 나타나는데, 이것은 우리의 전 생애에 걸쳐 점진적으로 쌓인다. 또한 불안이 들이닥쳤을 때 힘들었던 날들과 스트레스받았던 상황을 견뎌내기 위해 우리가 알고 있었고 해왔던 적응적 대처 전략을 활용할 때 회복탄력성은 자라난다. 사실 회복탄력성이라는 개념을 통해 일상의 불안이 주는 가장 강력한 힘이라는 주제로 다시 한바퀴 되돌아왔다. 그것은 우리 삶에서 다시 채울 수 있는 개인의 원천적 힘을 키우는 것을 말한다. 불안은 회복탄력성의 저장고를 채우는 데 도움을 준다. 또한 불안은 회복과 자기 관리의 필요성에 주의를 기울일 수 있게 한다. 신경과학에서는 이것을 스트레스에 대한 예방 접종이라고 부른다.[1]

스트레스는 회복탄력성의 필수조건

스트레스와 회복탄력성은 마치 음양처럼 함께 한다. 미국 심리학회는 회복탄력성을 '어려움, 트라우마, 비극, 위협 또는 상당한 스트레스 요인을 마주할 때 잘 적응하는 과정'[2]으로 정의한다. 이 정의에 따르면 살면서 겪는 도전, 스트레스, 어려움이 없다면 회복탄력성은 존재하지 않는다. 신경생물학적 용어로 회복탄력성은 우리가 매일의 스트레스를 전 생애에 걸쳐 어떻게 관리하는지에 따른 결과다. 1915년 월터 브래드포드 캐넌 교수Walter

Bradford Cannon[3]는 최초로 회복탄력성에 대해 '다양한 자극에 대한 체내 적응 반응'이라고 언급했다. 하버드대학교의 실험실에서 그는 공복감, 추위, 운동, 그리고 강렬한 감정들과 같은 스트레스 요인에 반응하여 몸이 어떻게 변하는지 관찰했다. 이 초기 연구를 통해 캐넌은 스트레스에 대한 투쟁 혹은 도피 반응을 최초로 발견했고, 몇 년 후 신체가 '동적 평형 상태'를 유지하려는 성향을 설명하기 위해 '항상성homeostasis'이라는 용어를 만들어냈다.

이러한 연구는 1900년대 초 이후 크게 성장하고 발전해왔으며 현재 우리는 스트레스 반응 시스템에 대해 훨씬 더 많이 이해하고 있다. 간단하게 표현하자면 스트레스 반응은 두 단계에 따른 두 가지 주요 경로를 가진다고 생각해볼 수 있다.

스트레스 반응의 첫 번째 단계는 1장의 내용을 통해 익숙할 것이다. 스트레스를 유발하는 상황에서는 교감신경의 '투쟁-도피' 자율신경계가 활성화된다. 이때 뇌-신체는 경계하고, 조심하며 실제 또는 잠재적 위협이 있는지 판단한다. 또한 생체 에너지의 동원, 대사 변화, 면역 시스템 활성화, 소화 및 생식 시스템 억제를 포함한 자동적인 생리학적 변화가 폭포처럼 쏟아져 내리기 시작한다.

두 번째 단계는 느리지만 오래 지속되는데 이 단계에서 가장 익숙한 건 시상하부-뇌하수체-부신축을 통한 '스트레스 호르몬'인 코르티솔의 분비다. 이와 함께 오늘날 알려진 다양한 범주의 강력한 호르몬들과 광범위한 네트워크를 아우르며 스트레스에 대한 대응을 조절하는 신경전달물질들이 동시에 분비된다. 신경 펩타이드-Y와 같은 신경전달물질을 그 예로 들 수 있다. 이렇게 한 번도 들어본 적 없는 주요 신경전달물질은 불안을 일으키는 코르티솔을 감소시키는 것으로 잘 알려져 있다. 이러한 혼합물에 들어가는 또 다른 신경전달물질인 갈라닌도 불안을 감소시킨다. 또한 스트레스와 불안으로 보상과 관련된 감정을 담당하는 영역에서는 도파민 분비가 감소하고 세로토닌의 경우 스트레스와 불안과의 복잡한 관련성으로 인해 뇌의 어떤 영역에서 분비되는지에 따라 그 수치가 증가하거나 감소한다.

몇몇 과학자들은 스트레스 시스템의 외부 스트레스 관리 기능이 잘 작동하는지 이해하는 방법으로 이상성 부하allostatic load* 또는 과부하overload라는 개념에 초점을 맞추고 있다. 어떤 용어를 사용하든지 간에 과학자들은 복잡하게 상호 작용하는 뇌 회로의 집합이 신체적, 심리적 스트레스를 처리한다는 데 동의한다. 문제는 부하, 과부하가 잘 관리되어 항상성에 도달할 수도 있지만, 때로는 과부하가 일어나기도 한다는 것이다.

회복탄력성이 어떻게 커지거나 줄어드는지에 대한 이해는 대부분 외상 후 스트레스 장애 및 트라우마와 같은 극단적인 상태에 대한 연구에서 비롯되었다. 예를 들어 유아기 트라우마에 대한 연구에서는 매우 예민해진 교감-부신-수질축을 지적하곤

---

* 역주: 브루스 매큐언Bruce McEwen과 엘리엇 스텔라가Eliot Stella 1993년에 만든 용어로 지속적이고 만성적인 스트레스에 노출되어 신체의 손상과 마모 현상이 누적되는 것을 말한다.

하는데, 이것은 커진 편도체와 작아진 해마와도 관련 있다. 편도체는 위협을 감지하는 뇌의 영역이고 해마는 장기 기억을 형성하고 유지하는 능력에 필수적인 뇌의 영역으로 위협에 대한 판단을 내릴 수 있도록 돕는다. 해마가 작다는 것은 위협을 제대로 판단하는 능력이 줄어들었다는 것을 암시한다. 이러한 해부학적 차이점은 어린 시절 트라우마를 겪은 사람들뿐만 아니라 외상 후 스트레스 장애가 있는 사람들에게서도 보고되었다. 이러한 발견은 야생 원숭이를 대상으로 한 연구에서도 뒷받침되는데, 음식과 짝짓기 파트너를 가장 마지막에 선택할 수 있는 서열 낮은 수컷의 경우 작은 해마와 같은 만성 스트레스 증상을 보인다.[4]

아직 모든 해답이 나온 건 아니지만, 생물학적, 심리학적, 환경적 요인들로 인해 일부 취약한 사람들은 우울증, 불안, 외상 후 스트레스 장애를 겪고, 또 어떤 사람들은 엄청난 고통일지라도 이겨내고 이러한 경험을 잘 관리하며 안녕을 회복할 수 있는지 이해하는 데 진전이 있었다. 연구는 유전적 구성(신경화학)을 기반으로, 어떤 사람들이 더 강한 회복탄력성을 가지는지 예측하는 심리생물학적 차이점을 제시하기도 한다. 예를 들어 뇌 보상 시스템을 조절하는 주요 신경전달물질 중 하나인 도파민의 생산이나 조절이 원활하지 못한 사람들은 불안, 우울증, 중독 장애에 더 취약해질 수 있다. 개인의 생활방식이 뇌 기능에 어떤 영향을 미치는지와 같은 후생유전학적 요인도 불안에 더욱 취약하게 만들고 전반적인 심리적, 신체적 회복탄력성을 저하시킬 수 있다. 약화된 신체적 회복탄력성이 심리적인 영향을 끼치는 또 다른 예는 면역 시스템의 고갈이나 손상이다. 예를 들어 섬유근육통과 같은 자가면역 장애가 있는 사람들은 우울증 발생률이 높으며, 우울감에 대한 방어 능력은 저하된 면역 시스템에 의해 약화된다.

다시 말해 우리가 회복탄력성에 대해 생각하고 연구하는 방식은 대부분 트라우마나 학대에 대한 답변이었다. 하지만 이런 질문을 해보자. 어떤 사람들은 시련을 겪은 후에 어떻게 다른 사람들보다 더 쉽게 일어설 수 있는 걸까? 어린 시절 비극과 트라우마를 경험한 사람들은 어떻게 해서 불안 장애, 주요 우울 장애 MDD, 외상 후 스트레스 장애를 포함한 장기적인 어려움을 더 많이 겪는가? 우리는 비극적 사건, 상실, 기타 다른 형태의 트라우마를 겪은 후 작용하는 회복탄성력의 특성을 파악함으로써 더 나은 대응법을 배울 수 있다. 그리고 과학자들은 회복탄력성이 필요하기 전에 미리 그 싹을 틔우는 방법을 배울 수 있도록 연구를 시작했다. 예방 의학이 질병을 피하고 노화를 늦출 수 있는 것처럼 필요로 하는 시기가 오기 전에 미리 회복탄력성을 키워두는 것은 단순히 안전 조치를 하는 것 뿐만 아니라 더 건강하고 균형 있는 삶을 살아가기 위한 길이다.

과학자들은 회복력을 나타내는 생물학적 요인을 분석하기 위해 노력했다. 연구에 따르면 높은 수치의 신경펩타이드-Y는 회복탄력성과 관련 있다고 한다. 다수의 연구 결과는 신경펩타이드-Y가 코르티솔이 만드는 불안 유발 효과를 상쇄시키고 진정 효과를 일으킨다는 것을 보여준다. 충격적인 사건을 견뎌낸 후, 외상 후 스트레스 장애를 겪지 않은 군인들은 신경펩타이드-Y의 수치가 높았다. 그러나 건강한 스트레스 반응을 위해서는 신경펩타이드-Y와 코르티솔 간의 균형이 필요하다. 어느 한쪽이라도 너무 많거나 적으면 항상성이 깨진다. 또한 뇌유래 신경영양인자인 아브린뉴린*은 유산소 운동으로 촉진할 수 있는데, 이것은 장기 기억에 중요한 해마의 성장과 기능에 필수적 성장 요소이며 회복탄력성과도 관련 있다.[5]

스트레스 반응 방식이 뇌 구조를 바꾼다고?

아동 학대를 포함하여 생애 초기에 겪은 시련은 한 사람의 일생에 걸쳐 다양한 심리적, 사회적 문제들을 불러일으킬 수 있다. 아동 학대를 경험한 사람들은 외상 후 스트레스 장애[6], 불안[7], 우울증[8], 약물 중독[9] 및 반사회적 행동[10]의 위험성이 높다. 특히 신경 내분비 연구에 따르면 생애 초기에 이러한 시련을 겪으면 시상하부-뇌하수체-부신축의 기능을 변형시켜 공기 오염 및 식량 불

---

* 역주: 뇌 단백질의 일종이다.

안정성과 같은 환경 스트레스 요인에 대한 민감성을 증가시킬 수 있음을 보여주었다.[11] 연구 결과들은 아동 학대에 관한 뇌의 구조적 차이를 보여준다.[12,13]

잭 숑코프 교수는 하버드대학교 아동 발달 연구 센터에서 오랜 기간 이 분야에 대해 연구했다[14]. 그는 우리가 스트레스에 대응하는 세 가지 방식을 정의했다. 그것은 긍정적인, 견뎌내는, 그리고 독이 되는 스트레스 반응이다. 아래에 설명한 것처럼 이 세 가지 용어는 스트레스를 유발하는 사건 또는 경험 자체가 아니라 스트레스 반응 시스템이 몸에 미치는 영향을 의미한다.

- 긍정적인 스트레스 반응positive stress response은 우리가 일상적인 스트레스를 다룰 수 있는 생물학적·심리학적·사회적 기술을 의미한다. 실제로 긍정적인 스트레스 반응은 좋은 불안으로 특징짓는 것과 유사하며 심박수의 짧은 증가와 호르몬 수치의 경미한 상승을 특징으로 한다.
- 견뎌내는 스트레스 반응tolerable stress response은 사랑하는 사람의 죽음, 연인과의 이별이나 이혼과 같이 실제로 두렵고 위험한 상황에 부닥쳤을 때 신체의 경보 시스템을 활성화하는 것으로 나타난다. 심한 스트레스를 겪는 동안 뇌-신체는 의식적으로 자신을 돌보고, 사회적 돌봄 시스템(아래의 다른 개입 사항 참조)을 통해 그 충격을 상쇄시킬 수 있다. 여기서 중요한 점은 개인의 회복탄력성이 이미 충분히 안정적이어서 회복이 가능

한 상태라는 것이다. 가령, 누군가가 인생의 위기에 직면했을 때 강한 회복탄력성의 요소가 없다면 회복하고 다시 일어서기 어려울 수도 있다.

- 독이 되는 스트레스 반응toxic stress response은 어린이나 성인이 빈곤, 극단적 방임, 신체적 또는 감정적 학대, 만성적 방임, 폭력과 같은 시련에 충분한 도움을 받지 못한 채 반복적이거나 장기간 겪게 될 때 발생한다. 이렇게 장기적인 스트레스 반응 시스템이 활성화되는 것은 아이의 뇌 구조와 다른 장기의 발달을 저해할 뿐만 아니라 성인이 되어서도 스트레스에 대한 대응력을 앗아 갈 수 있다.

높은 스트레스 반응이 지속해서 일어나거나 다수의 원인에 의해 촉발되면 신체적·정신적 건강에 대한 누적된 손상이 평생 일어날 수 있다. 어린 시절 부정적인 경험을 많이 할수록, 발달 지연 또는 심장병, 당뇨병, 약물 남용, 우울증과 같은 건강 문제가 발생할 위험이 커진다. 독이 되는 스트레스는 각종 불안 장애, 공격적인 행동, 인지적 경직성 그리고 낮은 IQ와 관련 있다.[15] 또 다른 연구자들은 지속해서 스트레스를 느끼면 해마의 부피가 감소하고, 이러한 구조적 변화로 인해 불안에 더욱 취약해지며, 노화와 관련된 인지 능력의 쇠퇴와 건강 문제, 예를 들어 당뇨병, 주요 우울 장애, 쿠싱 증후군*, 외상 후 스트레스 장애에 더욱 취약해진다는 것을 발견했다.[16] 앞서 언급한 것처럼 해마는 사실과 사건에 대한 새로운 기억을 형성하고 유지하는 데 중요한 뇌의 영역으로 노화, 치매, 알츠하이머에 가장 취약한 구조 중 하나다. 지속적인 스트레스는 새로운 장기 기억을 형성하고 유지하는 능력에 영향을 줄 뿐만 아니라 해마 세포를 수축하게 만들어 노화와 관련된 인지 능력 쇠퇴를 초래할 수 있다. 이런 경우 만성 스트레스는 그 양이 얼마이든지 간에 장점으로 작용하지 못한다.

현재의 불안으로 미래의 불안 예방하기

어떤 종류의 스트레스든 이를 잘 관리하기 위한 첫 번째 방어선은 대처 전략임을 3장의 내용을 통해 기억할 것이다. 이러한 전략으로 우리는 자신의 스트레스 관리 능력이 어느 정도인지 가늠할 수 있다. 대처 전략이 적응적인지(도움이 되는지) 아니면 부적응적인지(해로운지)는 자신의 회복탄력성에 대해 많은 것을 말해준다. 일부 신경생물학자들은 이러한 대처 전략을 적극적 대응과 수동적 대응이라는 두 개념으로 언급하기도 한다. 적극적 대응은 '스트레스 요인으로 인한 신체적, 심리적 또는 사회적 피해를 최소화하기 위한 의도적인 노력'을 의미하며, 이는 스트레

---

* 역주: 쿠싱 증후군은 부신피질에서 당질 코르티코이드가 만성적으로 과다하게 분비되어 일어나는 질환으로 환자는 얼굴이 둥글게 되고, 비정상적으로 목뒤의 지방과 배에 지방이 축적되어 뚱뚱해지지만, 팔다리는 오히려 가늘어지는 중심성 비만을 보인다.

스 요인에 대한 '통제권'을 획득하려는 시도를 암시한다. 회피 혹은 '학습된 무력감'[17]을 의미하는 수동적 대응은 스트레스 상황을 회피하면서 스트레스 요인에 대한 회복탄력성을 키우지 못할 때 일어난다. 이런 경우, 부정적인 영향을 더 많이 받고 취약해지면서 결국 회복탄력성이 떨어지게 된다.

생애 초기의 스트레스에 대한 연구는 어린 시절에 통제할 수 없는 스트레스 상황 즉, 전쟁이나 아동 학대의 상황에 노출되면서 과학자들이 일컫는 학습된 무력감으로 이어진다는 것을 보여주었다.[18] 이런 경험을 통해 아이들은 자신이 처한 상황을 변화시키기 위해 그 어떤 것도 할 수 없다는 것을 학습하고, 외상 후 스트레스 장애나 우울증과 같은 장기적인 장애를 겪기도 한다. 학습된 무력감의 장기적인 부정적 결과는 설치류를 대상으로 연구가 이루어져 왔다. 연구자들은 두 집단의 쥐들을 똑같은 횟수로 스트레스 상황에 노출한 후 한 집단은 스트레스 요인을 제거, 회피, 탈출, 통제할 기회(즉, 적극적인 대처 전략을 사용할 기회)를 주었다. 그랬더니 흥미롭게도 이 쥐들은 외상 후 스트레스 장애와 같은 증상이 나타나지 않았을 뿐만 아니라 뒤이어 발생한 스트레스 상황에서도 평균 이상의 회복력을 보여주었다. 과학자들은 이 반응을 스트레스 예방 접종이라고 부르며 설치류와 원숭이뿐만 아니라 사람에게도 효과가 있음을 연구를 통해 확인했다.[19]

스트레스 예방 접종에 대한 과학이 우리에게 말해주는 건 누구나 스트레스, 불안을 유발하는 상황에서 벗어날 수 있는 도구들을 타고났다는 것이다. 분명하게 말하자면 불안을 유발하는 모든 상황은 스트레스 반응을 유도하지만, 그러한 반응을 단련하는 행동은 미래의 스트레스, 불안 반응을 예방하는 데 도움을 준다. 마치 자기 자신에게 이런 상황을 견딜 수 있다는 걸 가르쳐주는 것과 같다. 우리가 불안을 느낀 다음 스트레스 반응을 완화하기 위해 행동하는 방법을 초기에 잘 익힐수록 나중에 이를 더잘 관리할 수 있다. 이것은 우리가 나쁜 불안 반응을 좋은 것으로뒤집을 수 있는 선택지와 도구가 있다는 것을 알고 있는 한, 불안을 유발하는 모든 상황을 직면할 때 이에 대한 스트레스 반응을재훈련할 기회를 가지게 된다는 의미다.

나는 현재의 불안을 활용하는 게 미래의 불안에 대한 예방 접종이 될 수 있다는 불안의 힘을 깨달았을 때, 감정을 추적하고 기록하는 핏빗fitbit*을 만들고 싶어졌다. 계단을 몇 개나 걸었는지가아니라 스트레스 상황을 어떻게 피하거나 줄일 수 있었는지, 자신의 스트레스 예방 지수를 수치로 보여주는 기기가 있다는 건멋진 일이 아닐까? 나는 이러한 수치가 동기를 부여하는 멋진 도구가 되어 나쁜 불안과 싸우고, 스트레스 예방 접종이 아닌 학습된 무력감으로 치우치는 모든 사람에게 승리의 기쁨을 맛보게해줄 거라고 생각했다. 우리에게는 아직 '스트레스빗stresstbit'이

---

* 역주: 웨어러블 디바이스로 운동량, 소모 열량, 일부 건강 상태 등을 체크할 수 있다.

라는 기기가 없지만, 성공적으로 불안에 대처할 때마다 점수를 기록하고 그 점수에 대해 스스로에게 축하를 보내보자. 그러면 당신의 스트레스/불안 예방 지수가 점차 올라가는 걸 경험하게 될 것이다!

강한 회복탄력성을 가진 사람들의 특성

많은 연구 결과는 우리가 적극적으로 회복탄력성을 키울 수 있으며, 트라우마가 스트레스 시스템에 끼치는 해로운 영향을 되돌릴 수 있다는 걸 보여준다. 과학자들은 장기간 계속되는 스트레스의 부정적 영향을 탐구 중이며, 사람들이 해로운 영향을 피하거나 저항하는 상황에서 무슨 일이 일어나는지, 근본적으로 뇌와 전반적인 건강을 돕는 방식으로 회복탄력성을 키우기 위해서는 무엇이 필요한지를 연구하고 있다.

회복탄력성에 대한 신경과학 연구들을 검토한 강 우Gang Wu[20] 교수와 연구진은 실제로 강한 회복탄력성을 보이는 사람들과 관련된 다수의 특성을 발견하였다. 특히 흥미로운 건 이러한 특성들이 대부분 불안의 초능력과 일치한다는 것이다.

1) 낙관적인 전망(긍정적 정서라고도 함)은 부정적인 기분과 불안을 감소시키고 트라우마의 빠른 회복을 돕는 것으로 나타났

다. 아무것도 없는 상태에서 낙관적인 전망을 뚝딱 만들어 낼 수 있는 건 아니지만, 시간을 두고 발전시킬 수는 있다. 많은 연구 결과는 낙관적인 태도가 전반적인 삶의 질, 신체 건강 및 강력한 사회관계와 나란히 함께 간다고 한다. 낙관적이고 유연한 사고방식은 활동가적 사고방식이 가지는 초능력으로 작용한다(6장 참조).

2) 인지적 유연성과 재평가는 감정 조절의 두 가지 기본적인 측면으로 학습하고 연습하여 심리적 회복탄력성의 한 형태로 활용할 수 있다. 앞으로 전개될 7장에서는 불안이 주의력 네트워크를 어떻게 낚아채는지 살펴볼 것이다. 인지적 유연성은 우리가 주의력을 환기하고, 다시 집중할 수 있도록 도와주며 실패의 경험을 내면화하여 개인의 정체성으로 삼지 않도록 해 준다. 이러한 인지적 민첩성은 불안의 중심축을 잡아주는 데 도움이 되며 심리적 회복탄력성의 한 형태가 된다.

3) 사회적 돌봄은 스트레스가 끼치는 영향을 완화할 수 있도록 자신을 다정하게 돌봐주는 관계를 찾아 나서는 행동을 포함하는데, 이는 불안의 초능력 중 하나다. 우리가 맺는 관계와 공감 능력의 중요성 그리고 연민의 표현은 불안을 막아주는 기능을 하며 이러한 완충 작용이야말로 회복탄력성의 한 형태라 할 수 있다.

4) 유머는 스트레스로 인한 불안과 긴장을 줄이는 적극적인 방법의 하나이며, 몸과 마음의 회복탄력성을 키우는 데 도움이 된다.

5) 운동은 우리의 전반적인 건강과 뇌-신체 기능을 향상시킬 뿐
만 아니라 생리적 기능면에서도 회복탄력성의 원천으로 작용
하여 몸과 마음의 스트레스를 관리하는 데 도움을 준다.

6) 과학자들이 '친사회적 행동'이라고 부르기도 하는 이타주의는
트라우마의 회복 과정을 돕는 것으로 나타났다. 회복탄력성을
촉진하는 이타주의는 타인과의 연결 고리를 굳건히 해주고 더
나아가 불안을 상쇄시켜 감정적 회복탄력성을 키워주는데, 연
민의 초능력이 널리 확장된 형태라고 볼 수 있다.

7) 명상과 요가를 포함한 의식적인 수행의 마음챙김과 기타 마음
챙김 활동은 술에 의존하여 스트레스에 반응하는 것과 같은
수동적, 회피적 대처 방식을 감소시키는 것으로 나타났다. 마
음챙김 수행은 불안과 우울증에 대한 예방책으로 작용하여 심
리적 회복탄력성을 키워준다.

스트레스는 우리의 삶에서 피할 수 없는 것이며 우리는 이
에 대처하도록 설계되었다. 사실 스트레스는 우리가 개인적으로
나 생명체의 한 종으로서 적응하고, 배우고, 발전하도록 만든다.
진부한 말이지만 사실이다. 삶의 가장 중요한 교훈은 우리가 직
면한 시련과 그것들을 다루는 과정을 통해 얻는다. 여기서 중요
한 점은 회복탄력성이 성공의 경험을 통해 얻은 자신감과 자신
에 대한 믿음에서 올 뿐만 아니라 불가피한 실패와 도전 이후에
도 살아남고, 적응하며, 계속 나아가는 데서 온다는 것이다. 회복

탄력성의 초능력을 키우기 위해서는 이러한 방정식의 양면을 모두 살펴볼 필요가 있다. 우리가 극복할 능력이 있다는 것을 배우기 위해서는 어려움을 겪을 필요가 있다.

아무리 회복탄력성이 강한 사람도 이를 시험하는 경험에 이를 수 있다. 나의 삶에서도 나 자신과 회복탄력성이 시험받던 순간이 있었다.

불안으로 상실의 아픔을 극복하다

그 순간이 대낮처럼 또렷이 기억난다. 5월의 월요일 이른 아침, 서늘하고 흐린 날씨였고 나는 뉴욕의 아파트에서 즐거운 마음으로 잠에서 깼다. 미네소타에서 지난 1주일간 세 번의 강연을 했고, 주말에는 그 지역에서 열리는 가장 큰 도자기 축제에서 즐겁게 쇼핑도 했다. 나는 마음의 중심을 잡기 위해 매일 아침에 하는 차 명상 중이었다. 그날은 이 책의 첫 장을 쓰는 초안 작업에 몰두하기로 계획했다.

봄 학기를 마무리하는 시기였고, 나는 정신 없이 바빴다. 우수 학생들을 위한 상위 학급 신경과학 실험 수업 마무리 하기, 해당 연도의 마지막 승진 및 재직 위원회 준비하기, 논문 쓰기, 연구 감독하기뿐만 아니라 당장 급하게는 학부장의 요청으로 며칠 내에 라디오 시티 뮤직홀에서 열릴 뉴욕대학교 문과 대학 학위 수여식의 연설문까지 준비하고 있었다. 여러 업무의 마감을 해내는 것은 익숙한 일이었고 나는 곧잘 해내곤 했다. 끈기 있게, 열심히 그리고 성실하게 마감 시간을 맞추며 이 모든 스트레스를 나 자신이 앞으로 나아가는 동력으로 삼았다. 연설문을 거의 마무리할 때쯤이 되자 이 행사만 마치면 공식적으로 한 학년을 마칠 수 있을 것이고, 나의 일정표는 알록달록한 뉴욕시의 팝업북처럼 활짝 열리면서 숨통이 트이고 여유가 생길 것 같았다. 그러면 창의적인 작업과 두 번째 책인 이 책의 집필을 위해 신경과학 연구에도 몰두할 수 있을 것이다.

그런데 뜬금없이 상상도 못 한 일이 벌어졌다.

그날 아침 6시 30분에 휴대 전화가 울렸다. 전화를 건 사람은 오빠의 상하이 사업 동료였고, 그는 나의 유일한 형제이며 오빠인 데이비드가 심장마비로 사망했다고 전했다. 쉰한 살 생일을 앞둔 오빠가 갑자기 돌이킬 수 없이 떠나고 말았다.

오빠 데이비드는 사업가이자 투자자이고 또 기업가였다. 최근 몇 년간 오빠는 상하이에 살면서 회사를 설립하고 동시에 가족과 함께 시간을 보내기 위해 캘리포니아와 상하이를 오갔다. 오빠를 마지막으로 본 것은 아버지가 세상을 떠난 3개월 전, 엄마와 함께 시간을 보내기 위해 미국 서부로 갔을 때였다. 아버지는 생을 마감하기 몇 년 전부터 치매를 앓았기 때문에 갑작스러운 심장마비로 인해 세상을 떠났다는 소식이 슬프기는 했지만 전혀 예상치 못한 일은 아니었다. 나는 아버지를 잃었을 때 혹은 잃게 된다면 어떨지 미리 상상하고 마음의 준비를 했었다. 하지만 오빠는? 오빠의 죽음은 도저히 가늠할 수 없었다.

소식을 들은 처음 몇 시간 동안은 초현실적이었다. 나는 현실과 동떨어져 있는 것만 같았다. 갑자기 세상이 무너졌고 겉보기에는 똑같았지만, 나는 모든 것이 근본적으로 바뀌어버렸다는 것을 알았다. 평생 늘 그곳에 있을 거라 믿어 의심치 않았던 사람을 어떻게 떠나보낼 수 있을까? 최근 몇 년간 나와 오빠는 부모님을 함께 돌보기 위해 조직적으로 똘똘 뭉친 최강의 팀이었다. 오빠는 재정을 관리했고 나는 의료를 담당하면서 우리 둘은 가장 사랑하는 사람들을 돌보는 일을 함께 잘 해내고 있다는 사실에 큰 만족감을 느꼈다.

내가 충격을 받았다는 것을 스스로도 어느 정도는 알고 있었다. 심지어 지금 이 글을 쓰면서도 그 당시 심장이 뛰고 손에 땀이 나면서 시야가 흐려졌던 느낌이 떠오른다. 하지만 내가 일어서야 할 유일한 이유는 우리 엄마, 올케, 그리고 조카에 대한 생각이었다. 그 당시 유일하게 엄마만 오빠의 소식을 알지 못했다. 당신의 하나밖에 없는 아들이 죽었다는 소식을 어떻게 전할 수 있을까?

나는 그 소식을 전화로 말할 수 없다는 걸 본능적으로 알았다. 엄마와 나는 아버지의 상실로 인한 생생한 아픔을 여전히 회복하는 중이었다. 엄마에게 직접 그 소식을 전하기 위해 캘리포니아로 가는 비행기 표를 끊었다. 살면서 가장 힘든 비행이었다.

결국 나는 엄마에게 직접 말할 수 있어서 너무나 감사했다. 왜냐하면 그 순간 내게 가장 필요한 사람은 엄마였고 엄마에게 가장 필요한 사람도 나였다. 함께 이야기를 나눈 후, 나는 서부에 있는 올케가 잘 있는지 전화를 걸기 위해 식탁 의자에 웅크리고 앉았다. 올케와 조카는 우리가 함께해주기를 원했을까? 올케는 고맙지만 괜찮다고 했다. 올케와 조카에게 뭔가 필요하지 않을까? 그들은 최대한 잘 견뎌내고 있었다. 우리는 다 괜찮아질 거라며 서로 위안이 되는 말을 해주고 위로를 받으며 계속 연락을 주고받았다.

그 일이 일어나고 첫 주 동안 나는 좋은 친구들이 건네는 넘쳐나는 위로의 말들과 어떻게 처치해야 할지도 모를 많은 음식을 가져오거나 전화나 방문을 원하는 친인척을 상대하는 엄마를 곁에서 도와주었다. 우리는 어떤 전화나 방문을 받을지 전혀 예상할 수 없었다. 어떤 사람은 전화로 우리를 위로하다가 자신이 슬픔을 견디지 못하고 울음을 터뜨렸다. 어떤 사람은 이메일로 다정한 메시지를 보냈다. 우리를 찾아온 몇몇 사람들은 오빠가 어린 시절에 얼마나 까불었고 수시로 말썽을 피웠는지 회상했다. 그리고 또 어떤 사람은 찾아와서 우리를 정신없게 만들었다. 아마도 그 주간 가장 즐거웠던 일은 우리를 찾아와 앉자마자 최근 두 번의 휴가 동안 정말 많이도 찍은 오빠의 사진들을 사진첩에서 꺼내 보여준 사촌 동생의 방문이었다. 그것은 한 주 내내 엄마와 내가 했던 가장 즐거운 기분 전환이었다. 사촌 동생은 단한 번도 오빠에 대해 언급하지 않았다. 서로 어떤 기분인지 잘 알고 있었기에, 그럴 필요가 없었다. 독일 맥주 정원의 거대한 맥주잔 사진이나 도쿄 식당의 맛있는 음식 사진에 집중하는 것이 얼마나 큰 기분 전환이었는지 모른다!

엄마와 1주일을 보낸 후 뉴욕 집으로 돌아왔을 때, 내 인생은 끼익 소리를 내며 멈췄다. 나는 고도의 불안 상태에서 심각한 우울증 상태가 되었다. 가능한 적은 사람에게만 이 소식을 알리고, 소셜 미디어에는 당연히 아무것도 게시하지 않았다. 그러한 공개 선언은 실제로 이런 일이 일어났다는 것을 확인시켜주는 것만 같았다. 샤워를 마치고 나오면서 벌거벗은 채로, 아무것도 모르는 연약해진 상태에서 깊은 슬픔의 쓰나미에 휩쓸리는 것 같았다.

물론 내가 지구상에서 예기치 않은 죽음을 겪은 첫 번째 사람이 아니라는 것을 알지만, 이런 일을 실제로 겪었을 때 얼마나 세상이 무너지는 것처럼 파괴적일 수 있는지에 놀랐다. 나는 오빠가 생각나는 것들을 마주칠 때마다 긴 슬픔의 기간을 거치면서 평온과 슬픔의 주기를 겪었다.

밝은 여름은 아니었다. 나는 곧 살면서 했던 일 중에서 가장 힘든 일을 겪어야 한다는 것을 깨달았다. 오빠의 추도사를 쓰고, 장례식에서 읽는 일이었다. 이는 더욱 가슴 아프게 다가왔다. 왜냐하면 불과 3개월 전 아버지가 돌아가시고 오빠와 내가 아버지의 추모식을 계획하며 너무 떨려서 추도사를 읽을 수 없었던 일이 생생하게 기억났기 때문이다. 그날 오빠가 앞장서서 아버지를 위한 추도사를 완벽하게 읽었다. 그것은 마음속 깊이 우러나오는 추도사였다. 우리 마음속에 남아 있는 아버지의 가정적이고 친절하며 다정한 모습을 통해 그의 꺼지지 않는 낙관적 에너지를 완벽하게 담는 이야기였다.

이번에는 달랐다. 나는 기댈 곳 없이 혼자였다. 게다가 이번 행사는 큰 규모로 열릴 예정이었다. 오빠에게는 초등학교 시절로 거슬러 올라가는 방대한 인맥이 있었고, 우리가 오빠의 '인생 축하 행사'라고 불렀던 장례식에 많은 사람들이 참석하고 싶어 했음에도 불구하고 방문객을 이백 명의 친구와 가족으로 제한할 수밖에 없었다. 나는 오빠의 유머러스한 면, 가족을 사랑하는 모습, 놀라운 친구 관계와 같은 그의 진정한 면모와 모든 사람이 느꼈을 충격을 제대로 표현하고 싶었다. 하지만 내가 그런 추도사를 쓸 수 있을 거라고 확신할 수 없었다. 한 번도 해본 적이 없는 일이었고, 추도사를 쓸 수 있다 해도 사람들 앞에서 울지 않고 해낼 수 있을 거라는 장담도 할 수 없었다. 두려움과 불안을 일으키는 상황이었다.

그 시기에 가장 도움이 되었던 건 정기적으로 하는 아침 차 명상이었다. 장례식 전, 1달 동안은 매일 아침 명상을 하기 위해 앉았고 추도사를 쓰려고 애쓰지 않았다. 사실 추도사를 생각하지 않으려고 적극적으로 노력했다. 명상하는 동안 내 마음이 맑아지며, 내가 정확히 무엇을 말하고 싶은지 보여주는 길이 열리는 것을 느꼈다. 그것은 물론 내가 여태껏 알고 있는 사실이었다. 하지만 이러한 생각을 흐릿하게 만드는 두려움, 불안, 그리고 슬픔을 걷어내야 했다. 또한 아픔 너머 무엇인가 의미 있는 것을 찾아야 한다는, 거의 계시와 같은 생각이 들었다. 당시에 나는 감정들을 장애물에서 도구로 변환하려고 시도하고 있었던 것 같다. 그 후에 떠올랐던 것은 오빠가 사망하기 1년 전 상하이에서 함께 1주일을 보낸 기억이었고, 더 일찍 더 자주 오빠를 보았다면 좋았을 거라는 바람이었다. 비록 우리가 많은 시간을 함께 보내지 못했고, 소리 내 사랑한다고 말해준 적도 없지만 내가 오빠를 얼마나 사랑했는지 깨달았다. 명상 후 이러한 생각들은 단단한 결정체가 되었다. 식탁에 앉아 노트북을 앞에 두고 추도사를 작성할 때가 되자 상상했던 것보다 쉽게 글이 흘러나왔다.

오빠의 쉰한 번째 생일, 오빠에게 주고 싶었던 다정함과 돌봄, 그리고 진정성이 우러나오는 송별식을 했다. 그날, 그곳에서 우리는 오빠와 함께한다고 느꼈다. 나는 내 경력에서 수백 번, 아마도 수천 번의 연설을 했었다. 하지만 이날이 가장 의미 있고 절대 잊을 수 없는 연설이었다. 나는 아버지와 오빠를 잃은 끔찍한 이중의 상실감에서 '회복'되지는 못했지만, 그 추도사를 읽을 수 있었던 것은 오늘날까지 계속되는 회복으로 향하는 중요한 첫걸음이었다. 또한 나는 그 끔찍한 슬픔과 불안이 오빠에 대한 나의 사랑뿐만 아니라 우리 가족 전체에 대한 사랑을 말로 표현할 수 있게 해주었다는 것을 깨달았다. 슬픔 자체의 깊이 때문에 내가 오빠의 유쾌하고 멋지고 정말 독특했던 모든 면을 말로 표현할 수 있었다.

　가끔 내가 그 상태에서 추도사를 읽었다는 것이 믿기지 않는다. 아마도 그때의 경험은 내가 지금껏 살면서 겪은 회복탄력성에 가장 깊이 있는 사례였을 것이다. 나 자신을 다잡고 감정을 뛰어넘어 행동해야 했던 순간이 있었다면, 그때였다.

　지금도 그때를 되돌아보면, 나 자신이 초능력을 발휘한 순간이었다. 그것은 회복탄력성이 깊은 슬픔, 불안, 그리고 고통을 넘어 승리했던 순간이었다. 그 회복탄력성은 어디에서 온 것일까? 일부는 명상 수행으로부터 비롯되었다. 나는 그 시기에 아침 명상을 하며 나 자신을 위로하는 명상 근육을 키웠다. 그 아침의 휴식처는 내게 정말 많은 도움이 되었다. 내게 또 다른 도움을 주었던 것은 경이로움이라는 마음의 상태였다. 오빠를 잃고 난 며칠 후, 내가 살아 있다는 경외감을 현실적으로 느끼고 인지하게 되었다. 내가 여전히 살아 있다는 것, 오빠는 더 이상 누릴 수 없지만 세상과 사람들 그리고 내가 행복감을 느끼는 모든 것들을 여전히 즐길 수 있다는 것이 그 얼마나 믿을 수 없을 만큼 감사한 일인지 절실하게 깨달았다. 그 시기에 가장 힘들었던 것은 내가 오빠와 함께, 그리고 오빠를 위해 무언가를 충분히 하지 못했다는 거다. 나는 충분히 좋은 동생이 아니었고 충분히 연락하지 않았으며 그의 진정한 가치를 너무 늦게 알아버렸다(이 부분에 대해서는 지금도 항상 생각하고 있다). 아마도 추도사를 읽으면서 이런 생각과 감정을 모두 표현했을지도 모른다. 세상이 듣게 하고, 그렇게 함으로써 나의 유일한 오빠를 잃은 경험을 통해 배움을 얻을 수 있을 것이라 확언하는 것이다. 또한 내게 주어진 삶, 특히 함께하는 사람들을 더욱 소중하게 여기는 방법을 적극적으로 추구해야 하는 동력을 새롭게 느끼게 되었다.

상실, 비통함, 그리고 고통이 나 혼자만의 경험이 아니라는 것을 알고 있다. 우리는 모두 마음 깊은 곳까지 닿아 이토록 정신이 빨려 들어가는 듯한 상황을 매일 헤쳐가야 한다. 우리는 회복탄력성이 있는 종이지만 많은 사람들이 이 사실을 모르고 있다. 하지만 그때 내가 알고 있었고, 지금도 알고 있는 것은 그 일을 견뎌내는 것뿐만 아니라 남은 인생도 살아가야 한다는 것이다.

· · · · · · · ·

오빠가 세상을 떠난 후 몇 주, 몇 달 동안 내가 그런대로 잘 살아가고 있다는 사실에 놀랐다. 나는 상실의 슬픔에 대한 연구를 시작했고, 그것이 우울뿐만 아니라 불안으로도(이 책의 시작부터 내가 논의해온 부정적인 종류의 불안) 표현된다는 것을 발견했다. 그리고 나의 회복탄력성 네트워크가 발동했다는 것을 이해했다. 여전히 상실의 슬픔을 느꼈지만, 여름이 지나면서 나는 낙관주의와 희망을 조금씩 되살렸다. 나는 아침에 일어나면 그날의 일정을 준비했다. 그리고 갑자기 가장 친한 친구들이 보고 싶어졌다(그리고 볼 필요가 있었다). 내가 하고 있었던 연구와 미루어 두었던 많은 프로젝트를 다시 하고 싶어졌다. 또한, 이 책을 쓰는 일도 다시 하고 싶어졌다. 사실 다시 업무로 돌아가려는 조급함, 이 책의 진도에 대한 걱정, 심지어 내 몸이 느릿느릿하다고 느끼는 불편함이 동기를 부여하기 시작했다. 힘들었을까? 물론 힘들었다. 쉽지 않은 일이었다. 그래도 불안이 내 삶에 의미를 부여하는 부분으로 나를 안내하고 있다는 것을 알았다. 나는 계속 나아갔고, 이것이야말로 인간의 회복탄력성이 가진 복잡성과 신비의 한 모습이었다.

그 시기에 했던 어느 아침 운동이 특히 기억난다. 그날의 트레이너인 피닉스는 땀을 쏟는 운동으로 신체적 한계에 밀어붙이는 게 몸과 마음에 얼마나 큰 도움을 주는지 자세히 설명했다. 그녀는 나에게 이러한 명언을 공유했다. '큰 고통 후에는 큰 지혜가 온다.'

뒤통수를 한 대 맞은 듯했다. 마치 흑백 사진이 갑자기 생동감 있는 색감으로 폭발하는 것처럼 나는 끔찍한 고통으로 인해 오는 지혜의 깊이를 깨달았다. 비극적 사건들이 나를 강타한 이후부터 겪어온 몸과 마음의 고통은 내가 평생 경험한 수많은 형태의 불안과 같았다. 그것은 마치 '일어나', '시작해', '넌 할 수 있어' 같이 나를 툭 건드리는 듯했다. 나는 신경과학 연구가 불안에 대해 설명하는 것을 온몸으로 느끼고 있었다. 불안은 우리가 변화하고 적응하도록 동기를 부여한다. 또한 이런 큰일을 겪더라도 내가 다시 일어나 전진할 수 있다는 것을 보여주었다.

이 사건은 회복탄력성에 대해 배우는 속성 과정 같았는데, 내가 오빠의 추도사를 읽고 회복 과정에 적극적으로 임한 것이 그 증거가 되었다. 아마도 가장 눈에 띄었던 결과는 가족, 친구들, 지지해주는 사람들, 그리고 내 삶에서 누리는 놀라운 기회에 대해 한 단계 더 깊은 사랑과 감사함에 이르렀다는 것이다. 마치 흑백 화면에서 컬러 화면으로 무엇인가 전환되는 경험에 대해 더 이야기해보자면 내가 소중히 여기는 모든 것에 대한 알아차림, 그 가치의 인정, 그리고 감사의 측면에서 이러한 전환은 실로 심오한 거였다. 그리고 이것은 내가 얼마나 좋은 것을 많이 누리고 있는지 일깨워주는 거대한 형광펜 같았다.

나의 회복탄력성은 아버지와 오빠의 상실을 견디는 경험만으로 얻었던 것이 아니라, 살면서 불안을 경험했던 어떤 사건이라도 적응하고 배우면서 얻었다. 그것이 바로 불안과 회복탄력성의 본질을 이해하는 힘이다. 우리는 삶이 주는 고통, 슬픔, 불안과 싸울 필요가 없다. 강력하고 부정적인 감정을 활용하고 전환하면 더욱 온전하고, 현명해지며 힘을 얻게 되고 새롭게 발견한 지혜를 통해 새롭고 창의적인 것을 할 수 있다. 그렇다. 나는 불안과 맺는 관계를 변화시켰을 뿐만 아니라 내 삶의 모든 측면에 에너지를 주는 힘, 그 내면의 원천을 발견했다. 지금의 나는 더 많은 것을 하고, 더 많이 느끼고, 더 많이 창조하고, 더 많이 사랑한다. 나는 더 나은 성과를 내고, 더 나은 기분을 느낀다. 내 삶은 이전보다 나아졌다.

그렇다면 회복탄력성이란 무엇인가?

그것은 우리가 목표에 미치지 못하더라도 대처할 수 있는 끈기다.

그것은 실망에도 불구하고 계속 나아가는 용기다.

그것은 노력하거나 연습하면 더 잘할 수 있고, 더 잘할 수 있을 거라는 믿음이다.

그것은 자신이 중요하다고 믿는 자신감이다.

그것은 배우고 다시 배우고자 하는 열린 마음이다.

그것은 계속 나아가는 체력이다.

· · · · · · · ·

나는 회복탄력성이라는 주제가 이 책의 기초가 되는 큰 부분이라는 것을 늘 알고 있었다. 하지만 집필에 집중하기 시작한 바로 그때, 끔찍한 상실을 경험한 것은 이 책과 책에서 다룰 회복탄력성의 역할에 대해 극적인 변화를 불러왔다. 이 일들이 일어나기 전에는 불안의 '경고 신호'를 좋은 것으로 활용할 수 있는 아이디어를 공유하는 데 대해서 매우 흥분했다. 하지만 이 일들이 일어난 이후, 일상의 불안을 나쁜 것에서 좋은 것으로 바꿔보는 아이디어는 마냥 새롭고 신나는 일이 아니라 사명감으로 바뀌었다. 나는 가장 어려운 시기를 견디기 위해 이러한 접근법을 활용했다. 이건 단지 유용한 아이디어가 아니라, 상사의 이메일에 답변하는 데 얼마나 오랜 시간을 끌었는지에 대한 걱정부터 비극적인 사건까지 누구나 매일의 삶을 향상하기 위해 활용할 수 있는 깊은 교훈이다.

그래서 지금 불안을 겪고 있는 모든 사람이 이 책에서 제시하는 도구를 사용하여 회복탄력성이라는 초능력을 키우고, 크고 작은 모든 형태의 스트레스와 불안에 견딜 수 있기를 간절히 바란다. 또 이를 통해 다시 일어서 자신이 배웠던 모든 교훈과 그로 인해 얻은 모든 지혜를 가지고 더욱 강하고, 현명하게 힘을 얻는 사람으로 나아갈 수 있기를 마음 깊이 바란다. 내가 경험했던 것처럼 말이다.

1만 시간의 법칙은 터무니없는 소리

악기, 스포츠, 체스, 요리 또는 외국어를 배우는 등 어떤 분야에서든 전문가가 되기 위해서는 약 1만 시간의 연습이 필요하다는 말을 들어 봤을 거다. 안데르스 에릭손K. Anders Ericsson의 연구는 이 분야에서 매우 유명하고, 말콤 글래드웰Malcolm Gladwell이 그의 베스트셀러인 《아웃라이어》[1]에서 이 연구를 소개하면서 더욱 널리 알려졌다. 그러나 최근에 연구자들은 1만 시간이라는 숫자를 뒷받침하는 연구와 학설을 다시 들여다보고, 1만 시간의 법칙이 완전히 터무니없다고 말했다. 구체적으로 1만 시간에 대한 어떠한 특이점도 없으며 연습이 성능 향상에 중요한 것은 맞지만 다른 요인들이 더 중요한 역할을 할 수 있다는 것이다.

그렇다면 전문가 수준의 능력에 이르기 위한 다른 요인들은 무엇일까? 순수하게 타고난 재능? 지능? 우연의 행운? 끈기와 노력? 그렇다. 그 모든 것들이며 이에 더해 나이, 경험, 환경도 모두 중요한 역할을 한다. 말하자면 어느 한 가지 확실한 요소만으로 숙련을 보장하거나 최상의 능력을 예측할 수는 없다.

미하이 칙센트미하이Mihaly Csikszentmihalyi라는 헝가리계 미국인 심리학자는 이러한 감정 신경과학 연구 분야에서 큰 역할을 해왔다. 처음에는 엘리트 운동선수들을 대상으로 한 연구를 시작으로 과학, 예술, 음악 등 다양한 영역에서 최적의 성과를 내는 방법에 대해서 적용했다. 몰입은 하거나 하지 않는 두 가지의 흑백논리가 아니며 준비, 긍정적인 자기 대화, 유연성이 적절히 섞여 있는 스펙트럼[2]과 같이 정도의 차이를 보여준다. 몰입이 활성화하는 방식은 우리가 불안을 숨기지 않고 밖으로 꺼내어, 그로 인한 각성과 도전을 통해 배움을 얻는 방식과 관련 있다. 하지만 이 연구는 불안과도 관련 있다. 특히 몰입을 가능하게 하는 요소나 특성들은 우리가 불안의 각성 상태를 전환하는 방식과 일치한다. 몸의 긴장을 이완시키고, 활동적인 마인드셋을 기르며, 주의력을 사용하는 능력 모두가 함께 작용한다. 몰입을 위해 필요한 새로운 특성 중 하나는 동기 부여와 관련 있다. 몰입을 위해서는 우리가 깊이 즐기는 것이 필요한데, 이는 뇌의 보상 체계에 의해 일부 활성화된다. 나중에 다시 살펴보겠지만, 불안은 이러한 보상 회로를 활성화하거나 둔화시킬 수 있으며, 따라서 우리의 능력을 향상할 수도 있고 방해할 수도 있다. 나쁘거나 좋은 불안이 보상과 동기 부여 신경 네트워크와 상호 작용하는 방식에 대한 신경과학적 이해는 우리가 어떻게 좋은 불안을 활용하여 능력을 향상시키고, 이에 따라 몰입할 수 있는 기회를 더 높일 수 있는지 이해하는 데 도움을 준다.

최적의 능력에 대한 신경과학적 지식은 우리가 학습하거나 재학습하고 싶은 것과 평소에 궁금했던 새로운 기술이나 업무에 적용해볼 수 있다. 여기서 이것을 가동할 수 있는 단어는 '원하다'이다. 능력을 최적화하기 위해 불안을 활용하려면 두려움이나 망설임이 아닌 일에 대한 열정과 관심을 가지고 접근할 필요가 있다. 불안을 활용하려면 불안과 친해져야 한다. 어떻게 그것이 가능한지 살펴보자.

내 능력은 불안으로 키운다

일반적으로 사람들은 불안이 실력 발휘의 수준을 밑바닥까지 떨어뜨린다고 믿는다. 그래서 대중 연설이나 피아노 연주, 테니스나 농구 등 몇 달, 몇 년 동안 연습했는지와 상관없이 불안은 우리의 성과를 저하할 뿐만 아니라 최적의 실력 발휘나 몰입에 이를 수 있는 모든 기회를 완전히 제거해 버린다고 생각한다. 하지만 내가 많은 연구를 통해 깨달은 건 우리가 활동가적 마음가짐을 키우고 실수나 실패를 피드백으로 활용하며 불안이 주는 각성 상태를 통해 주의력을 끌어올릴 방법을 배울 수 있는 것처럼 우리는 자신의 능력을 향상시키고 이로 인해 몰입의 경험을 향해 좀 더 가까이 갈 수 있는 방법을 배울 수 있다는 것이다.

나의 삶에서도 나쁜 불안으로 인해 압박감을 견디기 힘들어 제대로 실력을 발휘하지 못한 경험이 있다. 또한 좋은 불안에서 오는 에너지를 활용해 나의 수행 능력을 향상시키는 법을 배웠던 상황도 있었다. 이렇게 상반된 두 가지의 경험이 어떻게 일어날 수 있는지 이해하는 것이 중요하다. 전자의 예는 내가 가급적 잊고 싶은 것이다. 그것은 내가 뉴욕대학교의 학부에서 일을 막 시작해 우리 학과 강연을 위해 방문한 명망 높은 신경과학자의 안내를 맡았을 때였다. 그 여성 학자는 세계적으로 유명했으며, 어리석은 사람을 달갑게 보지 않는다고 했다. 나는 공식적인 '안내자'가 되어 그분이 방문하는 동안 교수진과 학생들과의 만남을 주선하는 책임을 맡았다. 그날 나의 중요한 임무 중 하나는 앞서 말한 것처럼 강연 시간에 그분을 소개하는 거였다. 주요 수상 목록을 작성하는 것을 포함해 그분의 경력을 조사하며 성실하게 임할 모든 준비를 마쳤다. 그날 최고의 소개문을 발표하기 위한 동기가 마구 솟아 올랐다. 하지만 단 2분 동안의 소개를 위해 강단에 올라서자 긴장되었다. 아마도 내가 늘 이 과학자를 조금 혹은 아주 많이 위협적으로 느꼈기 때문일 것이다. 아니면 젊은 교수진으로서 우리 학과에서 그렇게 유명한 인사를 소개한 것은 거의 처음이기 때문일 수도 있다. 그분의 방문에 대한 일거수일투족을 책임지면서 명확하고, 유익하며 통찰력 있고, 기억에 남을 만한 소개를 해야 한다는 압박감을 느꼈기 때문인지도 모른다. 내가 이야기하려는 건 단 2~3분짜리 소개문에 대해서가 아니다. 나 스스로에 대한 기대가 너무 높았기 때문에 강단에 올랐을 때 느꼈던 긴장된 에너지는 심한 불안의 전형적인 모습으로 급속하게 변모했다.

입을 열자, 목소리가 떨리면서 깨지는 소리가 났고 나는 동료 교수를 소개하는 교수가 아닌 마치 수업 중에 첫 발표를 하는 대학생 같은 공포감을 느꼈다. 정말 최악이었던 건 목소리만 떨렸던 게 아니라 내가 가지고 온 종이쪽지를 보고 읽을 능력마저 상실해 버렸다는 것이다. 결국에는 긴 목록으로 마련한 그 분의 업적을 넘겨버리고 급하게 마무리했다.

오늘날 이 일을 되돌아보면 여전히 소름이 돋는다. 불안이 급격하게 훼방을 놓으면서 내 몸은 물론 내 뇌까지 혼란스럽게 만들었다. 기억력이 멈춰버렸고 내 입은 정상적으로 움직이지 않았으며 미리 준비해 코 앞에 가지고 있던 쪽지를 읽기만 하면 되는데도 그 기능조차 잃어버렸다.

여러 번 보았듯이 불안 이면에 있는 활성화 작용은 두 가지 방향으로 갈 수 있다. 우리를 나쁜 영역으로 몰아넣거나, 온갖 멋진 일들이 일어날 수 있는 좋은 영역으로 날아오를 수도 있다. 불안이라는 양날의 검은 우리가 능력을 최대한 발휘하는 방법을 배우는 데 중요한 역할을 한다. 물론 우리는 수행 불안에 취약하다. 시험을 치르기 전, 면접을 보기 전, 연설을 하기 위해 무대에 오를 때, 혹은 스포츠 경기나 대회를 앞둔 중요한 순간에 긴장감을 느끼거나 손에 땀이 흐르고 심장 박동이 빨라지기도 한다. 일정 수준까지의 자극은 좋은 것이다. 이는 주의를 집중시키고 동기를 부여한다. 긴장감은 사실 도움이 된다. 그것은 우리가 자신에게 중요하고 의미 있는 일을 하게 되었다는 것을 상기시켜 준다. 그러나 긴장감이 지나치게 높아지고 자신에 대한 의구심이 쌓여 두려움이 슬슬 밀려들면 우리는 신체적으로 무너져버리는 듯한 경험을 하게 된다. 이때는 더 이상 불안의 자극을 활용할 수 없다.

자극이 만드는 좋은 불안

그렇다면 몰입한다는 것은 무엇인가?

미하이 칙센트미하이[3]와 진 나카무라Jeanne Nakamura[4]를 포함한 연구진은 어떤 활동에 푹 빠지면 높은 수준의 수행 능력이 발휘한다는 것을 발견하고 그것을 '플로우Flow'라고 명명했다. 플로우는 깊이 몰입하는 상태로 정의하는데, 여기서 고도의 기술, 수행력은 편안해 보이면서 거의 애쓰지 않는 마음의 상태와 강렬한 쾌락이나 몰입의 경험이 함께 동반된다. 그들은 또한 플로우는 매일 발생하는 것이 아니라 인지적, 신체적, 정서적 특성의 적절한 조합이 마법처럼 맞물릴 때 드물게 나타나는 현상이라고 말한다.

자극과 수행 능력의 관계에 초점을 맞춘 연구들은 상당히 오래전부터 진행됐다. 1908년까지 거슬러 가면 하버드대학교의 연구자들은 테스트에서 좋은 점수를 받는 것과 같은 목표 지향적 행동을 이끄는 원인이 무엇인지 이해하려고 노력하면서 여키스-도슨 법칙Yerkes-Dodson Law[5]으로 알려진 개념을 확립했다. 그들은 스트레스가 동기 부여에 긍정적 역할을 하는지 아닌지를 이해하고자 했다. 그들이 발견한 것은 수행 능력을 극대화하기 위한 자극과 그에 따른 불안에는 최적의 수준이 있다는 것이다(그래프의 곡선에서 고점을 참조). 하지만 자극이 특정 수준을 넘으면 소위 나쁜 불안이 수행 능력을 급격히 떨어뜨린다.

먼저 그래프의 왼쪽을 살펴보자. 몰입의 정도는 즐거움과 기쁨을 의미한다. 자극의 정도는 경각심을 일으키기 위해서는 약간의 스트레스가 필요하다는 것을 말해주며, 이것은 긍정적인 불안의 측면이다. 마지막으로 우리가 준비 태세를 갖추고 최적의 수행 능력을 발휘할 수 있는 몰입의 상태로 나아가는 길을 마련하려면 이 모든 상호 작용이 필요하다. 자극이 증가하기 시작

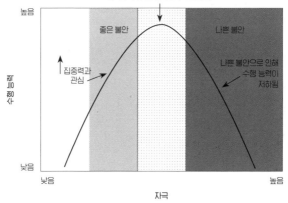

[그림 4] 자극과 수행 능력과의 관계

몰입을 정의하는 이 기제와 그래프는 우리가 불안과 맺는 관계 또한 반영한다. 우리가 자극의 방향을 전환하는 법을 배우면 이것은 유용하지만 이 둘은 서로 긴장 관계를 이룬다는 것을 염두해 둘 필요가 있다.

하고 주의 집중력 역시 증가할 때 좋은 불안이 발동한다는 사실에 주목하라. 자극에 따른 흥분은 부분적으로 심장 박동과 피부 전도도 같은 자율적 신체 활동을 측정함으로써 관찰할 수 있다. 이는 뇌파로 감지할 수 있는 대뇌 피질 활동에 의해서도 측정된다. 자극에 따른 흥분(긍정적 에너지)과 주의력의 동원, 그리고 우리의 관심사 또는 몰입의 정도는 함께한다. 이러한 요소들이 함께 작용하여 수행 능력을 급격한 상향 추세로 이끈다. 말하자면 수행 능력이 최고점을 찍고 몰입할 때 수행 능력이라는 '산'의 정점에 다다르는 것이다. 이 그래프는 우리가 왜 몰입을 자주 경험하지 못하는지를 잘 설명해준다. '칙센트미하이의 플로우'라고 부르는 진정한 정점에 도달하려면 많은 요소들이 함께 맞물려야 한다.

몰입을 예측할 수 있는 또 다른 요소는 발전이다. 물론 '수행 능력의 정점'은 개개인에 따라 상대적이다. 첼로 연주에 관해서 내 능력의 정점은 요요마와 크게 다르겠지만, 실력의 수준과 상관없이 내 나름의 몰입 상태에 도달하고자 하는 가능성은 자신에게 동기를 유발한다. 나는 더 잘하고 싶고, 발전하고 싶다. 이 욕구가 보상 신경 네트워크를 자극한다. 뇌는 도파민을 방출하고, 좋은 기분을 느끼게 해주기 때문에 우리는 이러한 쾌락의 경험을 기억하고 있다. 이 좋은 느낌을 기억하고 다시 경험하고 싶어 한다. 어떤 일에 더 능숙할수록 뇌-신체는 더욱 효율적으로 작용하고 더 유능하다고 느낀다. 그리고 자신이 더 유능하다고 느낄수록 더 편안하게 실력을 발휘한다.

다시 그래프를 보면, 몰입이 가능한 수행 능력의 정점과 나쁜 불안에 굴복하고 그로 인해 수행 능력이 하락하는 지점 사이에서 우리는 마치 칼날 위를 걷는 듯한 매우 좁은 선을 따라 걷는다. 그래프의 오른쪽에서 볼 수 있듯이 수행 능력이 급락하고 자극의 정도가 하늘 높이 치솟는 것을 '초킹choking 현상'으로 설명할 수 있다. 우리에게 너무나 익숙한 초킹 현상에 대한 과학적 연구로 불안이 어떻게 우리를 방해하는지 또는 아닌지를 살펴보자.

불안이 방해꾼이 되지 않으려면

시카고대학교의 전임 교수였으며 지금은 바너드 칼리지의 학장인 시안 베이록Sian Beilock 교수는 엘리트 운동선수들의 초킹 현상에 대해 연구했다.[6] 베이록 교수는 다양한 종류의 위험에 빠졌을 때 우리가 불안에 잠식당하는 경향이 있다는 걸 발견했다. 많은 사람들이 무슨 일이 벌어지는지조차 깨닫지 못하는 사이에 불안은 우리에게 불리하게 작용할 수 있다. 때로는 우리가 얼마나 준비되었다고 느끼든 간에, 지나치게 생각이 많아지면 불안이 다시 고개를 들고 우리의 신경계를 점령할 수 있다.

이런 상황을 떠올려보자. 두 번이나 떨어진 후 다시 운전면허 시험을 보려고 한다. 결혼을 앞두고 상견례를 하려고 한다. 중요한 면접을 앞둔 상황이다. 잘못하면 잃을 것이 많은 상황에서는 얼어붙기 마련이다. 손에 땀이 나고, 심장이 빨리 뛰기 시작하며, '만약에…'와 같은 온갖 생각들로 마음이 복잡해져 마음의 고속도로가 정체된 것을 상상할 수 있다. 월드 시리즈 9회 말에 배트를 든 야구 선수나, US 오픈 마지막 홀에서 퍼팅하는 타이거 우즈, 올림픽에서의 컴백을 시도하는 마이클 펠프스가 너무 긴장하고 부담을 느껴 예상한 만큼 능력을 발휘하지 못할 수 있다는 것은 충분히 이해가 된다. 초킹 현상에 대항하기 위해 그들이 매시간, 매달 그리고 매년 고강도 훈련을 해왔음에도 불구하고, 불안은 상대하기 까다로운 선수다.

베이록은 지나친 압박에 대한 뇌-신체의 반응은 소중한 '뇌 공간'을 차지해 버리고 비생산적인 반응을 일으킬 수 있다고 설명한다. 배트를 잡은 손목의 각도에 대해 집착하는 타자, 몇 페이지에 수학 공식이 있었는지 골몰하는 학생, 어떤 특정한 코드를 외우려 하는 컴퓨터 프로그래머, 이런 종류의 과도한 생각은 우리의 수행 능력을 방해하고 자신이 분명히 알고 있었던 것마저 떠올릴 수 없도록 만든다. 야구 선수가 9회 말에 배트를 잡은 손목의 각도에 대해서 생각할 필요가 있는가? 학생은 그 공식이 정말 몇 페이지에 있었는지를 기억할 필요가 있나? 프로그래머가 코드 전체를 암기해야만 하는가? 아니다. 만약 누군가가 어떤 자료나 기술을 반복적으로 연습해서 관련 정보를 완전히 '익혔다면', 압박이 심한 상황에서 신체적, 인지적, 감정적으로 각성된 상태를 활용하여 자동으로 정보를 기억해내고 주어진 작업을 수행할 수 있어야 한다. 공을 치고, 문제를 풀고, 코드를 입력하는 등 이는 모두 수많은 연습 시간에서 비롯된다. 우리가 특정 기술이나 일련의 기술을 연습하면 할수록 우리의 뇌-신체는 더 효율적으로 움직이기 위한 패턴을 만들어낸다. 여기서 긴장을 풀고 자신을 믿는 상태를 방해하는 적은 바로 우리의 생각이다.

내외부적 압박이 너무 커질 때, 자동적 기능 수행을 위한 경로는 차단된다. 그것이 초킹 현상의 기본이다. 경력 초기, 학내 행사에서 소개를 맡았을 때 강연자에 대한 두려움과 나 자신에게 가했던 압박감은 나의 노력을 무력화시키고 초킹 현상을 유발했다. 나는 잘못했을 때 감수해야 할 위험에 대해 매달렸고 긴장을 풀 방법이 없었으며, 나 자신을 믿을만한 자신감도 없었다. 내가 상황을 인식하는 방식이 나의 노력을 방해했고 힘 빠지게 만들어버렸다.

베이록의 연구는 초킹 현상의 또 다른 면을 밝혀냈다. 초킹 현상을 촉발하는 것은 스트레스에 대한 인식이다. 베이록은 여성이 남성보다 수학을 못한다든지, 백인 남성은 농구를 잘 못한다는 미묘한 고정관념이 수행 능력에 부정적으로 영향을 미친다는 사실을 발견했다. 예를 들어 여성이 자신의 성별을 표기하고 시험을 치르면 결과가 더 나빠진다. 인지적인 되새김이 감정적 반응을 유발하고 이것이 다시 수행 능력에 영향을 미친다. 좋은 소식은 만약 그들이 자신의 학력을 마음에 떠올린다면 적어도 10퍼센트는 더 시험을 잘 치를 수 있다는 것이다. 결론은 인지와 감정은 함께 간다. 부정적인 감정은 우리의 사고를 저해할 수 있고 긍정적인 감정은 우리의 사고를 향상시킬 수 있다. 이것이 바로 몰입을 위한 핵심이 즐거움이라는 이유이다. 이 즐거움이 도파민(행복 신경전달물질)을 상승시키고, 도파민은 긴장을 풀고 수행 능력을 향상시켜 준다.[7]

이제 불안으로 실력을 발휘할 시간

우수하지만 늘 스스로 너무 많은 부담감을 느끼는 학생들과 함께 하면서 초킹 현상의 전형적인 사례들을 본다. 이제부터 할 이야기가 특히 기억에 남는 이유는 이 학생이 자신의 불안감을 활용해 최적의 수행 능력을 발휘하는 모습을 볼 수 있었기 때문이다.

톰은 매우 똑똑하고 언변이 뛰어나며, 여태껏 내가 보았던 또래 수준에 비해 글을 가장 잘 쓰는 학생이었다. 그는 글쓰기를 좋아했고, 함께 논문을 작성할 때 그의 태도와 열정에서 이를 잘 엿볼 수 있었다. 과학 논문이나 자신의 데이터를 실험실 회의에서 발표할 때 그는 차분하고, 똑똑하며 편안한 자신의 모습 그대로였다. 하지만 과학자들로 가득 찬 강당 앞에 섰을 때(심지어 톰은 그들과 이미 알고 있는 사이였지만) 그는 갑자기 말문이 막혀버렸다. 눈에 띄게 긴장한 모습은 평소 실험실에서 전혀 그런 적이 없었기 때문에 더욱 두드러졌다.

사람들 앞에서 완전히 주눅 들어 아무 말도 할 수 없었던 그날의 '멘탈 붕괴' 이후, 그는 너무 속상해서 나를 찾아왔다.

"이걸 어떻게 멈춰야 할지 모르겠어요. 아무리 연습하고 발표 전에 리허설을 해도 감당이 안 돼요."

나는 톰의 적나라한 감정 표현에 다소 놀라 움찔했다. 내가 말했다.

"내가 어떻게 도와주면 될까, 톰?"

"강연이나 강의, 발표를 할 때 침착할 수 있는 법은 어떻게 배우셨어요?"

"음, 그건 말이야."

나는 이야기를 시작했다.

"내 생각에는 내가 강의를 하고 청중과 상호 작용하는 것을 실제로 좋아하기 때문인 것 같아. 즐겁기 때문에 편안함을 느끼고, 말할 때마다 더 잘하고 싶어져."

다시 말해서, 내가 즐기는 무언가를 더 잘하고 싶은 바람이 최선을 다하도록 동기를 유발한다. 나는 연설이 고통을 주는 것이 아니라 즐거움을 준다고 믿기 때문에 침착할 수 있는 것이다.

소리 내어 이 말을 했던 것은 나에게 통찰을 가져다주었다. 나는 톰이 발표를 하고 싶도록 도우려면 먼저 두려움의 영역에서 벗어나기 위한 전략을 세워 그가 자신감을 가질 수 있도록 해야 했다. 그리고 또 그가 과학에 대한 글쓰기를 얼마나 사랑하는지에 대한 감정적 연결고리를 놓치지 않도록 도와주어야 했다. 이것은 자신의 마음을 편안하게 하고 몰입하게 하는 데 중요한 열쇠였다.

톰은 연습에 많은 시간을 들였고 과학을 사랑했다. 하지만 나는 불안을 활용해 그의 동기를 부여할 수 있는 방법을 찾아내는 데 도움을 줘야 했다. 톰에게는 위트 있는 유머 감각, 주간 실험실 회의에서 재치 있게 대처했던 경험 등 대중 연설에 대한 불안을 극복할 수 있는 여러 장점을 가지고 있었다. 그래서 그의 허락을 받고 우리는 작은 실험을 같이 해보기로 했다.

대중 연설 외에 공유해도 괜찮다고 생각하는 다른 두려움이나 불안감이 무엇인지 물었다. 톰은 항상 돈에 대한 불안을 느끼고 있었고, 박사 과정을 하는 학생에게 주어지는 소박한 지원금은 별로 도움이 되지 않는다고 말했다. 나는 물었다.

"그게 너에게 어떤 영향을 끼치고 있어?"

"글쎄요. 지원금을 가지고도 어떻게든 살아갈 방법은 있지만 때때로 잠을 이루지 못할 때가 있어요. 학자금 대출을 다 갚으려면 한참 멀었고, 박사 과정을 마친 후 학계에서 괜찮은 연봉을 받을 수 있는 일자리를 찾을 수 있을지도 걱정이 돼요."

"이런 불편함을 안고 살아갈 수 있어?"

"그럴 순 있을 것 같아요. 현재 낮은 임금을 받고 있더라도 학업을 마치고 싶어요. 저는 과학을 배우는 게 정말로 좋거든요."

나는 그가 삶의 불편함을 어느 정도 견디는 데 익숙해진 것 같다고 말했고, 그도 동의했다.

그런 다음 그가 돈에 대한 불안을 관리하기 위해 활용했던 전략을 대중 연설의 두려움에도 적용할 수 있는지 물었다.

톰은 그렇게 생각하지 않았지만, 시도해보겠다는 의지를 보였다.

나는 그에게 '돈에 대한 불안'을 견뎌 냈던 힘을 활용하여 연설에 대한 불안을 가라앉힐 수 있을 거라고 설명했다. 불안은 그 시작점이 다르더라도 매우 비슷한 방식으로 활성화되고 유사한 생리적 반응을 보인다(둘 다 근본적으로 같은 스트레스 반응 체계를 활성화시킨다). 문제는 톰이 연설에 대한 불안을 견디는 힘을 어떻게 돈에 대한 불안을 견디는 수준만큼 끌어올릴 수 있는지였다. 첫 번째 단계는 자신이 이미 돈과 관련된 불안을 잘 다루고 있다는 사실을 인식하는 거였다. 자신의 스트레스 내성에 대한 인식은 이것을 삶의 다른 측면에도 적용하기 위한 핵심이었다. 또한 이러한 인식은 그가 활동가적인 마음가짐으로 전환할 수 있도록 해주었고, 연설에 대한 불안을 견딜 만한 수준으로 낮출 수 있다는 믿음을 주었다.

그것은 첫 단계에 불과했다.

그 후 박사 과정을 밟는 모든 학생들이 거쳐야 할 3학년 발표날이 다가오자 이를 준비하는 과정에서 나는 톰에게 전략적 계획을 세우기 위해 도움을 주었고, 톰은 밤잠을 설치기 시작했다.

우리가 한 일은 다음과 같다.

1) 우리는 발표할 때 그가 전달하고자 하는 모든 것들을 숙지하고, 가능한 한 거의 모든 예상 질문에 답변할 수 있도록 연습했다. 발표를 암기하도록 요구한 건 아니었다. 매번 약간씩 다른 방식으로 자신의 아이디어를 전달하는 것을 편안하게 느끼고 대화의 측면을 놓치지 않는 것이 중요했다. 톰이 자신의 아이디어에 대한 이해와 연결고리를 유지하길 바랐다. 연습을

통해 이러한 이해는 단기 기억에서 장기적인 서술 기억[*]으로 이동했다. 내가 생각할 수 있는 가장 어려운 질문들을 그에게 했고 그는 점점 발전했다. 그는 점점 더 자신감 있고 유창해졌으며, 실제로 연습 시간 동안 질문에 대한 답변을 즐기기도 했다. 연습에서 중요한 부분은 내가 할 수 있는 가장 어려운 질문과 가장 광범위한 질문을 하는 것이었다. 왜냐하면 톰의 불안은 예상치 못한 변화구에 얼어붙는 공포감이 주요 문제였기 때문이다. 아무리 훌륭한 발표를 해도 질문에 자신 있게 답변하지 않으면 사람들은 발표에 대해 부정적인 인상을 가지고 떠날 거라는 것을 알고 있었다. 숙련된 연사는 자주 묻는 말이 무엇이고 어떻게 대답할지 안다. 가끔 예상치 못한 질문도 있겠지만, 대부분은 연습하고 익숙해질 수 있는 특정한 주제를 가지고 있다. 또한, 최고의 질문은 청중과 함께 고민하고 토론하여 다양한 해석에 이를 수 있도록 새로운 통찰을 주는 질문이다. 이것은 발표할 때 흥미로운 부분 중 하나다. 나는 질문을 하면서 톰이 간단명료하게 답변하는 실력이 점차 느는 것을 보았다. 나는 그의 얼굴에서 자신감이 솟아오르는 것과 불안이 가라앉는 것을 보았다.

2) 우리는 대중 연설에 대한 관점을 재구성하는 작업을 했다. 내가 그에게 상기시켰던 건 발표한다는 것은 과학에 대한 자신

---

[*]   역주: 학습을 통해서 얻은 지식을 저장한 후 이를 의식적으로 회상하는 기억이다.

의 애정과 성과를 사회 공동체와 함께 나눈다는 점이었다. 그는 자신이 매일 실험실에서 느꼈던 즐거움과 호기심을 발표에 반영해야 한다는 것을 깨달아야 했다. 이런 즐거움에서 힘을 얻어 실제 발표 내용에 대한 애정을 내면화할 수 있도록 했다.

3) 나는 그가 발표를 위해서 얼마나 열심히 노력했는지, 또 발표할 내용이 얼마나 좋은지 긍정적인 피드백을 주었다. 그가 이 발표에 많은 노력을 기울인데 대해 얼마나 자랑스러운지 반복해서 말해주었고, 의심할 여지 없이 잘 해낼 거라고(실제로 그렇게 생각했다) 확신을 줬다.

결과는 어땠을까? 그는 박사 3년 차 발표를 멋지게 해냈다! 처음에는 긴장했으나 자신이 긴장하는 것을 인식했다. 다행히 긴장감은 불안의 소용돌이로 빠지지 않고, 우리가 함께했던 모든 연습 과정을 활용해서 좋은 불안으로 전환했다. 얼마 지나지 않아 자신만의 리듬을 타며 훌륭하게 해냈다. 질문들은 까다로웠고 몇몇은 답변하기 힘들었지만, 그래도 그는 해냈다. 나는 그가 안도감을 느꼈을 뿐 아니라 동기들이 잘했다고 칭찬해주었을 때 자랑스러워하는 모습을 볼 수 있었다.

톰의 능력은 상당한 발전을 이루었지만, 완전히 몰입하는 상태에 이르지는 못했다. 그는 이러한 경험이 정말 좋았고 더 많은 연습을 통해 몰입 상태에 이르려는 열정과 동기를 얻었다고 했다. 그는 잘 나아가고 있었다!

톰의 이야기를 통해 전달하고 싶은 핵심은 이것이다. 성취욕이 강한 많은 사람들처럼 톰도 불안을 관리하는 법을 배울 동기가 있었다. 나아가 그는 불안이 유용하고 생산적일 수 있으며, 수행 능력을 향상시키는 것은 더 잘하고 싶다는 그의 욕구와 맞아떨어진다는 점을 이해했다. 나는 대학생과 대학원생 모두에서 이러한 패턴을 수년간 여러 번 목격했다. 그들은 학습한 내용을 그럭저럭 잘 알고 있고 분명 A급 수준이지만, 지면이나 발표 시험에 대해 너무 스트레스를 받고 긴장하여 시험을 칠 때 자신의 실력을 명확히 발휘하지 못했다. 질문을 잘못 읽거나 지시 사항을 따르는데 불필요한 실수를 하여 자신이 가지고 있는 지식을 충분히 반영하지 않는 성적표를 받기도 한다. 교사의 관점에서 볼 때 가장 중요한 것은 학생들이 불안을 관리하는 법을 배우는 것이다. 알다시피 삶에 있어 스트레스는 불가피하며, 스트레스를 덜 받으려고만 하는 학생은 스트레스 상황에 잘 대처하는 방법을 배울 기회를 놓치는 셈이다.

학생들에게 긍정적인 피드백을 줄 때, 그들은 격려받고, 덜 불안해하며 시험에서(즉, 수행 능력) 더 나은 성과를 보였다. 이러한 긍정적인 피드백은 잘 알려진 전통적인 격려의 본질이지만, 스트레스에 대한 내성을 확장하고 압박감을 편안하게 관리할 수 있는 방법을 찾는 능력에 초점을 맞춘다.

나는 시험을 치르는 학생들에게 자신이 최고의 '경영 코치'가 되도록 격려하는데, 특히 그들의 성적에 큰 비중을 차지하는 시험의 경우는 더욱 그렇다. 나는 그들이 시험 준비를 스포츠 경기를 위한 훈련처럼 연습하고, 리허설하며 스스로에게 격려의 말을 해주도록 한다. 구체적인 모습으로 떠올려 보면 어떨까? 학습 내용을 복습하고, 예상 문제에 답해보거나 더 좋은 방법으로는 이를 숙지하고 있는지 확인하기 위해 직접 문제를 만들어 풀어본 뒤에 자신 있어! 라고 자신에게 말해주자. 복습을 하는 동안 열심히 노력했던 시간을 머릿속에서 되짚어보고 교수가 던지는 질문 하나하나를 아무 문제 없이 차분하고 체계적으로 대답하는 자신의 모습을 시각화하자. 난관에 봉착하면 자신이 확실히 알고 있는 문제로 먼저 넘어가고 해당 문제는 나중에 다시 푼다. 그리고 시험 당일에는 자신에게 큰 소리로 말하자. "나는 이 시험을 완전히 정복해 버릴 거야! 열심히 공부했고, 이 내용에 대해서는 내가 최고야!"

긍정 확언은 시각화와 함께 진행된다. 시각화가 도움이 되는 이유는 무엇일까? 그것은 불안을 해소하는 궁극적인 시나리오를 믿을 수 있게 만들어준다. 시각화를 통해 잠재적으로 불안을 유발할 수 있는 상황에 접근하는 새로운 방법을 머릿속에 그려볼 수 있고, 문제 해결을 위한 대안적인 경로를 제공한다. 특정한 시험에 대해 늘 많은 불안을 느낀다면, 시험을 치르면서 충분히 생각해낸 답변을 명확하고 차분하게 적어 내는 자신의 모습을 시각화하는 것으로 시작해볼 수 있다. 이러한 상황에서 자신이 어떤 모습을 보여주고 싶은지 떠올려보자. 시험을 치는 자신의 이미지에 펜을 쥐는 손의 촉감이나 시험 동안 느끼는 평온한 감각과 같은 세부 사항을 덧붙이며 시각적 이미지를 구체화한다. 시각화는 매우 강력할 수 있지만 연습과 어느 정도의 상상력이 필요하다. 불안을 유발하는 상황과 관련된 긍정적 결과에 계속 집중하자. 새로운 습관을 형성하고 싶다면, 작은 것부터 시작해 거기서부터 쌓아 나간다.

도파민이 팡팡, 작은 몰입의 팁

몰입은 불안을 차분히 다스리고, 불안을 뒤집어 역으로 그것을 활용하는 능력에서 나온다. 요요마와 마이클 펠프스 같은 대가들이 보여주는 정상급 몰입은 도달하기 어려워 보이지만, 우리는 그 상태를 추구하거나 맛보기와 같은 경험은 할 수 있다. 그 상태에 도달하기만 한다면 기분이 황홀해진다. 시간이 멈추고 그 순간을 완전히 즐기며, 온몸과 정신이 살아 움직인다. 몰입하기 위해서는 즐거움의 요소가 필요하지만 즐거움을 만들어 내기도 하며 수행 능력을 심지어 더 높은 수준까지 향상하고 다시 몰입의 상태로 유도한다. 그렇다면 이런 몰입을 더 많이 느끼고 싶어 하지 않는 사람이 어디 있겠는가?

그러면 몰입의 개념을 다시 정의해보자. 칙센트미하이가 말하는 플로우에 필요한 최상위급 실력에 도달하려면 1만 시간의 노력 대신에, '마이크로마이크로$_{micromicro}$' 몰입이라고 부를 만한 것을 생각해보면 어떨까. 이제 자세히 설명해보겠다. '작은' 몰입은 기존의 칙센트미하이의 플로우보다 지속 기간은 짧지만 훨씬 자주 경험할 수 있고, 수행 능력을 크게 향상시킬 뿐만 아니라 우리의 삶을 풍부하게 하는 상태다. 기본적으로 작은 몰입은 단순하게 자신이 즐거움을 느낄 기회를 주는 것이다. 작은 몰입은 신경과학의 본질을 나타낸다. 의도 그리고 재미를 포함한 어떠한 경험도 몰입하는 상태가 될 수 있다. 우리가 이러한 심신의 쾌감을 경험할 때 우리의 뇌는 도파민을 방출하고 그 기억을 저장하여 미래에 동기 부여하는 데 사용한다.

작은 몰입을 느낄 수 있는 몇 가지 예를 들여다보자.

- 격렬한 요가 수업 끝에 가졌던 깊은 호흡과 휴식
- 힘들었던 한 주를 보낸 후의 깊고 상쾌한 수면
- 가장 친한 친구와 함께 나누는 유쾌하고 재미있는 대화
- 마사지를 받고 난 후 깊은 이완 상태
- 해야 할 일을 한 번에 다섯 가지나 15분 만에 처리했던 엄청나게 효율적인 하루
- 이웃과 힘을 합해 공통의 목표를 가지고 모두 한마음으로 나무에서 고양이를 구출했던 경험

위의 사례는 칙센트미하이의 플로우만큼 심오하지는 않다.

그러나 이런 사례들은 무언가를 열심히 하고 몰입한 이후에 느끼는 이완과 즐거움을 포함하고 보람을 준다. 전형적인 칙센트미하이의 플로우처럼 작은 몰입 또한 강력하게 동기를 부여하는 요소를 가진다. 이것은 왜 좋은 것일까? 이렇게 틈틈이 몰입하는 경험은 나쁜 불안을 줄이고 좋은 불안을 강화할 뿐만 아니라 일상생활의 즐거운 순간들을 최대한 활용하여 가장 효과적인 휴식과 회복, 그리고 동기를 유발하는 전략이 될 것이다.

긴장을 활용해 도전하라!

얼마 전 나는 한 러시아 기업이 주최한 모스크바의 대규모 연례 회의에서 강연을 위한 초대를 받았다. 뇌의 변화를 불러오는 운동의 효과라는 첫 책의 주제에 대해 수천 명의 청중들에게 강연을 시작하기 위해 올림픽 경기장의 무대 뒤편에 서 있었다. 행사는 웅장하게 준비되었고 뒤편에서 무대를 거슬러 펼쳐지는 거대한 경기장을 바라보자 갑자기 내 생애 최대 규모의 청중 앞에 서게 될 것이라는 생각에 긴장감이 밀려왔다. 손바닥에 땀이 맺히고, 심장이 크게 뛰어 귀에 들릴 만큼 소리가 커서 내 주위에 있는 무대 기술자들도 들을 수 있을 것만 같았다. 바로 전날, 나는 이 행사에 초대된 또 다른 두 연사, 만 시간의 법칙으로 유명한 말콤 글래드웰과 영화 〈프리티 우먼〉으로 유명한 리차드 기어가 무대에서 기막힌 연설을 하는 걸 보았다. 나도 그들처럼 할 수 있을까?

심지어 전날 관객석에 앉아 연설을 듣던 중 모든 연사가 무대에 오를 때 무대 앞에서 환영의 불꽃이 터진 것이 떠오르자 불안은 더욱 악화되었다. 전날 불꽃놀이를 본 게 천만다행이었는데, 만약 그렇지 않았다면 나는 놀라서 기겁했을지도 모른다. 물론, 대부분의 무대에서 불꽃을 터뜨리지는 않는다. 나는 무대 뒤편에서 이 행사의 중요성을 생각하면서 무대 위로 올라갈 때 터질 불꽃에 대한 마음의 준비를 했다. 그 당시의 상황은 나를 스트레스와 나쁜 불안, 그리고 예전에 겪었던 '연사 소개의 악몽 같은 시나리오'로 몰아넣을 수도 있었다. 하지만 이번에는 상황이 달랐다. 나는 연설할 내용을 철저히 숙지하고 있었을 뿐만 아니라 무엇보다 이 일을 할 수 있어서 너무 좋았다. 무대에 오르기 바로 전, 그때 초정밀의 인지 상태로 명확하게 생각했던 것은 바로 이것이었다. '나는 곧 날 위해 터뜨릴 그 불꽃에 걸맞는 가치 있는 발표를 할 것이다!'

그리고 정말 그랬다.

내가 진실로 믿는 메시지를 전달하는 기쁨에 집중하고 실패에 대한 두려움이나 '다른 사람만큼' 잘 하지 못할 거라는 걱정에서 멀어지기 위해 나는 전두엽 피질을 사용했다. 환영의 불꽃놀이는 나를 당황하게 하기보다는 오히려 내 에너지와 열정을 고조시키고 따라서 연설의 수준을 올려줄 만한 영감을 주었다.

내가 연설을 하기 전에 긴장했을까? 물론이다! 그러나 그 긴장감은 이 행사를 위해 완벽하게 발표를 해낼 수 있는 동기로 전환되었다. 바로 좋은 불안이 작동한 것이다. 그리고 가장 좋았던 점은 무대의 규모와 대부분의 청중이 러시아어 통역사를 통해 헤드폰으로 나의 연설을 듣고 있었음에도 그들이 연설 내내 완전히 몰입하는 것을 느낄 수 있었다는 거였다!

살면서 '칙센트미하이 플로우'를 많이 경험한 건 아니다. 하지만 그날 모스크바 무대에서는 분명히 느꼈다. 아마도 불꽃놀이의 기운으로 고조된 에너지 때문이거나, 발표를 시작한 지 2분 만에 "오늘 당장 자신의 뇌를 변화시키기 위해 할 수 있는 가장 효과적인 것은 운동이다"라는 중요한 구절을 말했을 때 박수갈채가 쏟아졌기 때문이었는지도 모른다. 전에는 그런 뜨거운 반응을 받은 적이 없었으니까. 아니면 모든 사람이 참여하도록 마련한 두 번의 짧은 운동 세션의 음악을 담당하기 위해 두 차례에 걸쳐 무대에 올라온 러시아 드러머 덕분이었는지도 모른다. 그것은 독특한 행사장뿐만 아니라 뛰어난 청중들의 참여 덕분에 내가 지금까지 했던 연설 중 가장 기억에 남는 연설이었다. 나와 청중이 모두 함께 몰입을 발견한 것처럼 느껴졌다.

CHAPTER 6

·

불안이 주는 선물
3. 활동가 마인드셋

·

자신의 한계를 정하는 건 누구인가

마흔 살 생일을 앞두고, 나는 뚫을 수 없는 감정적 장벽에 가로
막혔다. 지난 20년간 공부하고 연구하면서 학업과 경력을 위해
나 자신을 몰아붙였었다. 나는 성취욕이 강한 사람이었고 그 이
상의 자아는 거의 없었다. 브로드웨이 쇼를 사랑했던 소녀는? 사
라졌다. 프랑스로 여행을 다니며 그곳의 언어, 문화, 음식, 와인에
빠졌던 젊은 여자는? 사라졌다. 젊은 프랑스 음악가와 미친 듯이
사랑에 빠졌던 젊은 여자는? 사라졌다. 인생의 대부분을 학계에

서 보낸 후, 마흔 살이 된 나는 갑자기 마치 막대기에 머리만 달린 존재처럼 느껴졌다.

나는 일에 집착했다. 긴장을 풀고 쉬거나 재충전할 시간을 내지 않았다. 이런 기분과 내 자신의 모습이 마음에 들지 않았다. 나는 사람들로부터 단절된 느낌이었고, 뉴욕에 살지 않는 몇몇 친구들을 포함한 좁은 인간관계 안에서만 교류했다. 그때 나는 부모님이나 오빠와도 가깝게 지내지 않았다. 나는 말 그대로 신경의 한 다발일 뿐이었다. 걱정하고 불안해하면서 가까스로 버티고 있었다. 이것이 일만 하도록 나 자신을 몰아간 이유이기도 했다. 일에서의 성공과 생산성은 내 삶의 몇 안 되는 즐거움 중 하나였다. 또 다른 즐거움은 음식이었는데 이것은 11킬로그램의 체중 증가로 이어졌다. 겉으로는 행복하고 에너지 넘치는 척하는 것이 상황을 더욱 악화시켰다. 나는 외롭고 친구 없는 사람으로 보이고 싶지 않았다. 에너지가 넘치고 행복하며 활동적인 사람으로 보이고 싶었다. 진짜 내가 느꼈던 감정을 드러낼 수 있었더라면 좀 더 나았겠지만, 겉으로 행복한 척을 하면 할수록 더욱 불안하고 외로워졌다.

처음에는 어떻게 하면 이 상황에서 벗어날 수 있을지 전혀 몰랐다. 마치 3톤짜리 코끼리를 산 위로 밀어 올리는 것 같았다. 하지만 과학에 대한 이해와 변화에 대한 절실함에 기대어 의식적인 변화를 시도하자 몇 가지 작은 변화가 생기기 시작했다. 몸이 좋아지면 마음도 나아질지 모른다고 생각했다. 그래서 식단을 바꾸고 내가 애정하는 뉴욕의 레스토랑에서의 외식도 중단하며 내 식사를 정리하기 시작했다. 그다음에는 규칙적인 운동을 하기로 결심했다. 내가 실제로 즐길 수 있는 운동을 발견하는 데는 시간이 걸렸지만 미칠 듯이 넘쳐나는 선택지가 즐비한 뉴욕에 산다는 건 정말 다행이었다. 결국 나는 요가, 춤, 에어로빅이 혼합된 인텐사티intenSati라는 수업을 들었고 완전히 빠져버렸다. 여기에 마지막으로 추가한 것은 명상이었다. 이것 역시 일상에 녹여내려면 시간이 필요했다. 하룻밤 사이에 규칙적인 명상 수행이 자리 잡았다고 말할 수는 없다. 하지만 명상 어플, 수업, 단독 수행을 통해 서서히 명상하는 법을 배웠다. 실은 어떤 명상 방식이 자신에게 잘 맞는지 깨닫는 게 중요했다. 명상하는 법은 단 하나만 있는 것이 아니며 옳고 그름도 없다.

새로운 자극에 대한 나의 반응을 면밀히 주목하고 결과를 추적했다. 나는 실시간으로 나만의 데이터를 생성하고 수집했다. 내가 목격한 것은 부정할 수 없는 변화였다. 그렇다. 나는 체중을 감량할 수 있었다. 그렇다. 내 몸이 더 활기차고 긍정적이라고 느꼈다. 그렇다. 더 차분하게 집중할 수 있었다. 더 잘 자고, 휴식 시간을 보내며 내내 일만 하지 않게 되었다. 하지만 그때 겪은 가장 중요한 변화는 감정 상태와 삶에 대한 태도가 근본적으로 전환되었다는 것이다.

나는 한 발짝 물러서서 마치 다른 사람의 일인 것처럼 내가 겪은 변화를 이해하고 분석하기 위해 노력했고, 몇 가지 질문을 떠올렸다. 살면서 가장 힘든 경험을 했을 때 이를 통해 배우고 성장하거나 무너지게 하는 것은 무엇인가? 무엇 때문에 어떤 사람은 아주 고통스러운 상황이라도 이를 받아들이고 해결 방법을 찾아내며, 단순히 견디는 것 이상으로 번창하는가? 내 삶에서 무언가를 놓치고 있다는 절박한 느낌을 넘어서기 위해서 무엇이라도 하려 했던 움직임의 원동력은? 결과가 어떻게 될지 몰랐지만 그래도 내 상황을 전환시킬 수 있었던 것은 무엇이었을까?

나는 항상 나 자신이 태생적으로 세상에 대한 호기심을 가지고 태어난 행운아라고 여겼다(이것이 내가 교수이자 연구자라는 직업을 선택한 이유를 설명해준다). 사실 과학에서 실패는 실험할 때 리트머스 시험지와 같은 역할을 한다. 조셉 로스칼조Joseph Loscalzo라는 의사 겸 하버드 의대 교수는 그의 글 〈실패를 위하여〉[1]에서 "실패는 당연히 과학적 방법론의 일부다. 잘 설계된 모든 실험은 귀무가설의 관점에서 구성되지만, 이 가설은 대체 가설보다 더 자주 성립하는 것으로 밝혀졌다"라고 말했다. 실패에 대한 친숙함은 새롭지 않았지만, 나에게 대입해본 적은 없었다. 실제로 이렇게 불안 더미에 쌓인 내 상황은 일종의 실패로 볼 수밖에 없었지만 확실히 배움을 얻을 수 있는 실패였다.

과학은 실패, 실수 또는 불운이라고 부를만한 것이 생산적인 반응 방식을 키울 수 있다고 말한다. 우리는 태생적으로 좋든 나쁘든 우리에게 일어나는 어떤 일이라도 이를 통해 배우고 성장하며 지평을 넓힐 수 있는 기회로 활용할 수 있는 능력을 가지고 태어난다. 이러한 능력은 반대로 좋든 나쁘든 어떤 일이라도 문제를 일으키고, 두려우며 믿을 수 없는 것으로 받아들이도록 유도하기도 한다. 이러한 렌즈를 통해 우리가 경험을 해석하고 처리하는 방식과 가장 중요하게는 자신의 역량에 대해 가지는 신념을 '마인드셋mindset'이라고 한다. 마인드셋이라는 멋지고 인기 있는 연구 주제는 스탠퍼드대학교의 심리학자이자 교육자인 캐롤 드웩Carol Dweck[2]의 연구를 바탕으로 한다. 드웩은 여러 해에 걸친 연구를 통해 아이들, 학생들 그리고 어른들이 두 가지 마인드셋 중 하나를 보여준다는 것을 발견했다. 그중 하나는 성장 마인드셋이고 다른 하나는 고정 마인드셋이다.

드웩은 실패나 장애물에도 불구하고 어떤 학생들은 계속해서 노력하는 반면 다른 학생들은 포기하는 이유를 이해하고 싶었다. 그녀는 학생들이 자신의 능력이나 지능을 어떻게 인식하고 있는지에 대해 집중적으로 연구했다. 가령, 지능은 이미 결정된 것이라고 믿는 청년들은 고정 마인드셋을 가지게 되고, 끈기있게 노력하는 데 더욱 어려움을 겪는다. 이들은 또한 어떤 실수나 실패했을 때 그것이 자신의 제한적인 지능이나 능력을 보여준다고 믿는 경향이 있었다.

반면, 지능이란 노력을 통해 학습하고 성장할 수 있는 거라 믿는 청년들은 다음번에 더 나은 해결책에 이를 수 있는 정보로서 실수를 바라보는 경향이 있으며, 이는 성장 마인드셋을 보여준다. 성장 지향적인 청년들은 성인도 자기 자신을 계속 배우고 발전하며 상황을 개선할 수 있는 사람이라고 인식한다. 좋은 소식은 성장 마인드셋 개발이 가능하다는 걸 드웩이 보여주었다는 거다. 일반적으로 이 과정은 네 가지 구체적인 단계로 구분한다.

1) 먼저, 고정 마인드셋의 '목소리'를 듣는 방법을 배워야 한다. 이 목소리는 어떤 상황에서도 우리가 성취할 수 있는 것에는 한계가 있다고 말한다.

2) 둘째, 자신에게 선택권이 있다는 것을 의식적으로 인식해야 한다. 자신의 능력에 한계를 두는 신념이나 스트레스 반응 방식을 스스로 통제할 수 있다고 말하는 성장 마인드셋의 목소리를 듣는 것이다.

3) 셋째, 자신을 제한하는 부정적인 목소리에 긍정적이고 성장 지향적인 목소리로 적극 대응해야 한다. 억지스럽게 느껴질 수도 있지만 사실상 연습과 반복의 한 형태이다. "이 상황을 절대 헤쳐 나갈 수 없을 거야. 나는 더 이상 견딜 수 없어. 잊어버려. 망했어" 대신 "스트레스가 꽤 큰 상황이지만, 이 또한 지나가리라는 것을 난 알고 있어. 나는 x, y, 또는 z를 할 수 있고, 그러면 기분이 나아지고 좀 더 안정되겠지. 그러고 나서 다음 단계를 생각해낼 수 있을 거야"라고 말해 본다.

4) 마지막으로 실천하자. 실천이란 이제 무엇을 해야 할지를 파악한다는 뜻이다. 이것은 실수나 장애물, 또는 부정적인 피드백이 우리가 어떤 생각과 행동을 취할지 알려주는 정보라고

이해하고 이를 행동으로 옮길 때를 말한다.

나는 많은 학생들이 고정 마인드셋에서 성장 마인드셋으로 변화하는 것을 목격해왔다. 그들은 강한 동기를 가지고 참여도가 높은 학생으로 변했을 뿐만 아니라, 전반적인 학업 성취도 또한 향상되었다. 하지만 우리 자신과 불안이란 주제에 더 관련 깊은 점은 어떻게 이러한 마인드셋의 전환이 '반전'으로 향할 수 있는지다.

스트레스 초기 반응에 주목해보면, 불안을 인지하기 시작하면서 우리는 선택의 여지를 가진다. 자신을 불안에 내맡길 수도 있고, 스스로 선택하고 행동하여 다른 방식으로 스트레스에 대응할 수도 있다. 이것이 불안을 길들이고 방향을 전환하는 배움의 첫걸음이다.

불안이라는 경험을 부정적인 것에서 중립적이거나 심지어 긍정적인 것으로 '반전'시키려면 그렇게 하고자 하는 의식적인 결정이 중요한 부분을 차지한다. 이러한 의식적 선택을 나는 '활동가 마인드셋'이라고 부르며, 이는 뇌의 가소성이라는 본성과 깊이 연결되어 있다. 불안을 문제가 아닌 교훈으로 재해석하는 것은 불안을 변화를 위한 촉매제로 활용하고자 하는 적극적인 선택이다. 활동가 마인드셋을 개발하면(목적의식을 가지는 성장 마인드셋으로 생각하면 된다), 불안과 관련된 부정적이고 불편한 감정에 대한 태도와 방향성을 이성적으로 제어할 수 있어 부정적인 감정을 전환 즉, 감소할 수 있을 뿐만 아니라 이를 긍정적인 방식으로 유도할 수 있다는 신념을 가질 수 있게 된다.

'죽지 않을 만큼의 시련은 자신을 더 강하게 만든다'라는 격언을 알고 있는가? 이것은 활동가 마인드셋의 중요한 면을 보여준다. 우리는 불안 때문에 죽지 않는다는 것을 이해하고 시련을 헤쳐 나가기 위해 내면의 힘에 집중할 방법을 안다. 이러한 사고방식을 통해 우리는 불편한 상황이나 사건 또는 경험을 처리할 수 있고, 이를 통해 배움을 얻으며, 새롭게 얻은 배움을 건설적이고 생산적인 방향으로 적용할 수 있다. 활동가 마인드셋의 힘은 자기 자신에 대한 태도가 우리 삶에서 벌어지는 상황과 사건을 해석하고 판단하는 방식을 어떻게 형성하는지 깨닫는 데 있다. 우리의 앞길이 가로막히면 불안으로 인해 막다른 곳에 갇힌 것처럼 느껴지겠지만, 활동가 마인드셋은 한 발짝 물러서 샛길을 찾을 수 있도록 해준다.

내가 한창 위기를 겪을 때 끊임없이 했던 걱정은 지평선 너머에 도사리는 부정적인 가능성에만 오직 초점을 맞추고 있었다. 내가 종신 계약을 받지 못하면 어쩌지? 내가 교수직에서 불명예스럽게 쫓겨난다면? 11킬로그램이나 찐 살을 절대 빼지 못한다면? 내가 살을 뺐는지 아무도 신경 쓰지 않는다면?

내가 처했던 상황을 변화시키기 위해서는 먼저 기분이 나쁘다는 것을 인정해야 했다. 단지 불편함을 참거나 나쁜 감정을 피하고자 더 열심히 일했던 몇 달, 혹은 몇 년 동안 나는 진실로 무엇인가 잘못되고 있었다. 잠시 멈춰 스스로 감정을 느낄 시간을 준다는 것은 이런 걱정을 더 이상 외면하기만 할 수 없음을 의미했다. 내 감정을 직접 대면하고 이런 감정 속에 갇혀 살지, 아니면 앞으로 나아갈지 결정해야 했다. 그리고 휴식기를 가지기 위해 긍정적인 방식으로 이러한 감정을 잠시 피할 수 있는 방법을 찾아야 했다. 이를 위해 적당하게 복잡한 운동 수업을 찾으며 나는 운동에 집중하면 다른 걸 생각할 겨를이 없을 것임을 깨달았다. 킥복싱의 복잡한 동작을 따라 하기 위해 뇌-신체가 있는 힘을 다 짜내고 있을 때는 도저히 고용 불안에 대해 걱정할 수 없었다.

이런 방식으로 부정적인 감정들을 지나올 수 있었고 내게 꼭 필요한 휴식을 취할 수 있었다. 그러나 돌아보면 나는 여전히 매우 중요한 것을 회피하고 있었다. 나의 불안은 나 자신에게 어떤 말을 전해주기 위해서 깜빡이는 거대한 적색경보와 같은 거였다. '넌 사람들과 교류해야 해. 네 삶에는 친구, 우정, 사랑이 필요해. 너는 일만 하는 로봇이 아니야. 내가 보내주는 온갖 부정적인 감정들에 귀를 기울여. 그건 네게 보내는 메시지야. 부정적인 감정은 가치가 있어!'

내게 선택권이 있음을 인정해야 했다. 하던 대로 계속할지 아니면 변화할지 말이다. 내가 별로 행복하지 않다는 걸 깨달았고, 더욱 중요하게는 이를 인정했기 때문에 여기까지 도달할 수 있었다. 그 깨달음의 일부는 종신 계약을 위해 필요한 모든 학문적 자격 요건을 만족시키고 출판이나 강연에 있어 '학계에서 한자리를 차지하는 것'이 행복을 보장해주지 않는다는 것이었다. 나는 비록 멋진 레스토랑, 브로드웨이, 박물관 등 삶을 즐길 기회로 가득 찬, 내가 꿈꿔왔던 도시인 뉴욕에 살고 있지만 거의 혼자서 이런 것들을 즐겨왔다. 이런 깨달음은 내 삶을 깊이 돌아보게 했고, 내가 무엇인가를 함으로써 불안을 더하고 있다는 사실뿐만 아니라 내가 무언가를 하지 않음으로써 내 삶에 무엇이 빠져 있는지에 대해서도 생각하게 되었다. 휴가, 여행, 친구, 언어에 대한 사랑. 그 당시의 휴가에 대한 나의 태도는 이러했다. '나는 혼자이기 때문에 어차피 재미있는 휴가를 보낼 수 없을 거야. 그러니까 특별한 계획을 세울 필요가 없어.' 이런 태도를 가지고 군소리 없이 일만 열심히 하는 것은 부정적인 감정을 회피하는 가장 좋은 방법이었고, 그것은 건강에 해로운 방식으로 나 자신을 연구실 의자에 묶어 두었다. 그러나 삶의 다른 측면에서 만들어낸 변화를 통해 얻은 긍정적인 피드백은 내가 다른 선택지를 고려해볼 여유를 주었다. '나는 누구에게도 얽매이지 않기 때문에, 다른 사람의 일정이나 취향에 구애받지 않고 내 마음대로 어디든 갈 수 있는 호사를 누릴 수 있어. 이 얼마나 대단한 선물인가!' 나는 이런 생각으로 휴가에 대한 태도를 바꾸기로 결심했다.

그래서 나는 무엇을 했을까? 내가 생각할 수 있는 가장 특별한 휴가를 가기로 했다. 그리고 완벽한 아이디어가 생각났다. 나는 주말 스파 휴가를 다녀온 적이 있는데, 그곳의 피트니스 강사이자 여행 코디네이터가 자신이 일했던 여행사에 대해 이야기해 주었다. 그 여행사는 모험과 문화 체험을 동시에 할 수 있는 세계 곳곳의 가장 아름다운 장소로 사람들을 데려간다고 했다. '바로 그거야! 나는 환상적인 모험을 떠나 내 일상에서 탈출할 거야.' 나의 첫 모험은 훌륭한 가이드와 대략 열 명, 많게는 열다섯 명 정도의 용감한 모험가들(혼자 여행하는 나 자신을 포함하여)과 함께 그리스 바다로 카약을 타러 가는 것이었다. 우리는 그리스의 한 작은 해변 마을에서 다른 마을로 카약을 타고 이동하며 신선하고 맛있는 음식을 즐기고, 운동하며 심지어 그리스의 유적지도 관광했다. 정말 멋진 여행이었다! 뉴욕과는 전혀 다른 장소에서 모험을 즐기는 다른 여행자들을 만나는 건 정말 멋진 경험이었다. 그 여행은 잠비아와 짐바브웨 국경에 있는 빅토리아 폭포와 잠베지강을 둘러보고, 페루의 코타우아시강에서 래프팅하며 중국 전역을 여행하는 등 모험의 연속이었다.

끝없이 단조로운 일에서 벗어나 새롭고 흥미진진한 모험으로 만들어 준 여름 방학의 자유와 즐거움을 기억한다. 이것은 불안을 제어한 후 이어진 마인드셋의 많은 변화 중 가장 처음 겪은 변화였다. 태도의 변화가 갖는 힘을 조금씩 파악하기 시작하면서(당시에는 활동가 마인드셋이라고 부르지 않았다) 나는 나 자신과 일종의 게임을 시작했다. 돈에 대한 불안도 전환시킬 수 있을까?

나는 진정한 변화를 방해하는 나의 모든 신념을 검토하기 시작했다. 만약 우리가 유니콘이 실제로 존재하고 마법의 힘을 가진다고 믿으면, 우리는 그런 신념 체계를 가지고 삶을 살게 될 것이다. 만약 업무 시간을 통해 자신이 얼마나 생산적인 사람인지 보여준다고 믿는다면 우리는 그에 따라 많은 시간을 일에 할애할 거다. 내가 늘 가져왔던 두려움을 예로 들면, 금전적 부족에 대한 두려움은 돈은 쉽게 들어오지 않고 돈을 버는 새로운 방법을 찾기도 어려우며 돈은 늘 부족하다는 신념에서 비롯되었다. 만약 이러한 신념을 반박할 만한 증거를 찾아본다면 어떨까? 1) 나는 필요한 것을 충족시킬 만한 급여를 받고 있다는 사실, 2) 미리 계획을 세운다면 공과금이나 카드값을 결제하지 못하거나 휴가를 가지 못한 적이 절대 없었다는 사실이 그 증거다. 나는 이 사실을 의식적으로 되새김으로써 불안을 부추기는 신념을 업데이트할 기회를 가졌다. 내 연구를 바탕으로 스타트업 회사를 설립하기로 했을 때, 나는 즉시 금전적 부족함에 관한 나의 신념에 직면했다. 회사를 세운 지 1년 정도가 지나자, 창업에 얼마나 큰 비용이 드는지 분명해졌다. 예상했던 것보다 훨씬 더 많은 자금과 개인 자금까지 투자해야만 했다. 돈에 대한 불안으로 인해 끈기를 잃고 포기해 버리는 대신, 나는 돈에 대한 나의 신념을 적극적인 방식으로 재규정하고, 재형성하며 심지어 다듬기까지 했다.

이제 돈에 대한 나의 태도는 이렇게 바뀌었다. 나는 새로운 투자금을 찾는데 뛰어나며, 기회는 늘 가까이 있다고 믿는다. 제품을 만들고 더 많은 수익을 창출하기 위해 현명하게 돈을 써야 한다는 것을 알기에, 일이 잘 진행될 수 있도록 기쁘게 돈을 쓴다. 나는 내 아이디어를 믿고 또한 그것을 지원해줄 자금이 있을 거라고 믿는다. 내 태도는 이렇게 변화했다.

마인드셋의 변화

기존의 마인드셋	새로운 마인드셋
돈은 부족하다.	돈은 충분히 있다.
혼자 다 해야 한다.	나를 지지해주는 사람들이 많다.
나는 주변의 모든 사람을 만족시켜야 한다.	앞으로 나가기 위한 최선의 방법은 내 삶의 목표를 성취하는 데 집중하는 거다.
나는 적은 수의 친한 친구를 가졌다.	나는 멋진 친구들이 많다.
늘 일을 해야만 성공할 수 있다.	기쁨, 웃음 그리고 즐거움은 뇌를 재충전하고 최대한 가동하기 위한 가장 좋은 방법이다.
나는 실패가 부끄럽다.	나는 실패를 통해 매번 배우고 성장한다.

돈을 잃을지도 모른다는 두려움에서 벗어나 위험을 두려워하되 신뢰할 수 있는 자원과 자본 접근성을 가졌기 때문에 그 위험은 감수할 가치가 있다고 믿을 수 있는 길을 찾아야 했다.

내가 돈에 대한 불안을 진정시킬 힘을 가졌다고 깨닫는 건 게임의 판도를 바꾸었다. 놀라운 안도감과 자기 통제력을 느꼈다. 상황에 대한 정확한 판단력을 흐리던 신념을 식별하고, 나에게 이로운 신념으로 전환시켰다. 그렇게 할 때마다 내 세계가 넓어지는 듯한 기분이었다. 그렇다고 주문을 외우면 '짠' 하고 돈을 만들어 낼 수 있다는 말이 아니다. 돈을 버는 것은 그렇게 단순한 일이 아니다! 그렇지만 내가 할 수 있었던 건 목표에 도달하려는 시도조차 막아버리는 장벽을 허무는 것이었다. 활동가 마인드셋을 기를 때는 생각, 헌신, 지속적인 의식, 그리고 불편함을 받아들이는 자세가 필요하다. 돈에 대한 불안이 사라진 건 아니지만, 나는 계속 도전하고 그렇게 할 때마다 수확한다.

나는 나쁜 불안을 진정시키고 좀 더 적극적으로 활동가 마인드셋을 키우기 시작하면서 불안의 '진정한' 기능이 무엇인지 이해하게 되었다. 그것은 경고 시스템이었다. 나 자신을 제한하는 신념의 경계에 삶이 다다를 때, 위험을 감수하고, 큰 꿈을 꾸며 안전지대를 과감하게 벗어나려고 할 때 불안은 촉발되었다. 불안과 약간의 거리를 두고 그 본질을 생각해보니 그것은 구태의 연할뿐더러 내게 도움이 되지 않는 신념이었다. 스타트업을 창업하는데 많은 돈이 들어갈 거라는 두려움, 불안함은 돈이 항상 부족한 자원이라는 나의 신념에서 비롯되었다. 나 자신을 위한 진정한 휴가를 계획할 때 느꼈던 불안과 긴장은 온갖 부정적인 감정에 대한 회피에서 비롯되었다. 내가 느꼈던 불안은 나의 계획과 신념 체계가 일치하지 않음을 나타내는 신호였다.

불안의 경고 시스템은 결코 사라지지 않지만, 그것을 장점으로 활용하는 방법을 찾아보기 시작했다.

불안 덕분에 얻게 된 새로운 마인드셋

대학 졸업 후 2년 동안 부모님과 함께 살면서 불안과 우울에 꽁꽁 묶여 있던 제러드의 사연을 기억하는가? 그가 과도한 걱정으로 인한 마비 상태에서 벗어나게 된 첫걸음은 그에게 구직하거나 집에서 나가야 한다는 부모님의 최후통첩이었다.

부모님이 밀어붙이자 제러드의 내면 깊은 곳에서 무엇인가 꿈틀거렸다. 그는 화가 났다. 처음에는 '내가 보여주고야 말겠어'라는 태도였다. 하지만 온라인으로 일자리를 찾아보면서 그의 분노는 커져만 갔다. 그는 똑똑하고 재능있었다. 그럼에도 앞으로 전진하지 못하는 상황이었나? 그렇다. 하지만 자신이 할 일을 찾을 수 있다는 것도 분명했다.

부모님의 요구는 그가 직장도, 방향성도 없는 데 대해 느꼈던 수치심을 스스로 인정하게 만들었다. 그러나 이번에는 수치심에 빠져들기보다는 자신의 분노를 마치 구명보트처럼 꽉 붙잡았다. 그의 분노는 정말로 일종의 구명보트 역할을 했다.

제러드는 예전에 어머니가 우연히 언급했던 코스타리카의 자원봉사 프로그램을 기억해냈다. 그곳에서 자원봉사자들은 집을 짓고 동시에 영어를 가르치는 훈련을 받았다. 1년 간의 계약이었고 제러드의 부전공은 스페인어였다. 그는 재빨리 프로그램에 대해 알아보았고, 온라인 신청서를 작성했으며 합격 통지를 받았다. 자신에게 잘 맞는 일인 것 같았다. 그는 두렵고 불안했지만, 자신이 할 수 있는 일인 것 같았고 드디어 문밖으로 나와 비행기에 올라탔다. 외로웠고 절박했지만 부모님 집 지하실 방에 갇혀 수치심을 느끼는 것보다는 나았다.

제러드는 코스타리카의 수도인 산호세에 도착한 후 프로그램을 함께할 몇몇 동료들을 만나자마자 예전의 자신이 돌아오는 것 같았다. 차갑고 축축한 이불처럼 그를 옥죄었던 어둡고 우울한 감정이 나아지기 시작했다. 이후 반 년 동안 제러드는 새로운 환경에 적응해나갔다. 그의 불안과 우울이 완전히 사라지진 않았지만, 새로운 환경에서 불편함을 견디는 내성을 점차 키워갔다. 그는 그곳의 가족들, 문화, 마을에 완전히 빠져 일했다.

그는 코스타리카 북부 지역 언덕 한 가운데 위치한 작은 마을에서 직접 집을 짓는 소규모 팀의 일원이었다. 이 일을 하려면 제러드에게는 두 가지가 절실하게 필요했다. 신체를 깨우는 육체노동, 그리고 자기 자신과 직장, 주거, 삶에 대한 고민에서 다른 것으로 주의를 돌리는 것이었다.

그는 활동적으로 변하면서(그가 일하는 깊은 산골 마을에 가려면 열 시간 동안 산을 타야 했다) 고등학교와 대학 시절에 느꼈던 에너지가 되돌아오고 기분도 좋아지며, 자신의 삶이 나쁘지만은 않다고 느꼈다. 그리고 무엇보다 중요한 건 그 전처럼 불안하지 않았다. 또한, 이 일을 하기 위해 필요한 사회적 교류도 도움이 되었다. 그의 일은 영어도 가르치는 일이었기 때문에 아이들과 대화하는 것이었고, 남는 시간에는 지역 공동체를 위해 집을 짓기 위해 동료들과 소통하는 것도 필요했다. 이런 사회적 교류는 그에게 긍정적인 피드백을 주었다. 그의 가치를 인정받았고 그의 일은 의미 있었다. 이런 피드백을 통해 제러드는 자신의 가치를 의식적으로 재평가할 수 있었다.

제러드는 180도 변했다. 목적의식을 가지고 신체적, 정서적, 인지적, 그리고 사회적 활동에 뛰어들면서 삶의 새로운 의미와 목적을 찾았을 뿐 아니라, 자신의 마인드셋에 의식적인 전환을 이루었다. 그는 부모님과 함께 살던 시절, 의미 있는 삶을 위해 할 수 있는 일을 찾지 못할 거라는 두려움, 독립을 하라는 부모님의 압박이 커지면서 느끼는 불안감, 나쁜 불안이 일으키는 절망감을 강렬하게 기억한다. 그러나 이제는 자신의 부정적인 감정을 활용하여 변신할 수 있었다. 코스타리카에서 그는 흥미진진하고 새로운 영감을 받아 삶의 목적을 가지게 되었다. 부모님 집 지하실 방에 갇혀버린 미래를 보는 대신 교육이나 자선 단체 혹은 그 둘을 결합한 진로가 눈앞에 그려졌다. 대학을 졸업한 후 어떤 방향으로 진로를 택할지 몰랐던 대신, 자신이 훌륭하고 배려 깊은 교사가 될 수 있다고 알게 되었다. 지지해주는 친구 하나 없이 고립된 느낌 대신, 배려 깊고 사회적 의식을 가진 교사 공동체에서 자신이 속한 곳을 발견한 것 같았다. 극적인 삶의 변화를 직접 겪었기 때문에 제러드는 나쁜 불안이 줄어들면서 새로운 마인드셋을 자기 자신과 삶에 어떻게 적용하는지 관찰할 수 있었다(사실 일반적으로는 더 많은 시간이 필요하다). 이런 변화는 그의 얼굴, 태도, 일과 사적인 관계, 그리고 자기 자신과 맺는 새로운 관계에서도 볼 수 있었다. 변화는 정말 아름다워 보였다.

그렇다면 제러드의 뇌에서 어떤 새로운 회로가 활성화되었을까? 나쁜 불안에서 뛰쳐나와 마인드셋에 변화를 불러온 것은 무엇인가?

신경과학적 관점에서 보면 불안으로 활성화되는 뇌 회로에 대해 우리는 많은 것을 알고 있다.[3] 제러드가 코스타리카에 도착하기 전에는 아마도 편도체라는 뇌 영역이 강하게 활성화되었을 것이고, 이는 배측 전방대상피질 회로라고 불리는 전전두피질의 주요 부분이 우울과 불안이라는 감정과 관련해서 상호 연결된 다른 뇌 영역들에 의해 증폭되었을 것이다. 그가 코스타리카에서 새로운 사회 공동체의 일원으로 환영받은 후 그의 편도체, 배측 전방대상피질 및 복내측 전전두피질은 진정되기 시작했을 것이다. 제러드에게 환경의 극적인 변화는 더 나은 방식으로 뇌를 활성화했다. 이전 환경의 부정적인 자극은 제거되었고, 새롭고 긍정적인 자극들이 그의 신경계를 깨웠다. 환경의 변화는 새롭고 긍정적인 스트레스 요인으로 작용하여 그의 나쁜 불안을 감소시켰고, 그가 자신의 정서적 상태에 대해 새롭게 인식하게 해주었다.

또한 그의 전전두피질과 전방대상피질의 활동이 더욱 활발해지고, 전반적으로 뇌 영역 간에 더 많은 상호 작용이 일어났을 거라고 볼 수 있다. 그것은 마치 긍정적인 감정이 녹슨 엔진의 윤활

유처럼 작용하여 제러드의 삶을 되찾아준 것 같았다.

제러드의 경우, 다음과 같은 이유로 불안을 반전시키는 지름 길을 찾을 수 있었다.

1) 그의 신체 활동이 증가하면서 신체의 움직임이 몸에 쌓인 스트레스 화학물질을 제거할 수 있게 해주었다.
2) 단단히 자리 잡은 기존의 불안 자극들이 존재하지 않는 완전히 새로운 환경으로 이동하여 제러드가 새로운 대응 방식을 만들어갈 수 있었다.
3) 그는 사회적 자극을 증대시켜 사람들과 더 깊은 유대감을 느끼고, 이를 통해 행복함을 느끼게 하는 호르몬인 옥시토신을 방출할 수 있게 되었다.
4) 갑자기 자신이 가치 있다고 느낄 수 있는 활동에 몰두하게 되면서, 삶의 목표와 세상에 기여하는 자신의 능력에 대한 관점을 전환시켰다.

제러드는 이러한 변화가 자신의 삶을 근본적으로 바꿀 수 있도록 도와준다는 것을 깨달았다. 변화가 너무나 빠르게 일어난 덕분에 그는 코스타리카로 오기 전에 끊임없이 그의 머리를 맴돌면서 자신을 제한하던 신념들(가령 나는 결코 일자리를 찾을 수 없을 것이다. 내 상황은 부모님의 지하실보다 나아지지 않을 것이다. 나는 혼자 이런 문제를 감당해야 한다. 나는 앞으로 무엇을 하고 싶은지 전혀 모른다)을 지금의 활동가 마인드셋과 확연히 비교할 수 있었다. 그것은 자신이 삶의 방향을 찾았고 자신이 속하고 싶었던 집단을 발견했으며 흥미로운 진로로 연결되는 타고난 재능과 에너지를 가졌다고 선언하는, 충격적일 정도로 달라진 마인드셋이었다. 그러고 보니 빛을 발하는 새로운 신념 체계는 행복한 날을 보냈던 고등학교와 대학 시절에 이미 가지고 있었다. 단지 그에게 필요했던 건 자신을 옭아매고 있었던, 코스타리카의 자원봉사 프로그램을 찾아준 나쁜 불안을 전환해 과거의 자신의 모습을 재발견하고 불확실성과 우유부단함을 극복하는 활동가 마인드셋을 활용할 방법을 배우는 것이었다.

제러드가 앞으로 힘든 일로 흔들리거나 의심이나 두려움 또는 불안 없이 삶을 살게 될 거라고 말하는 게 아니다. 그는 자연스럽게 불안한 쪽으로 기울어질 가능성이 크지만, 그것은 전혀 문제가 되지 않는다. 제러드는 불안이 무엇을 말해주는지 귀를 기울임으로써 불안을 일으키는 원인, 자신에 대한 불확실함, 자기 의심, 그리고 무엇을 해야 할지 모른다는 두려움을 완화할 수 있는 새로운 상황으로 전진할 수 있었다. 불안을 일으켰던 장소로부터 물리적인 거리를 두는 것으로 불안을 전환하는 방법을 배우기 시작했고 변화가 가능했으며 이러한 변화를 의식하는 것이 바로 활동가 마인드셋을 구성한다.

태도가 행동을 바꾼다

성장 마인드셋은 우리가 1부에서 다루었던 재평가라는 요소를 활용한다. 우리가 상황을 재평가하려면 인지과학자들이 말하는 인지적 유연성이 필요하다. 같은 상황이라도 다른 시각에서 바라보는 것이다. 이러한 유연성은 빠져나갈 도리 없이 갇혀버렸다는 느낌과 문제 해결을 위해 창의적인 해법을 찾을 수 있다는 두 가지 태도의 차이로 이어진다. 어떤 결과에 대해 어쩔 수 없다는 느낌, 마치 당혹스러웠던 일은 되돌릴 수 없고 문제를 해결할 수 없으며 부정적인 결과는 불가피하다는 생각으로 많은 사람이 불안을 느낀다.

재평가는 불안을 유발하는 특정한 상황을 작은 부분으로 하나씩 분석하여 다른 방식으로 다룰 수 있도록 도와준다. 재평가는 마치 익숙한 방에 벽지를 새로 발라 분위기를 바꾸는 것처럼 상황을 다른 시각으로 바라볼 수 있게 해준다. 이런 경우, 활동가 마인드셋을 가진다는 것은 불안과 같은 부정적인 감정을 하나의 정보로 대하는 연습을 하게 해준다. 이러한 선택은 감정에 굴복하는 것이 아니라 감정은 '바라보는' 것이라고 가르쳐 준다. 막다른 곳에서 나쁜 불안에 갇힌 것 같았던 내가 이를 처음 관찰했을 때 나는 정확히 무슨 상황이고 어떤 감정이 들었는지, 이 둘의 차이를 인지했다. 이로 인해 나는 과학자의 태도로 전환할 수 있는 마음의 여유를 가지고 나 자신과 감정을 따로 분리하여 보기 시작했다.

상황을 재평가 하기 위해 활동가 마인드셋을 활용하는 것은 상황에 대한 자신의 태도를 건설적으로 전환하는 시작점이 될 수 있다. 뇌를 기반으로 하는 태도와 가치 평가라는 흥미진진한 주제에 대해 최근의 신경과학적 연구는 깊은 통찰을 준다. 가령, 스탠퍼드대학교의 연구[4]에 의하면 수학에 대한 학령기 아이들의 긍정적인 태도는 더 좋은 성적뿐만 아니라 수학 문제를 푸는 동안 해마의 활동량 증가와도 관계가 있다고 한다. 다시 말해, 긍정적이고 할 수 있다는 태도는 정서적, 인지적 기능을 향상시킬 수 있다는 것이다. 반면, 우울, 불안, 그리고 전반적으로 부정적인 태도는 수행 능력의 저하로 이어진다는 것을 보여주었다. 각 요소의 연관성이 인과관계를 의미하는 것은 아니지만, 수학에 대한 긍정적인 태도가 수학 실력에(그리고 해마의 활동성에도) 기여한다고 해석해볼 수 있다.

윌리엄 커닝햄William Cunningham[5]의 주요 연구에 의하면 우리는 태도를 전환하고 변화시킬 능력이 있다고 한다. 이것이야말로 활동가 마인드셋을 통해서 우리가 가치 평가 방식을 바꾸기 위해 해야 할 일이다. 커닝햄은 이것을 상호 재처리interactive reprocessing라는 개념으로 부른다. 이 멋진 용어가 뜻하는 바는 복잡한 세상에서 우리는 특정한 주제에 대한 자신의 태도를 재평가하고 또는 변화시키기 위해 늘 새로운 정보를 사용한다는 것이다. 가령, 우리는 랜스 암스트롱이라는 인물을 암을 극복하고 자신과 비슷한 처지에 놓인 사람들을 돕기 위해 금전적인 도움과 희망을 주는 영웅으로 볼 것인가, 아니면 도핑 세계의 악인으로 볼 것인가? 이에 대한 평가는 현재 우리가 어떤 정보를 가지고 있고 어떤 사고의 틀을 바탕으로 가치 평가를 하는지에 따라 달라진다. 우리의 태도는 안와전두피질을 중심으로 한 뇌 영역의 네트워크에 의해 처리되고 이것은 내측 전전두피질이 처리하고 판단하는 정보에 따라 조절 가능하다. 태도는 우리의 행동에 긍정적이거나 부정적인 영향을 미칠 수 있으며 어떤 영향을 받을지는 이를 결정하는 자신의 힘에 달려있다.

최악의 시나리오 상상하기

부정적 대조 효과negative contrast effect는 1942년 레오 크레스피Leo Crespi[6]에 의해 처음 언급된 것으로, 훨씬 덜 매력적인 것과 비교하면 더욱 매력적으로 보일 수 있는 현상을 설명하기 위해 심리학자들이 사용하는 용어다. 부정적 대조 효과가 실제로, 특히 나의 경우 어떻게 나타났는지 간단한 예를 들어보겠다. 이 경험은 대학원생 시절, 캘리포니아대학교 어바인캠퍼스의 학습과 기억에 관한 저명한 학회에서 처음으로 '진짜' 과학 발표를 하게 되었을 때 일이다. 수많은 시간을 들여 연습하고 발표 내용을 완벽히 외웠지만, 그럼에도 불구하고 나는 매우 긴장했다. 손바닥은

땀으로 축축했고 가슴이 쿵쾅거렸다. 무대에 올라가면서 넘어지거나 할 말을 잊어버릴 거라는 생각으로 머릿속이 소용돌이쳤다. 하지만 내 차례 바로 전에 발표한 학생은 미리 연습해오지 않은 것이 분명했다. 안타깝게도 그 친구는 슬라이드에 있는 정보를 유창하게 전달하지 못했고, 발표 내내 버벅거렸다. 나를 포함한 모든 사람이 그가 이 고통스러운 시간을 끝낼 수 있기를 바라면서 발표가 끝나기만을 기다렸다. 그런데 그의 버벅거리는 모습을 지켜보면서 내가 생각했던 것 이상으로 준비가 잘 되어있다는 것을 깨달았다. 나는 이미 슬라이드를 반복해서 복습했으며, 발표 연습을 끝마쳤다. 나는 성공에 대한 기준이 상상했던 것보다 조금 낮아졌다는 것을 알아차렸다. 그다음은 내 차례였다. 안타까웠던 그 친구의 발표와 비교하면 내 발표는 그날의 하이라이트처럼 느껴졌다. 나는 첫 과학 발표에 대해 긍정적인 피드백을 많이 받았다. 심지어 이 경험은 대중 연설에 대한 마인드셋을 새롭게 정립하는 계기가 되었다. '나는 훌륭한 연사다.'

부정적 대조 효과는 바로 이런 것이다. 생각했던 것보다 더 괜찮다고 느끼게 해주고 거의 모든 상황에서 긍정적인 면을 볼 수 있도록 도와준다. 최상의 시나리오만 보고 절대 이에 도달하지 못할 거라고 우려하기보다, 최악의 시나리오를 상상해서 자신이 실제로는 얼마나 괜찮은 상태인지 알 수 있다. 그렇다. 철저하게 준비하기 위해서 내가 시간과 에너지를 들였던 것도 중요했지만, 부정적인 대조(앞서 발표한 사람이 보여준 예시)와 내가 받은 긍정적인 피드백이 결합되어 나의 발표 능력에 대한 믿음은 단단해졌고, 이는 현재까지도 이어지고 있다. 그것은 매우 부정적으로 보였던 상황에 대한 새로운 평가를 통해서 최악은 아니기 때문에 참을 만한 것이 된다는 '최악의 시나리오' 훈련처럼 생각할 수 있다.

· · · · · · · ·

제러드 역시 뚜렷한 부정적 대조 효과의 이득을 보았다. 부모님 집 지하실 방과 코스타리카의 외딴 마을이라는 환경의 차이는 낮과 밤처럼 극명하게 대조되었기 때문에 현재 자신이 느끼는 기분과 비교해서 지하실 방에서 살던 당시의 끔찍했던 기분을 쉽게 떠올릴 수 있었다. 수면 부족으로 인한 예민함과 뒤숭숭함, 우유부단함에 의한 만성적인 불편함은 그가 막다른 곳에서 얼마나 불안해했는지를 상기시켜주는 신호였다. 비록 코스타리카에서의 삶은 그의 인생에 있어 새로운 도전 투성이었지만 예전에 자신이 처했던 상황과 비교하자면 큰 발전이었기 때문에 흥미진진한 일로 받아들여졌다. 이러한 감정적 기억들은 내면의 기준선이라고 알려진 일종의 기준을 형성하여 대조 효과가 일어나게 했다. 그는 자신이 돕고 있는 아이들과 가족들의 긍정적인 피드백을 분명하게 인식하고 있었고, 또한 안전지대에서 벗어난 일을 하면서 느낀 긍정적인 감정 또한 매우 민감하게 인식하고 있었다. 그는 이러한 인식을 통해 새로운 도전을 받아들일 수 있다는 자신감과 믿음을 가지게 되었다.

이러한 인식과 동기는 단지 임시방편이 아니라, 바로 현재와 미래에 지속되는 방식으로 제러드의 마인드셋을 최종적으로 변화시키는 연료가 되었다.

자신의 변화를 인정하고 믿어주기

앤은 아직 팔팔한 일흔여덟 살이다. 캘리포니아 출신인 그녀는 일 년 내내 테니스를 즐기고 부동산 업계에서 활발하게 일하며 수영과 요가도 한다. 그녀는 1주일에 서너번 친구들과 저녁을 먹고 흥미로운 강연을 듣기 위해 도서관에 가거나 영화나 공연을 본다. 그녀는 활동적인 것을 좋아해 건강하고 에너지가 넘치는 삶의 '전성기'를 누리고 있다는 느낌을 즐겼다. 하지만 이제 뭔가 변하기 시작했다. 자주 짜증이 나고 예전에는 한 번에 해결했던 일에 쉽게 압도당하며 무엇보다 이런 상황에 대해서 아무것도 할 수 없다고 느낀다. 그녀를 사랑하고 보살펴주는 두 딸이 있지만 간섭 받는 것 같아 그들에게 화를 내고 밀어낸다. 딸들은 무리하지 말고 천천히 해야 한다고 앤을 설득한다.

앤은 고집을 부리며 말한다. "나는 항상 이렇게 살아 왔어. 나는 이런 사람이야." 하지만 혼자 조용히 있을 때는 자신에게 뭔가 문제가 있다고 느낀다. 요즘은 외출이 힘에 부친다. 초대장을 원망하고 달력에 적힌 행사가 두렵다. 그러나 앤은 이 모든 활동이 자신에게 좋다고 믿고 있으며, 그것은 수십 년간 통했던 올바른 전략이었다. 그녀는 불안을 관리하기 위해 활동적인 삶을 살았다. 그렇다. 그녀는 자신의 뇌와 몸이 노화로 인해 느려지고 있다는 건 인정하지만, 여태껏 의지해온 습관들 중 하나라도 놓아버리거나 바꾸기 시작하면 모든 것이 엉망이 되어 버릴 거라고 생각한다. 사실, 그녀는 멈추는 것이 두렵다.

밖에서 보면 속도를 조금 줄이는 게 도움이 될 거라는 것이 쉽게 보인다. 휴식을 취하고, 활발한 신체 활동과 느린 이완 운동을 균형 있게 하며, 저녁에는 밖에 나가려고 너무 애쓰지 않는 것이 좋을 것이다. 하지만 이러한 활동들이 자신이 어떤 사람인지 정의해준다는 신념이 그녀를 옭아 매고 있다. 잠시 멈추면 산산조각 나버리지는 않을까? 그래서 그녀는 변화를 두려워하며 계속 애쓴다.

운동, 바쁜 사회 생활, 그리고 손이 많이 가는 업무와 같은 습관들은 그녀가 목적의식과 자기중심을 유지하기 위해 늘 해왔던 것들이다. 그녀는 이러한 활동이 불안을 줄이는 효과와 관련 있다고 생각하지는 않았다. 하지만 이제 예전 같은 활동을 유지하지 못할 것이라는 위협을 느끼자 막연히 불안을 느끼며 통제력을 잃어가고 있다. 그녀의 부지런함은 수년 간 불안을 감당하는 데 도움을 주었고 스트레스를 완화했지만, 이제 속도를 줄이고 변화들이 말하고자 하는 것이 정말 무엇인지를 바라보아야 한다. 그것은 그녀가 더욱 불안해지고 있다는 거다.

많은 이들처럼 앤은 자신의 불안을 부정하고 싶었다. 그녀에게는 자신이 신체적, 정서적으로 활기차고 안정적이라는 자아상이 크게 자리잡고 있었다. 하지만 폐렴에 걸리고 나서야 강제로 속도를 줄일 수 밖에 없었다. 그렇다. 정말 끔찍했다. 그녀는 베개에서 머리를 들 수 없었고, 대략 2주 동안 잠만 자고 싶을 뿐이었다. 하지만 강제로 속도를 줄이면서 빛이 보였다. 앤은 자신이 얼마나 허약해졌고 불안감을 느껴왔는지 인정할 수밖에 없었다.

앤에게 불안감의 급상승은 변화가 필요하다는 경고 신호였다. 그녀는 고갈되어 버린 느낌이 싫었고 결국 딸들의 말에 일리가 있다는 결론을 내렸다. 예전에는 좋았던 것이 이제 더 이상 좋지 않았다. 그녀는 일단 시도해보자는 생각으로 느림을 받아들이기로 결심했다. 폐렴은 좋은 구실이 되었다. 회복의 과정에 필요한 길고 깊은 수면으로 매일 조금씩 기분이 나아지는 것을 인지할 수 있었다. 또한 그녀는 완전히 회복된 뒤에도 오랜 습관으로 되돌아가는 대신 최상의 컨디션을 위해서 몇 시간의 수면이 필요한지 탐색하기로 했다. 또 강연이나 저녁식사, 파티에 참석하며 항상 친구들을 만나러 나가야 할 필요는 없다는 것에 자신이 안도감을 느꼈다는 사실도 깨달았다. 기존의 활동과 약간의 거리를 두면서 그녀는 자신이 이런 활동 자체를 있는 그대로 바라보고 있는지, 아니면 예전에 이런 활동이 자신에게 어떤 의미였는지 되돌아 보고 재평가할 시간을 가질 수 있었다. 그녀는 이제 회복기를 가지면 기분도 좋아지고 강해질 수 있다는 깨달음을 수용했다. 그녀는 바쁜 일정으로 즉시 복귀하는 대신 기쁜 마음으로 정말 가고 싶은 행사들만 골라내기로 했고, 이로 인해 달력에 표시해둔 행사 일정도 자동적으로 줄일 수 있었다. 하지만 기존의 활동 패턴으로 돌아가려는 충동에 몸이 근질근질했고 이는 좋은 신호라고 생각했지만, 그래도 실험적인 전략을 계속 유지하기로 했다. 그녀는 천천히, 하루에 한 번씩 테니스를 치는 시간을 늘려갔고, 1주일에 몇 번의 게임이 적절한지는 자신의 몸이 말해줄 때까지 기다리기로 했다.

· · · · · · · ·

앤의 경우에는 소중한 교훈을 재학습 할 수밖에 없었다. 그것은 우리가 지속적으로 변화하는 존재이며, 적응을 위해서는 자신의 변화에 귀를 기울여야 한다는 거다. 단지 늘 그래왔기 때문에 오래된 방식에 대한 완고한 고집은 앤을 힘들게 했지만, 그녀는 두려움으로 인해 자신의 상황을 재평가하고 다른 계획을 세울 시간을 갖지 못했다. 하지만 앤은 활동가 마인드셋의 핵심 개념을 발견했다. 자신이 변화에 적응할 수 있다고 믿는다면, 적응 기간 동안 자신이 성장한다는 것을 느낄 것이다. 딸들은 앤의 변화가 믿기지 않았다. 앤은 항상 자연의 힘처럼 거스르기 힘든 존재였고 지금도 여전히 그렇긴 하다. 하지만 이제 깊은 자기 인식, 낙관주의, 그리고 여전히 배울 수 있다는 믿음이 그녀가 자신의 삶을 멋지게 만들어 갈 수 있다는 자신감을 더해주었다. 특히 일흔여덟이라는 성숙한 나이에 말이다. 실제로 앤은 마인드셋의 또 다른 이점인 자신을 실험해보는 힘을 발견했다. 그녀는 몸의 신호를 경청하고 몸이 최적의 반응을 하도록 다양한 시도를 해보았을 때, 단순히 몸에 필요한 것이 무엇인지 알 수 있을 뿐만 아니라 건강에 대한 자신의 통제력도 느꼈다. 결국 이런 깨달음은 앤이 자신에게 줄 수 있는 최고의 선물이었다. "늙은 개는 새로운 재주를 배울 수 없다는 말은 내게 통하지 않아."

자신의 문제에 무음 버튼을 누르지 말 것

우리가 취했던 기존의 대처 기제는 자신이 일상의 스트레스를 얼마나 잘 다루는지, 혹은 잘못 다루고 있는지에 대해 많은 것을 알려준다. 문제를 감추거나 문제를 해결하기 위한 어떤 것도 하지 않는 대처 기제와 시간이 지남에 따라 변한 상황에 적응하는 건강한 대처 기제 사이에는 중요한 차이가 있다. 활동가 마인드셋에 접근하려면 객관적이고 긍정적인 태도가 필요하다. 또한 불안을 유발하는 요소와 이에 따르는 부정적인 감정을 인지하는 능력을 키울 필요도 있다.

리자의 사례를 살펴보자. 그녀가 매일 아침 사무실로 출근하기 전에는 달리기를 하고, 무리하게 일하다가 빈 와인병을 옆에 둔 채 소파에 파묻혀 일과를 마쳤던 걸 기억할 것이다. 일이 잘 풀릴 때는 이러한 일과가 별 문제를 일으키지 않았다. 하지만 시간이 지남에 따라, 이런 대처 기제는 더 이상 효력이 없었다. 기존의 대처 전략들은 이제 그녀의 삶을 방해하고 앞길을 가로막는 것 같았다. 그녀는 실패한 것 같았다. 그리고 직장에서 받는 피드백도 '분위기를 망친다', '통제가 심하다', '주위 사람들에게 너무 심하게 대한다' 등 전부 부정적이었다.

리자는 문제를 깨닫지 못했다. 자신이 괜찮지 않다는 것은 알았지만, 왜 그런지 몰랐고 문제를 너무 자세히 들여다보면 자신의 세상은 다시 회복할 수 없을 정도로 무너져 버릴 것 같았다. 그녀는 직장에서 일이 잘못될 수 있는 모든 가능성에 대해 '만약에…'로 시작하는 끝없는 걱정을 하며 밤잠을 설쳤다. 그녀는 동료들에 대해 약간의 피해 의식을 느꼈고, 다른 사람들이 그녀의 지위를 깎아내리거나 자신의 프로젝트를 가져가려 한다고 상상했다. 머릿속의 집착적인 생각에서 벗어나는 유일한 방법은 긴 하루가 끝난 후 집으로 돌아왔을 때 그녀를 기다리는 와인이었다. 2~3시간 짧은 시간 동안, 술은 자신의 업무 능력에 대한 의구심, 실수 하나로 인해 일자리를 잃을지도 모른다는 걱정, 그리고 미래에 대한 두려움을 모두 잊게 해주었다. 마치 그녀가 자신의 문제에 무음 버튼을 누른 것 같았다.

심장이 뛰며 땀을 뻘뻘 흘리는 상태에서 그녀는 자신에게 물었다. 내 자신감은 어디로 가버린 걸까? 나는 왜 이렇게 미친 듯이 날뛰는 못된 사람이 된 걸까? 자신의 짜증과 그것을 다스리는 데 어려움을 겪는다는 건 그녀에게 변화가 일어나고 있다는 명백한 신호였다.

리자는 자신의 상황을 바로잡기 위해 먼저 자신의 행동이 불안을 다루는 데 더 이상 도움이 되지 않는다는 것을 인정해야 했다. 그녀는 음주 습관을 줄이거나 멈출 필요가 있었다. 그리고 자신의 불안이 언제 어떻게 혼자 감당하기에 너무 벅찬 문제가 되었는지 이해하기 위해 도움을 찾아 나섰다. 마지막으로 리자는 밤에 마시던 와인을 끊으면서 잠을 더 잘 잘 수 있었다. 금주는 신경계를 진정시키고 균형을 잡아 주기 때문에 이러한 첫걸음은 문제 해결의 열쇠가 되었다. 좀 더 안정을 되찾은 상황에서 리자는 자신의 환경에서 어떤 요소를 재평가해야 할지 생각했다. 그녀는 직장에서 자신이 부정적인 패턴에 빠졌다는 것을 알았다. 리자가 가장 원했던 건 일에 대한 사랑과 동기를 지펴줄 짜릿함과 흥분을 느끼는 것이었고, 생산인 팀에서 일하면서 얻는 기쁨이었다. 그녀는 상사에게 새로운 팀과 함께 새로운 프로젝트를 하게 해달라고 요청했고, 자신의 업무 방식에 대한 재설정 버튼을 눌렀다. 또한 개인 코치를 통해 전문적으로 자기 계발을 할 수 있는지 문의했다. 이러한 변화로 직장에서 흥미와 동기가 상승했다. 코치는 리자가 마인드셋을 재설정하면서 직장 생활이 완전히 변했다는 것을 스스로 파악할 수 있도록 도와주었다. 가령, 리자는 과거에 자기 자신에게 엄격하지 않았고, 부정적인 태도가 직장에서 느끼는 좌절감과 두려움을 악화시켰다는 것을 깨달았다. 마인드셋의 전환은 자기 자신에 대해, 그리고 업무 성과나 목표에 대해서 더 친절하고 온화한 태도를 보이게 해주었다. 덤으로, 새로운 태도는 직장의 주변 사람들에게 자연스럽게 확장되었다. 그녀는 더 개방적인 사고방식을 받아들이는 법을 배웠다. 자신이 가치 있게 여겨지지 않을까 봐 업무의 모든 면을 과도하게 통제하려는 충동을 더 이상 느낄 필요가 없었다. 항상 자기가 주도권을 잡을 필요도 없었다. 그녀는 여유를 가지고 듣는 법을 배울 수 있었다.

삶에 대한 관점과 경험에 대한 태도는 전반적인 안녕, 건강, 행복의 중요한 측면이다. 자기 자신과 삶에 대한 태도에서 변화하고 싶다면 아래의 해법 중 하나 이상을 시작해보자. 과학자의 관점에서 정답이 없는 열린 방식으로 자신을 대상으로 실험 해보자. 낙관적인 활동가 마인드셋을 선택한다면 발전할 가능성이 크다는 것을 믿어도 좋다. 여기에 대한 보상만으로도 삶을 개선하는 새로운 태도 네트워크가 강화될 것이다. 본질적으로, 리자는 활동가 마인드셋을 가지게 되었다.

실패는 배울 수 있는 기회다

이 장을 쓰는 동안 나는 자신에게 '과도한 재해석이란 것이 존재하는가?'라는 질문을 던졌다.

언젠가 자신의 글은 한 번도 거절당한 적이 없다고 말하던, 뛰어난 저널리스트이자 작가, 그리고 기업가인 셀린이 생각났다. "와우"라고 감탄과 함께 나는 그녀에게 반쯤 농담으로 말했다. "하버드를 다닌 사람들이 똑똑하다는 것은 알았지만, 이런 마법 같은 능력까지 가지고 있을 줄은 몰랐네요!" 그녀는 글을 보낼 때마다 매번 긍정적인 진전이 있었기 때문이라고 빠르게 설명했다. 즉, 그녀는 시도할 때마다 편집자와 더 좋은 관계를 맺거나, "친애하는 셀린, 당신의 글은 헛소리였습니다. 잘 지내시기를 바랍니다. 편집장"과 같은 답변을 포함한 유용한 피드백을 받거나, 글 자체에 대한 새로운 방향을 발견했다는 것이다. 그녀는 이러한 결과를 거절로 보지 않고 각각의 '승리'라고 여겼다.

그건 꽤 강력한 재해석이었다. 하지만 나는 자문했다. 지나친 재해석이라고 할 수 있지 않을까? 그리고 과도한 재해석은 '자기기만'에 이르지 않을까? 그러면 가족과 친구들이 끼어들고 싶어하지는 않을까? 나는 슬램덩크와 같은 성공보다는 실패와 거절로부터 더 많이 배운다고 믿는다. 당연히 성공하면 훨씬 기분이 좋다. 하지만 성공은 같은 데이터를 반복해서 줄 뿐이다. 지원금을 위해 글을 쓰는 과학자이며 전문 연사이자 이제는 기업가로서, 나는 성공하면 기분이 좋다. 하지만 나는 실패로부터 배운다는 것을 알고 있다. 재해석은 생산적인 관점으로 실패를 되돌아보기 위한 도구이지 아무것도 배울 수 없을 정도로 실패를 지워버리기 위한 것이 아니다. 결론적으로 나는 슬램덩크를 슬램덩크라고 부르고, 지독한 실패를 지독한 실패라고 부르고 싶다. 어느 쪽이든, 둘 다 나의 업무 방식을 반영하지만 한 인간으로서 나의 전체 가치를 반영하지는 않는다. 나는 실패, 거절, 내 방식대로 되지 않은 협상으로 인한 따끔한 고통을 나 자신에게 허락하면서도 그 실패가 나에게 무엇을 가르쳐주는지에 초점을 맞추려고 노력한다. 내가 무엇을 이해했는가? 어떻게 계획을 수정하거나 목표를 되돌아봐야 하는가? 나는 이런 방식으로 부정적인 경험을 배움의 도구로 이용할 수 있지만, 여전히 나 자신이 모든 감정의 폭을 충분히 경험할 수 있도록 한다.

불안은 내 상황에 대한 꿀정보

활동가 마인드셋은 단지 몇 안 되는 행운아들만 가지는 비밀스러운 선물이 아니다. 그것은 시간을 두고 연습하며 배우는 기술이다. 우리가 가진 어떠한 습관과 마찬가지로, 더 많이 연습할수록 더 강해진다. 연습의 요소는 불안으로 힘들어하는 사람들이 왜 이 초능력을 개발하는 데 유리한지 정확히 설명해준다. 왜냐하면 뭔가 잘 풀리지 않는다는 것을 인지해야만 변화가 가능하며, 불안은 바로 그 문제점을 정확하게 지적해주는 감정이기 때문이다.

나에게 불안을 일으켰던 완고한 내적 원인은 숨겨둔 나의 본모습이 보일지도 모른다는 두려움이었다. 어떤 결점이나 불안정 또는 부정적인 측면을 드러내면 인정받지 못하거나 성공하지 못할 것 같았다. 이것은 나 자신을 바라보는 방식인 자아상의 일부이기 때문에 뿌리 뽑기 힘든 두려움이었다. 솔직히 어떤 빈틈이라도 보이면 집 전체가 무너질 것만 같았다. 이 두려움을 인정하기보다는 피하려 했다. 회피하는 행동의 전형적인 예다. 나는 어떤 식으로 피하려 했을까? "진짜가 될 때까지 진짜인 척 행동해라"라는 오랜 속담대로, 내가 되고 싶은 '가짜' 모습을 열렬히 믿으면 '진짜' 모습이 될 거라고 나 자신에게 말했다. 문제는 분명하고 진실하게 소통하는 데 집중하는 대신, 좌절, 분노, 이견을 감추는 데 너무 능숙해졌다. 실제 우리 삶에 따르는 좌절, 분노, 불만과 결점을 지닌 '진짜' 나의 모습은 아무도 알고 싶지 않아 할 것이라는 게 나의 두려움이었다.

나의 이런 나쁜 불안의 일부는 자연스럽게 느낄 수 있는 부정적 감정들을 표현하지 않고 꾹꾹 누르거나 아주 제한적인 상황에서만 표출하는 데서 비롯된다는 것을 깨달았다. 부정적인 감정의 표현이 실제로 부정적인 결과를 가져왔기 때문이 아니라, 그냥 내가 나 자신에게 이런 일을 해왔다는 것을 알아차려야 했다. 부정적인 감정을 밖으로 표현하지 않는 것이 건강하지 않다고 인식하기까지는 시간이 걸렸다. 버럭 화를 내라는 게 아니라 뭔가 문제가 생기거나 직장 동료나 함께 일하는 사람들이 정말 무례한 행동을 하면 느낄법한 정상적인 화를 표현하라는 것이다. 물론 우리는 화가 나거나 답답함을 느낄 권리가 있다. 직장 동료나 심지어 엄마에게도 화날 때가 있다고 인정하는 것은 나 자신과 심지어 불안까지 모두 수용할 수 있는 큰 발걸음이 되었다. 이를 통해 부정적인 감정이 나의 부족함이 아니라 실은 내가 들여다봐야 할 상황과 관계에 대한 정보라는 것을 알게 되었다.

어떻게 내가 부정적인 감정을 억압하며 나 자신 또한 억압해 왔는지, 그 깊이를 깨닫는 데는 꽤 시간이 걸렸다. 하지만 이제 나는 내 감정에 대하여, 그리고 그것을 표현하는 방법에 대하여 훨씬 더 건강한 마음가짐을 갖게 되었고, 그럼으로써 나의 참된 감정적인 자아를 세상에 드러낼 수 있게 되었다.

이제 나는 이러한 통찰을 내가 가진 초능력 중 하나라고 여긴다. 무엇을 개선해야 할지 살펴보기 위해서는 무엇이 불안을 일으키는지 들여다보는 것보다 더 나은 동기 부여는 없다. 이것이 바로 지금 자신의 삶을 변화시키고 최고의 깨달음으로 향하는 길이 될 수 있다.

불안은 우리가 활동가 마인드셋을 왜 가져야 하는지에 대한 크고 작은 이유를 보여준다. 부정적인 감정, 두려움, 불확실함을 관찰할 수 있는 공간을 우리 자신에게 허용함으로써, 마음의 기반을 다질 방법을 찾을 수 있다. 연습을 통해 발전하려는 의도를 가지고 불안을 들여다보는 활동가 마인드셋은 우리를 초능력의 경지로 이끌어 줄 것이다. 이번 장의 사례들을 돌이켜보자. 앤의 불안은 자신의 바쁜 일정을 재검토할 필요가 있다는 것을 알려주었고, 불안을 무시하면서 결국 몸이 아팠다. 그녀는 강제로 속도를 줄이고 나서야 활동가 마인드셋을 활용하여 기존의 활동량을 감당하는 자신의 능력이 변했다는 것을 볼 수 있었다. 아프고 난 후, 마인드셋을 현재에 다시 집중시켜야 했고 5년 전이나 심지어 10년 전에 잘 통했던 방식이 지금은 통하지는 않는다는 것을 깨달았다. 그녀는 자신이 원할 때 언제든 꺼내 쓸 수 있는 활동가 마인드셋의 진정한 초능력을 발전시킬 수 있었다. 제러드는 자기 자신과 부정적인 감정 사이에 거리를 두어 자신을 다르게 바라보는 방법을 배웠다. 리자 역시 근본적인 원인을 다루기 이전에 불안을 일으키는 것들을 스스로 대면할 필요가 있었다. 그후, 그녀의 삶은 더욱 만족스러운 단계에 이르렀다.

두려움은 불안이 전하고자 하는 은근하고 미묘한 메시지를 완전히 가려버린다. 하지만 불안이 우리에게 무엇을 보여주려고 하는지 여유를 가지고 관찰한다면, 활동가 마인드셋은 우리에게 더 이상 비밀스럽지 않은 초능력이 될 수 있다.

CHAPTER 7

·

불안이 주는 선물
4. 집중력

·

집중력을 높여주는 좋은 불안

불안과 주의력의 관계는 여느 의미 있는 관계와 마찬가지로 복잡하다. 나쁜 불안은 교활한 야수처럼 우리의 집중력을 훔쳐 가고 생각을 흐리며 일을 방해한다. 우리는 '만약에…'로 시작하는 걱정 목록에 취약해지고 자신을 괴롭히면서 밤잠을 설치고 헤어나오기 힘든 구렁텅이에 빠져버린다.

- 만약에 연봉 인상이 안 된다면?

- 만약에 저 사람이 나를 싫어하면?

- 만약에 월세를 내지 못하면?

- 만약에 다음 거래를 성사하지 못하면?

- 만약에 내 아이가 원하는 학교에 들어가지 못하면?

- 만약에 누군가 아프면?

'만약에…'로 시작하는 걱정 목록은 무한정 이어질 수 있다. 그렇다면 걱정 목록이 나쁘기만 한 걸까? 이것은 항상 불안의 부작용이기만 한 걸까? 이것은 긍정적일 수도, 부정적일 수도 있다.

과학은 나쁜 불안이 주의력 네트워크를 방해하여 주의 산만과 업무 집중력을 유지하는 데 어려움을 일으킨다는 것을 보여주었다. 하지만 어떤 연구에 따르면 과도하게 불안한 사람들은 가령 범불안 장애를 겪고 있는 사람들은 일종의 과몰입 같은 현상을 보인다고도 한다. 높은 불안은 위협에 대한 과민 반응에서 비롯되기 때문에 실제이든 상상이든 위험 요소에 대해 과잉 경계하고 과몰입한다. 이러한 과몰입은 삶의 모든 측면으로 확장된다. 예를 들어 최근의 연구[1]는 범불안 장애를 진단받은 사람들과 그렇지 않은 사람들을 두 집단으로 나누어 주의력 네트워크의 세 가지 측면(즉 경보, 지향, 집행 제어 네트워크, 더 자세한 내용은 196~197쪽 참고)을 측정하는 테스트를 실행했다. 각 집단은 고강도 인지 부하, 가령 숫자 100에서 1까지 3씩 건너뛰어 거꾸로 세는 인지적 '스트레스'를 받거나 숫자 100에서 1까지 거꾸로 세는 저강도 인지 부하 과제를 수행했다. 이 연구는 범불안 장애로 불안이 높은 사람들이 고강도 인지 부하를 받은 상태에서 과제를 수행할 때 주의력이 정교해진다는 것을 발견했다. 이는 인지 부하를 다루는 데 필수인 집중력을 발휘하기 위해서는 주의력 네트워크에 더욱 부담을 줄 수 있고, 인지 부하가 너무 높으면 주의력 효율이 감소할 거라는 일반적인 생각에 반하는 것처럼 보인다.

주의력, 사고, 그리고 감정 사이의 상호 작용은 우리가 일상의 스트레스를 견디는 동시에 업무를 완수하기 위한 정보를 처리할 때 필요한 모든 기술인 집행 기능에 의해 작동한다. 이 실험 결과를 역으로 생각해보면 불안한 사람들이 여유가 생겼을 때 즉, 저강도 인지 부하로 스트레스나 자극이 없을 때 오히려 걱정이 많아지기 쉽고, 결국 산만해진다는 것이다.

누구나 좋은 불안이 자리할 마음의 공간을 가지고 있다. 그것은 깨인 상태에서 주의력을 극대화할 만한 정도의 자극을 받아 원하는 대상에 집중할 수 있는 뇌-신체의 공간이다. 이러한 상태에서 우리는 일을 하고 업무 과제나 마감 기한을 달성하는 데 집중할 수 있으며 궁극적으로 생산성을 높일 수 있다. 불안에 너무 사로잡히면 취약해진다. 불안으로 인해 산만해질 위험도 있지만 다른 한편으로는 위협에 과도하게 집중하여 그것이 걱정할 만한 진짜 위협인지 그럴 가치가 없는 가상의 위협인지 판단할 능력마저 상실할 위험을 안게 된다. 여기서 우리가 해야 할 일은 어떤 목표든지 목표를 달성했을 때 얻는 보상에 집중하는 동시에 주의 산만과 도움 되지 않는 과몰입에 저항하는 법을 배우는 것이다. 이것은 마치 '고공 줄타기'를 배우는 것처럼 연습이 필요하다. 그렇다면 불안을 좀 더 생산적인 것으로 전환할 방법을 모색한다는 건 우리에게 무엇을 의미할까? 우리는 '만약에⋯'로 시작하는 자신의 걱정 목록을 제대로 키워 줄 방법을 찾아야 한다.

여기서 좋은 소식은 끊임없는 걱정 이면의 불안정한 에너지를 전환하고 집중력을 조절할 뿐만 아니라 생산성 또한 향상하는 방법을 우리가 배울 수 있다는 것이다. 이것은 불안을 전환하는 한 형태다. 나아가 집중력과 생산성을 키우는 많은 전략은 나쁜 불안을 좋은 불안으로 전환하기 위해 사용할 수 있으며 시련이 닥쳐 나쁜 불안이 몰아치더라도 뇌-신체의 선순환을 계속 만들어 낼 수 있다. 어떻게 하면 될까? 주의력 네트워크의 핵심 기능은 뇌의 집행 제어 기능을 통합하고 또 이에 의해 작동한다. 집행 제어 기능은 불안을 진정시키는 주요 단계인 감정 조절에 있어 중요한 역할은 한다는 점을 기억하라. 그렇다면 이를 뒷받침하는 신경생물학에 대해 깊이 있게 살펴보자.

불안을 조절하는 집행 기능

집행 기능은 주의력 시스템을 포함하는데, 크게 세 가지 영역으로 나누어 볼 수 있다.

1) **억제** 또는 **억제력**은 기본적인 집행 기능 중 하나로 주의력과 주요 감정을 조절하는 능력과 관련 있다. 본질적으로 이것은 행동하기 전에 생각하는 능력을 말한다. 어떤 말을 하거나 행동하려는 충동에 저항하는 능력은 먼저 상황을 파악하고 우리의 행동이 어떤 영향을 미칠지 판단할 시간을 준다. 또한 억제력은 주의력을 유지하도록 도와주며 이는 산만함, 피로 또는 지루함에도 불구하고 어떤 상황이나 과제에 대한 주의력을 유지할 수 있는 능력을 말한다. 이 기능이 성숙하면 사람들은 인내심을 가지고 자신의 차례를 기다릴 수 있고 다른 사람들이 새치기를 해도 분노를 폭발하지 않고 참을 수 있다. 억제력에 문제가 있는 아이는 선생님이 교실을 나가 있는 동안 먹지 말라고 했던 과자에 대한 유혹을 참기 어려워한다. 이 부분에 문제가 있는 청소년이나 성인은 분노를 조절하지 못하거나 작은 도발에도 물리적 폭력으로 반응해 버리는 지경에 이를 수 있다. 불안은, 특히 만성적인 불안은 억제력을 약화하고 강렬한 감정에 대한 이성적 통제력을 갖는 데 어려움을 겪는다.

2) **작업 기억**이란 필요할 때마다 적극적으로 불러낼 수 있을 정도로 정보를 가까이 보관해두는 기억의 구름과 같다. 성인에게 작업 기억은 하루를 계획하면서 일에 집중하고 이를 완수하기 위해 작동한다. 작업 기억은 과거의 학습이나 경험을 떠

올려 현재 상황에 적용하거나 미래를 계획하는 능력을 포함한다. 작업 기억은 단기 기억과는 다르며, 복잡한 작업을 수행하는 동시에 여러 정보를 머릿속에 기억하는 동적 과정을 가리킨다. 작업 기억은 해마에 의존하는 장기 기억과 혼동하면 안 되지만, 그만큼 중요하다. 작업 기억을 이해하기 위한 제일 좋은 방법은 다음 단계를 계획하는 동안 관련 정보에 대한 기억을 머릿속에 유지하는 기억의 한 종류라고 보는 것이다. 예를 들어 인기 드라마 〈퀸스 갬빗〉에서 체스 신동인 주인공 베스 하먼은 종종 천장에 체스판을 시각화하여 다음 수를 결정하기 전에 여러 선택지를 연구한다. 이러한 능력, 현재 판의 배치를 '염두'하며 다음 행동을 선택하는 것은 작업 기억의 훌륭한, 고도로 발달된 예시다. 우리가 베스 하먼처럼 서른두 개의 체스 말을 모두 기억하면서 다음 수를 계획할 수는 없지만, 걱정할 필요는 없다. 대화 중에 방금 만난 사람의 이름을 기억하는 것도 작업 기억의 일반적인 예다.

불안은 작업 기억에 영향을 미쳐 그 능력을 감소시킬 수 있다. 누구나 스트레스를 받거나 두려움을 느낄 때 하려고 했던 말을 잊어버리거나 이름이 기억나지 않았던 경험을 해보았을 거다. 이는 기억에서 이름이 실제로 사라진 것이 아니라 작업 기억이 특정 순간에 해당 기억을 소환하는 능력을 잃어버린 것이다.

3) 인지 유연성은 기본적으로 목표나 상황이 변했을 때 한 작업

에서 다른 작업으로 전환할 수 있는 능력이다. 보다 개념적인 관점에서 인지 유연성은 장애물, 좌절, 새로운 정보 또는 실수에 직면했을 때 계획을 수정하는 능력을 말한다. 이는 변화하는 조건에 적응할 수 있도록 충분히 유연하게 대응하는 것으로 바람에 꺾이지 않는 갈대와 같은 개념이다. 이는 의심의 여지 없이 정신적이고 정서적인 능력 모두를 포함한다. 불안과 인지 유연성 사이의 관계를 연구한 과학자들은 불안 수치가 높은 사람들의 인지적 유연성이 낮을 수 있다고 한다. 하지만 불안에 대한 우리의 반응이 다양하듯이, 변화하는 상황에 적응하여 업무 방식을 변경하는 능력도 다를 수 있다. 앞서 살펴보았던 내용으로 상황을 재구성하거나 재평가하는 능력에 대한 기억을 더듬어보자. 실패나 실수를 자신의 능력에 대한 질책 대신 정보라고 생각하자. 이런 마인드셋의 전환은 인지 유연성의 예시가 된다.

집행 기능은 전전두피질(이마 바로 뒤쪽에 위치하지만, 그보다 훨씬 넓은 범위의 뇌 영역에 관여한다)을 중심으로 하는 광범위한 뇌 영역에서 이루어진다.

이전에는 불안한 사람은 단순히 집행 제어 능력이 떨어지고 감정 조절에 어려움을 겪는다고 했다. 하지만 최근 연구들은 불안이 일반적으로 주의력에 어떤 영향을 끼치는지, 특히 집행 제어력에 어떤 영향을 주는지 좀 더 세분화된 이해를 하게 한다.

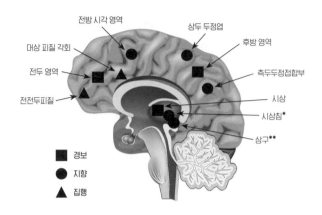

[그림 5] 주의력과 관련된 다양한 측면을 뒷받침하는 뇌 구조의 광범위한 집합

전전두피질의 손상은 주요 주의력 장애로 나타날 수 있지만, 주의를 집중하고 이를 유지하는 데는 뇌 구조에서 훨씬 광범위한 네트워크가 관여한다는 것을 살펴볼 수 있다[출처: 피터슨과 포저[2]].

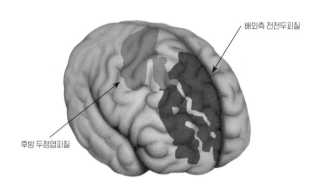

[그림 6] 집행 제어 네트워크

---

*   역주: 시상 내부 구조이다.

**   역주: 위둔덕, 간뇌의 내부 구조이다.

일반적인 정의에 따르면 주의 네트워크[3]는 크게 세 영역으로 나뉘어져 있지만 서로 관련된 시스템으로 구성된 여러 해부학적 영역에 해당한다. 1) 경보 시스템alerting system은 우리 환경의 시각적 감정적 자극, 그리고 자극의 위험성을 적절하게 인지하는 능력을 유지해준다. 이는 내재된 위협 반응과 관련 있다. 2) 지향 시스템orienting system은 어떤 자극에 주의를 기울일지 결정한다. 즉, 지향 기능은 정보를 처리하면서 어떤 정보가 중요하고 또 중요하지 않은지를 결정한다. 3) 집행 제어 네트워크executive control network는 모든 상황에 대해 상위에서 하위로 하향식 통제를 실행하는 복잡한 상호 작용의 그물망이다. 불안을 처리하는 데 있어 바로 이 세 번째 시스템이 영향을 미친다.

주의, 생각, 감정이 교차하는 지점에 있는 정신적 기술인 집행 기능은 불안과 같은 감정을 조절하고 방향을 설정하는 방식의 일부로서 '하향식'으로 작용하는 상위 두뇌 시스템 또는 네트워크다. 우리는 집행 기능을 통해 일을 처리하고, 계획적으로 업무에 집중할 수 있으며 감정의 기복을 관리할 수 있다. 만약 수많은 마감 기한, 부족한 휴식 등의 스트레스 요인에 의해 집행 시스템에 과부하가 걸리면, 이러한 기능을 관리할 능력이 줄어든다. 과학자들은 집행 기능의 이러한 측면을 '노력이 필요한 과정'이라고 부른다. 이는 저절로 얻을 수 있는 능력이 아니라 의도적이고 의식적인 사고가 필요하다. 적절한 수준의 자극 즉, 좋은 불안이 이러한 노력을 하도록 동기를 유발하지만, 지나친 자극은 이 노력을 차단한다.

멀티태스킹이 주의력을 파괴한다

카일은 스마트폰을 손에 놓지 못하는 전형적인 열다섯 살 소녀다. 그녀는 스마트폰으로 친한 친구들에게 문자를 보내고, 그 외의 친구들과 지인들을 팔로우하며 다양한 게임 앱을 즐기는가 하면 가끔은 과제가 바뀌었는지 선생님의 이메일도 확인한다. 그녀는 항상 활동적인 아이였다. 방과 후 매일 2시간씩 축구를 하고, 밤에는 잠을 잘 잤다(그녀의 어머니는 8~9시간의 수면 시간에 특별히 신경 썼다). 최근 불안을 느끼기 시작했다는 사실만 제외하면 모든 면에서 그녀는 잘 지내고 있는 것처럼 보였다.

최근 카일은 수면에 어려움을 겪고, 성적이 떨어졌으며 자기 자신에 대한 부정적인 생각이 들기 시작했다. 그녀의 엄마는 성적 하락의 가장 유력한 범인으로 멀티태스킹을 지목했다. 카일은 음악을 들으면 더 집중이 잘 된다고 주장했고, 가끔 스마트폰으로 '아이쇼핑'을 하며 휴식을 취하는 것도 도움이 된다고 설명했다. "이러면 긴장이 풀려요." 하지만 그녀의 엄마는 청소년기는 신경가소성이 증가하는 두뇌 변화의 연장기임을 공부했다. 실제로 청소년기의 두뇌에서 일어나는 변화는 신경 세포 수의 증가, 신경 생성에 그치지 않고 가지치기도 포함된다는 점에서 매우 역동적이다.

어린 시절의 두뇌는 새로운 신경 세포와 시냅스*를 생성하며 폭발적으로 성장한다. 그러다 청소년기에 접어들면 가지치기를 시작하는데 이는 사용하지 않는 시냅스를 제거하고 정리하여 더욱 효율적으로 만들기 위한 두뇌의 성장 방식이다. 이러한 가지치기는 주로 전전두피질과 이에 인접한 두정엽에서 일어나는데, 이 두 부위는 의사 결정을 포함한 집행 기능에 아주 중요하다. 이 과정이 일어나는 동안 여분의 사용되지 않은 다량의 시냅스가 둥둥 떠다닌다. 이것이 청소년들이 종종 비이성적 결정을 내리거나 의심스러운 판단을 보이는 이유다. 그들의 집행 시스템은 변화와 혼돈 속에 있다!

카일이 경험하는 자극의 증가, 끊임없는 문자 메시지, 스냅챗, 항상 노출되는 소셜 미디어는 두뇌의 집행 기능에 부담을 준다. 다시 말해 그녀의 뇌는 이러한 자극과 내부에서 일어나는 변화를 동시에 따라잡을 수 없다. 이것이 중요한 이유는 무엇일까? 카일이 불안을 느끼고 있다는 사실이다. 불안의 증가는 그녀가 균형을 잃었다는 신호가 된다.

끊임없는 과잉 자극이 불안을 일으키는 것일까, 아니면 과잉 자극 때문에 불안이 더 심해지고 눈에 띄는 것일까? 이는 어느 한쪽도 정답이라고 할 수 없고 둘 다 사실이기도 하다. 하지만 결

---

*   역주: 신경 세포 사이의 연결 지점이자 틈이다.

과는 동일하다. 결국 카일은 비생산적이며 산만해졌고, 점점 더 자신에 대해 불편함을 느꼈다. 카일 엄마의 관점에서는 평소 차분한 딸이 감정을 관리하는 능력을 잃었으며, 과학자인 내 관점에서 카일은 불안이 증가하고 집행 기능도 감소했다.

아마도 가지치기 단계가 완료된 몇 년 후, 카일은 멀티태스킹을 더욱 효율적으로 수행할 가능성이 크다. 하지만 당장은 주의를 산만하게 하는 것들을 치워 학업에 다시 집중할 수 있도록 돕는 것이 최선이다. 엄마가 숙제할 때 스마트폰을 다른 방에 두고 온라인 접속을 제한하라고 요구하자, 카일의 기분도 변하기 시작했다. 카일은 스마트폰이 근처에 없을 때 학업에 대해 긍정적으로 느끼고 불안도 줄어든다는 것을 인정해야만 했다. 곧이어 그녀의 성적이 향상된 것은 그녀나 엄마에게 그리 놀랄 만한 일이 아니었다.

만약 기능성 자기공명영상fMRI을 사용해 그녀의 뇌를 살펴본다면, 스마트폰에 정신이 뺏길 때마다 어떤 이유로든 그녀의 주의력 네트워크가 어떤 방식으로 파괴되는지 분명히 볼 수 있을 것이다. 주의 산만으로도 이러한 회로를 방해하여 불안감을 유발한다.[4]

카일의 이야기는 우리의 주의력 시스템이 외부의 힘에 얼마나 쉽게 영향을 받는지 보여준다. 또한 주의 산만과 기타 집행 기능에 대한 방해가 어떻게 불안을 유발하고 심화시킬 수 있는지도 보여준다. 카일의 경우 그녀와 엄마는 임시적이지만 쉬운 해결책을 발견했다. 앞으로의 핵심은 카일이 자신의 불안을 관리하는 데 무엇이 가장 효과적인지, 주의 산만을 일으키는 어떤 방해물이 인지 부하를 증가시키고 균형을 무너뜨리는지 계속 주시하는 것이다.

불안이 증가하고 우리의 뇌-신체를 압박하여 나쁜 불안의 상태로 넘어가기 시작할 때, 방해물 제거와 균형의 회복은 더 복잡한 문제가 될 수 있다. 카일의 경우, 그 영향이 장기적이지 않았기 때문에 회복이 간단했다. 그녀를 산만하게 하는 스마트폰을 제거했을 때, 집중력이 되돌아왔고 불안도 줄어들었다. 하지만 끊임없는 기술의 시대인 요즘, 우리가 기술과 맺는 더 깊고 이에 대한 의존성은 너무나 당연해졌다. 이것은 주의 산만과 집행 기능의 손실(억제력의 손실과 작업 기억에 대한 부담)에 대한 문제뿐만 아니라 보상과 관련된 신경 경로를 포함한 다양한 경로에 침투하여 중독성을 띨 수 있는 문제다. 우리가 보상이나 진정 효과를 주는 것들, 그리고 약물과 맺는 중독적 관계가 얼마나 큰 영향을 미치는지에 대해서는 다음에 더욱 자세히 살펴볼 예정이다.

연구에 따르면 멀티태스킹은 나이와 관계없이 작업 기억력, 집중력, 그리고 깊은 사고력에 부담을 준다고 한다. 운전 중 대화를 하다가 갑자기 길을 잃거나 잘못된 방향으로 가버린 적이 있었나? 혹은 업무 전화를 받는 도중에 이메일을 읽은 적은? 우리는 동시에 두 가지에 집중하고 이를 처리할 수 있다고 믿지만 실은 불가능하다. 심리학과 뇌과학이 뒷받침해주는 교훈은 이렇다.

멀티태스킹은 뇌의 집행 기능에 너무 큰 인지적 부담을 주며 불안을 악화시킬 수 있다. 반면 무엇이 산만함을 일으키는지 적극적으로 주시하는 것은 주의 집중력의 범위를 좁히고 단순화하여 생산성을 향상시킬 뿐만 아니라 나쁜 불안을 줄인다.

하지만 알다시피 불안에는 까다로운 면이 있다. 불안을 다루는 데 문제가 되는 부분은 항상 주의 집중력의 결핍만이 아니라 반대로 끝없는 걱정 목록에 과몰입하는 주의력도 동반하기 때문이다.

호르몬이 문제라고?

게일은 오랜 기간 집에서 세 자녀를 양육하다 최근 다시 일을 시작한 50대 초반의 여성이다. 세 자녀 모두 대학 진학과 진로를 위해 집을 떠나자, 그녀는 구직을 하기로 결심했다. 그녀는 바쁜 치과에서 매니저로 일하게 됐다. 처음 2년간은 새로운 직장, 동료, 그리고 월급에 대한 기대에 부풀었다. 자신이 일을 하게 되면 남편이 지금처럼 오래 일하지 않아도 된다는 점도 좋았다. 실제로 그녀의 목표 중 하나는 월급을 모아 부부가 더 많은 시간을 함께 보내고 여행을 가는 것이었다.

그러나 상황이 바뀌기 시작했다.

게일은 남편 론이 에너자이저 토끼라고 부를 만큼 매일 새벽에 일어나 아침 산책 하기, 아이들 챙기기, 세끼 만들기, 자원봉사 하기, 카풀하기, 교회 모임에서 활동하기 등 그 무엇이라도 다 해낼 수 있는 사람이었다. 그리고 일에 복귀했을 때도 그녀는 효율과 생산성의 달인으로 계속 활약했다. 그러나 그녀는 천천히 '생기'를 잃기 시작했다. 게일은 잠들기도 어렵고 잠을 자도 중간에 깨곤 했다. 그녀는 점점 자신을 갉아먹는 불안이 쌓이면서 힘들어했다. "나는 너무 변덕스러워요." 그녀가 말했다. "그리고 극도로 불안해요. 더 이상 예전의 내가 아닌 것 같아요." 그녀는 쉽게 피곤해졌고, 전반적으로 사는 게 사는 것 같지 않았다. "마치 10톤짜리 코끼리가 가슴 위에 앉아있는 것 같아요. 너무 짓눌려 움직일 수 없어요."

게일은 피로감과 변덕스러움을 감내하려 했다. 그러나 이제 일에 집중하는 것도 불가능해지자 무너지고 말았다. 그녀는 의사를 만났고, 의사는 불안과 수면 문제가 폐경기의 흔한 부작용임을 설명했다. 게일은 이 말에 놀라지 않았다. 마지막 생리를 한 지 거의 2년이 되었기 때문이다. 의사는 에스트로겐 수치의 감소와 인지 기능 감소 사이의 연관성을 설명했으며, 이는 종종 집중력 유지의 어려움으로 나타난다고 했다. 의사는 호르몬 보충제(호르몬 대체 요법, HRT)로 에스트로겐 보충을 제안했으며, 이는 증상을 완화하는 데 도움을 줄 거라고 했다. 그녀는 가족력 중 유방암이 없고 최근 호르몬 대체 요법 연구 결과가 심장 질환의 가능성과 노화에 대한 부작용 없이 이로운 점만 보여주었기 때문에 잃을 것이 없다며 승낙했다. 하지만 그녀가 호르몬 대체 요법을 시도하게 된 가장 큰 동기는 수면이 개선되고 불안이 감소하거나 사라지며, 에너지를 회복할 거라고 거의 장담하다시피 한 의사의 말이었다.

그렇다면 이러한 증상은 에스트로겐 결핍의 흔한 부작용인가? 그렇다. 정확히 폐경이란 여성이 생산하는 주요 호르몬인 에스트로겐의 감소나 결핍에서 오는 증상이다. 에스트로겐 결핍은 불안 증가, 수면 장애, 그리고 에너지의 전반적인 감소와 관련 있다. 게일의 경우처럼 많은 여성들이 산만하고, 어수선하며 집중력이 떨어졌다고 불평한다. 그리고 에스트로겐 보충은 분산된 주의력을 되돌려 준다는 느낌을 주기도 하고, 실제로 되돌려 주기도 한다.

게일은 호르몬 대체 요법을 시작한 후 기분이 나아지긴 했지만, 여전히 예전에 비해 집중력의 약 75퍼센트만 되돌아온 것 같았다. 그때 전환점이 된 사건은 그녀가 주의력 단련을 위한 전략에 대한 기사를 읽은 것이었다. 그 전략은 상당한 과학적 근거가 있는 명상, 인지 훈련, 그리고 운동이었다. 그녀는 단순히 예전으로 돌아가고 싶은 것뿐만 아니라 실제로 자신의 주의 집중력을 개선할 수 있는지 알고 싶었기에 정기적으로 하는 활동 목록에 이 세 가지를 모두 추가하기로 했다.

게일의 목록에서 첫 번째 항목은 무엇이었을까? 그녀는 규칙적으로 명상하기 시작했다. 그 이유는 이미 자신이 명상에 대해 알고 있는 것을 근거했을 때 충분히 이해되는 부분이었기 때문이다.

흩어진 주의력을 치유하는 명상

명상이 과몰입과 분산된 주의력을 치유할 수 있다는 주장을 뒷받침하는 분명하고 확고한 과학적 근거가 있다.[5] 신경과학자들은 명상이 뇌에, 특히 주의력 처리 과정에 미치는 영향을 연구해 왔다. 리처드 데이비드슨Richard Davidson 박사와 연구진[6]은 세 가지 각기 다른 유형의 명상을 살펴보았다. '주의 집중 명상'은 명상자가 정신이 방황하지 않도록 호흡(들숨과 날숨)에 집중함으로써 주의력을 유지하는 방법이고, '개방형 모니터링 명상'은 명상자가 모든 감각 자극에 열린 상태에서 이를 인식하도록 한다. '연민과 자애 명상'은 명상자가 타인과 우주 전반에 대한 사랑과 연민을 보내는 명상 유형이다.

이 세 가지 유형의 명상은 뇌의 각기 다른 부위에 영향을 미친다. 예를 들어 자애 명상은 두뇌의 측두엽과 두정엽 사이의 교차점인 측두두정접합부를 활성화하고 공감하는 생각 즉, 다른 사람의 관점을 생각하는 것을 유도한다. 개방형 모니터링 명상은 편도체와 그 외 다른 변연계 영역에 영향을 주며, 불안 및 분노와 공포의 감정을 감소시킨다. 주의 집중 명상은 자기 조절과 오류 탐지에 관여하는 전방대상피질에 영향을 미치며, 이러한 유형의 명상은 잘 정의된 문제에 정답을 찾는 능력을 향상시킨다는 연구 결과가 있다. 이 모든 것들은 불안을 줄이고 감정 조절 능력을 향상시키는 것으로 나타났다.

마음챙김 명상, 요가나 태극권과 같은 신체와 정신의 통합 훈련, 그리고 단순히 자연과 함께하는 것만으로도 주의력과 감정 조절을 개선할 수 있다는 점이 연구를 통한 주요 발견이다. 예를 들어 한 연구[7]는 3개월 동안 집중적으로 명상 훈련을 하면 건강한 성인의 주의력 기반 시각 탐지 과제 성능을 향상시킨다는 것을 보여주었다. 또 다른 연구[8]는 대학생들을 대상으로 전통 중국 의학에서 유래했으며 마음챙김 명상적 요소가 포함된 신체 정신 통합 훈련을 하루에 20분 동안 5일간 수행했을 때, 에릭센 플랭커 테스트eriksen flanker*라고 불리는 기본적인 억제력 테스트에서 수행 능력이 향상되었다는 것을 보여주었다. 억제력은 앞서 언급한 세 가지 핵심 집행 기능 중의 하나라는 점을 기억해보자. 명상 수행을 한 다른 집단은 코르티솔 수치를 측정했을 때 불안, 우울, 분노, 피로 수치가 낮아졌고 활동성 증가와 스트레스 감소를 나타냈다. 이 연구는 신체-정신 훈련이 어떻게 편안한 각성 상태를 발달시키고, 높은 자기 인식으로 행동을 변화시킬 수 있는지 보여준다. 가장 좋은 소식은 초보 명상자도 시작할 수 있는 다양

---

* 역주: 여러 시각적 방해물에도 주의를 기울여 중간 화살표에 집중해야 하는 테스트다.

한 명상 앱이 있다는 것이다.

명상이 실제로 뇌에 어떤 영향을 주는지는 초보 명상자와 숙련된 명상자를 비교하는 연구를 통해 살펴볼 수 있다. 초보 명상자와 비교해서 숙련된 명상자들은 주의력 네트워크에 관련된 뇌 영역이 더 활성화되었다. 또한, 숙련된 명상자들이 명상하는 동안 주의 산만이 덜했다는 것도 주목할 만한 점이다. 초보 명상자와 숙련된 명상자는 주의력 관련 뇌 영역에서도 해부학적 차이를 보였으며, 몇몇 연구에서는 이러한 구조적 차이가 단지 8주간의 명상 훈련으로도 감지될 수 있다는 것을 보여주었다. 이것은 명상의 효과를 얻기 위해 우리가 속세를 벗어나 몇 달 동안이나 산꼭대기에 앉아 명상을 시도할 필요가 없다는 것을 시사한다. 8주간의 훈련만으로도 초보 명상자의 뇌에 변화를 일으켜 주의력 네트워크를 개선할 수 있다. 이런 효과가 바로 게일이 자신만의 명상 훈련법을 통해 누리게 될 변화들이다.

단 10분의 운동이 불안에 미치는 영향

나는 신체 활동이 뇌를 변화시킬 수 있는 힘을 가지고 있다고 굳게 믿는 사람이다. 나의 연구에 따르면 신체 활동은 집중력을 향상시키고 불안을 완화해준다. 심지어 단 한 번의 운동만으로도 주의력과 집행 기능을 향상시킨다는 것은 스트룹 검사stroop task[9]를 통해서 살펴볼 수 있다. 모든 심리학도에게 널리 알려진 이 검사는 몇 개의 단어를 연달아 보여주는데 참가자는 단어가 무슨 색으로 적혀 있는지 색상을 말해야 한다. 여기서 헷갈리는 부분은 적힌 단어가 색상의 이름 즉, 빨간색, 초록색, 노란색이라는 점인데, '빨간색'이라는 단어가 빨간색으로 인쇄되어 있으면, 그 색상을 빨리 맞힐 수 있지만 '빨간색'이라는 단어가 초록색으로 인쇄되어 있으면, 초록색이라고 말하는 데 훨씬 더 오래 걸린다. 단어의 의미를 무시하고 색상에 집중하는 능력을 선택적 주의라고 하며, 이는 전전두피질에 의한 기능이다. 단 한 차례의 운동 이후에도 스트룹 검사의 수행 능력이 향상되며, 운동 습관의 장기적인 변화를 통해 지속적인 개선 효과를 얻을 수 있다.[10]

정기적으로 운동하는 사람이라면 운동 후에 전반적으로 기분이 좋아지고 에너지 수준이 높아질 뿐만 아니라 집중력도 향상되었다고 말한다. 나 역시 운동하고 나면(지금은 아침에만 운동한다) 글을 쓰거나 할 일 중에서 가장 어려운 일에 도전해 최대한 집중력을 발휘한다. 아침 운동을 하고 나면 '눈앞의' 어떠한 프로젝트라도 바로 뛰어들 준비가 된 것만 같다.

신체 활동은 다양한 측면의 뇌 기능을 개선한다. 명상처럼 정기적인 유산소 운동은 불안과 우울에 대해 긍정적이고 강력한 영향을 주며, 한 연구에 따르면 운동이 주요 우울 장애를 치료하는 데 있어 가장 널리 쓰이는 항우울제만큼 효과적일 수 있다고 한다.[11] 운동은 불안 장애 증상을 줄이고 뇌의 기저 기능을 개선

하는 것으로 나타났다.[12]

또 다른 연구는 3개월 동안 유산소 운동을 증가시킨 고령자의 뇌에서 뇌세포의 출력 구조이자 하류 세포로 정보를 전달하는 백색질의 크기가 증가했음을 보여주었다.[13] 전두엽 기능이 개선되고 뇌의 백색질 부피가 증가하는 정확한 기제가 아직 완전히 밝혀지지는 않았지만, 두뇌 안의 성장 인자의 농도 증가가 그 이유 중 하나일 가능성이 크다. 실질적으로 심박수를 높이는 최소 30분 이상의 운동을 단 1회만 해도 주의력과 집행 기능을 개선할 수 있다는 연구 결과가 있다.[14] 누구나 편한 복장에 빠른 걸음으로 심박수를 높일 수 있으므로 이는 불안을 줄이고 주의 집중력을 향상하는 가장 빠르고, 쉽고, 편리한 방법 중 하나다.

실제로 내가 직접 관찰한 놀라운 사실 중 하나가 있다. 나는 뉴욕대학교 신입생들에게 30분간 생방송으로 줌을 통한 비대면 강의를 진행했고, 기억에 남는 강의를 위해 마지막 10분 동안 함께 운동하며 운동이 기분과 인지 기능에 끼치는 영향을 직접 '느껴'보라고 했다. 그리고 짧고 표준화된 불안 검사를 운동 전후로 해보고 그 결과를 비교해 강의를 마친 후 보내주면 흥미로울 것 같았다. 나는 운동 전에는 학생들의 불안 수치가 높았지만, 운동 후 불안 점수가 무려 15점이나 떨어져 불안 수치가 정상 수준으로 내려간 걸 확인했다. 이것은 일상생활에 단 10분의 운동을 더하기만 해도 얼마나 강력한 힘을 발휘하는지 보여준다.

운동에 대한 연구 중에서 가장 기억에 남는 사례는 베로니카라는 뉴욕대학교 학생이었다. 베로니카는 실험실에서 자원봉사를 하고 싶다고 했다(한 해에 걸쳐 주기적으로 받곤 하는 요청이다). 그녀는 남녀 복식 피겨 스케이팅 부문의 올림픽 출전을 위해 훈련을 하고 있었고, 운동이 뇌에 미치는 영향을 연구하고 싶어 했다. 우리 실험실에서는 운동에 관한 첫 연구 중 하나를 막 시작하려던 때였고, 한 차례의 운동이 전전두피질 기능에 필요한 문제풀이 능력에 어떤 영향을 미치는지 연구하고 있었다. 점점 커지거나 번갈아 배열된 글자와 숫자들을 찾아 선으로 연결 짓는 것이 과제였다. 예를 들어 글자와 숫자가 한 페이지에 무작위로 적혀 있는 상태에서, 숫자 '1'을 찾아서 알파벳 'A'로 선을 그어 연결하고, 그다음 숫자 '2'를 알파벳 'B'로, 숫자 '3'을 알파벳 'C'로 연결하는 작업을 종료 시각까지 계속해야 한다. 글자와 숫자의 위치를 찾고 기억해야 하는 동시에 정확한 순서를 따라가야 하는 것이다. 이 과제는 작업 기억뿐만 아니라 글자와 숫자 배열, 그리고 순서의 진행 상황에도 주의를 기울여야 한다. 여기서 작업 기억이란 '쪽지 기억'이라고도 불리는데 이는 순서를 따라가는 동시에 어디서 숫자 '8'이나 알파벳 'K'를 보았는지 기억을 유지하도록 해준다. 베로니카의 역할은 연구 대상이 되는 거였다. 연구의 일부였던 50분간의 자전거 운동은 문제없을 거라고 생각했다. 예상대로 그녀는 문제없이 해냈다. 하지만 정말 기억에 남은 건 그다음이었다. 나는 주의 집중력 과제를 베로니카만큼 빠르고 정확하게 해낸 사람을 본 적이 없다. 전에 해본 적도 없는 과제였는데 베로니카는 마치 집중력 기계 같았다. 전체 페이지를 빠르게 훑어보고 '시작' 신호가 떨어짐과 동시에 이미 모든 문자의 위치를 파악한 그녀를 지켜보며, 셜록 홈스가 이 과제를 수행하는 장면을 애니메이션으로 만들면 이런 모습이지 않을까 상상했다.

이 과제를 잘 수행하려면 무엇이 필요할까? 고백하건대, 나의 실험실 연구에서 올림픽급의 선수는 그녀가 유일했고, 이 정도로 고도의 전두엽 기능이 올림픽급 선수들의 일반적인 특징인지 더 많은 실험을 해보고 싶어졌다. 이렇게 할 수 있었던 원인은 무엇일까? 선수들은 상황을 재빨리 파악하고 다음 움직임을 계획하기 위해 뛰어난 훈련을 했기 때문일 수도 있다. 1,000분의 1초라는 초고속 초정밀도로 하강 경로를 그리는 놀라운 모굴 스키 선수들을 생각해보자. 아마도 유산소 운동을 동반하는 훈련이 효율성을 높였을 수도 있다. 정기적인 유산소 운동이 자극 흥분 에너지를 과제 수행 능력을 개선하는 방향으로 전환하는 데 도움이 되었을 수도 있다. 단 한 명의 연구 결과로는 확실하게 알 수 없지만, 추후 연구해볼 만한 흥미로운 아이디어를 준다.

테트리스가 주는 도움

주의력에 관한 최근의 연구 분야 중 하나는 비디오 게임 훈련이
주의력과 전반적인 안녕에 미치는 영향이다. 2018년에 발표한
연구는 액션 게임을 포함한 여러 비디오 게임, '두뇌 훈련' 프로
그램과 퍼즐 게임 등에 대한 것인데 흥미롭게도 중독적인 퍼즐
게임인 테트리스는 단기 기억력과 처리 속도를 향상하는 데 있
어 잘 알려진 두뇌 훈련 프로그램보다 더욱 효과적인 것으로 나
타났다. 마찬가지로 인기 있는 퍼즐 플랫폼 게임인 포탈portal은
문제 해결 기술을 향상하는 데 있어 루미노시티luminosity와 같이
우수한 평가를 받는 두뇌 훈련 프로그램보다 더욱 효과적인 것
으로 나타났다. 참가자의 나이, 게임 장르, 실험 기간 등에 따라
결과는 다소 달랐지만, 대체로 긍정적이었다. 연구자들은 비디오
게임이 어린이들의 집행 기능을 다지는 데 도움을 주고, 건강한
어른들의 인지적 쇠퇴를 막는 데에도 도움이 될 수 있다는 데 동
의하는 것 같다. 결론적으로 비디오 게임과 두뇌 훈련 프로그램
은 다시 한번 뇌의 가소성과 기능 향상 능력으로 귀결된다.[15]

걱정 목록을 활용하는 법

데브는 성공한 창업가다. 서른두 살이 되기 전에 이미 성공적인

회사를 네 번이나 만들고 팔았다. 하지만 비행기 여행을 더 쉽고 즐겁게 해주는 새로운 방법을 개발하는 현재 스타트업 회사는 진척이 더디다. 초창기에는 그의 뛰어난 명성 덕분에 투자자들로부터 많은 관심을 받았지만, 진행 중이었던 스프린트 테스트(단기 점검, 단기 테스트로 모든 자원을 쏟아부어 최대한 빨리 아이디어에서 초기 제품을 제작해 고객 후기를 점검해보는 집중적 신속 추진 과정)가 계획대로 진행되지 않아 다음 단계를 위한 자금 조달에 어려움을 겪고 있었다. 그는 발등에 떨어진 불을 끄려고 뉴욕과 LA 사이를 날아다녔지만, 머리 잘린 닭처럼 버둥거리기만 했다. 데브에 따르면, 불안이 통제 불가능한 상태였다.

데브는 스타트업 세계의 짜릿함과 임기응변의 일 처리를 좋아했으며, 고통과 압박감을 돌파하여 일을 완수하는 자신의 능력을 자랑스럽게 여겨왔다. 하지만 이것은 그가 스트레스와 이에 따른 각성을 다룰 수 있었을 때의 경우다. 이번에는 따라잡기 벅차다는 두려움을 느끼기 시작했다. 그는 서서히 밀려드는 불안에 대해 터놓을 수 없었고, 이는 그를 짓누르는 압박이 최근에 내린 결정에 대해서도 의구심을 갖게 했다. 그의 이성과 직감이 모두 그 결정이 맞다고 하는데도 말이다. 마지막으로 투자자에게 거절당했을 때 나누었던 대화를 끊임없이 반복 재생하며, 자신이 어떤 부분을 완전히 망쳐버리고 말았는지 샅샅이 뜯어보았다.

자금 조달이 희망했던 대로 진행되지 않으면서 데브는 부정적인 결과를 예상하며, 홍수로 걷잡을 수 없이 물이 불어나는 듯한 불안을 느꼈다. 그의 불안감은 관리 가능한 상태에서 통제 불능의 상태로 변했다.

절박했던 어느 날 밤, 데브는 스타트업 업계에서 함께 일했던 모니카에게 문자를 보냈다. 그녀에게 조언을 구한 적은 없었지만, 그녀가 다른 사람의 멘토 역할을 한 걸 본 적은 있었다. 데브는 모니카를 신뢰했고, 그녀라면 터놓고 이야기할 수 있다고 생각했다. 모니카는 특히 사업 개발 분야에서 성공했고, 데브가 참여했던 한두 건의 스타트업을 포함하여 다수의 스타트업 회사와도 아주 성공적으로 협업했다.

모니카는 데브의 문자를 받고 몇 초 만에 전화했다. 모니카의 목소리를 듣는 것만으로도 데브는 안정감을 느꼈다. 항상 아름답게 차려입고 준비된 그녀의 모습이 떠올랐다. 데브는 자신이 어떤 기분인지 설명하려고 애썼다.

그러자 모니카는 자신의 이야기를 들려주었다. 그녀는 자신이 평생 불안에 시달렸다고 고백했다. 그녀도 초기에는 모든 단계의 결정에 대해 강박적으로 집착했고, 이로 인해 하던 일을 관둘뻔한 적도 있었다고 했다. 원더 우먼 같은 그녀였기에 데브는 상상조차 하기 힘들었다.

하지만 모니카는 데브에게 자신의 비밀을 공개했다. 그녀는 어떤 일이라도 걱정하고 의구심을 가지는 자신의 강박적인 성향이 실은 사업과 인생에 유리하다는 것을 깨달았다고 했다(여기서 활동가 마인드셋을 주목하라). 그녀는 거래를 성사시켜야 한다는 압박감을 느낄 때(고강도 인지 부하 상태), 특정 상황에서 문제가 될 모든 가능성을 찾아내기 위해 주의력을 훈련할 수 있다는 것을 알아차렸다. 그녀는 자신의 직감을 무시하는 대신 활용하여 분석이 가능한 시나리오의 목록으로 만들 수 있다는 것도 깨달았다. 이 전략은 그녀의 사업과 인생에서 결단을 내리는 데 효과적이었다. 수많은 걱정은 자신이 감을 잃어간다는 뜻이 아니라 오히려 자신이 당면한 사업 제안을 더 효과적이고 완전하게 평가하기 위한 유용한 도구였다. 모니카는 나쁜 불안의 영역에서 벗어나, 새롭고 생산성이 높은 방식으로 불안의 보호 기능을 활용하는 묘수를 찾아냈다. 그녀는 긴장과 떨림으로 뜨겁게 달아오르는 내면의 용광로를 어루만져 주기를 바라는 것이 아니라 정말 그렇게 하고자 하는 마음으로 내면의 신호에 주의를 기울였다. 그녀는 자신의 사업적 결정과 거래를 세부적으로 분석하기 위해 좋은 불안이라는 내면의 동요를 활용하는 방법을 스스로 익혔다. 그녀는 데브에게 이렇게 말했다. "전 불안을 받아들이면서 훨씬 더 효과적으로 일하는 창업가가 될 수 있었어요."

의사 결정을 해야 하거나 고객과 잠재 투자자를 설득할 논리를 강화해야 하는 상황에서 발생할 수 있는 문제를 잘 판단하기 위해 걱정 목록에 집중하는 모니카의 전략을 자신도 사용할 수 있다는 것을 데브는 알아차렸다. 아래는 데브가 모니카의 전략을 '구체화'한 방법이다.

1) 그는 자신의 목표와 무엇을 이루고 싶은지에 대해 생각했다. 이는 자신이 목표를 달성할 수 있을지 없을지에 대한 걱정과 두려움을 모두 포함한다.

2) 그 후, 목표 달성에 방해물이 되는 모든 걱정을 떠오르는 대로 나열하여 목록으로 만들었다.

3) 다음으로, 목록에 있는 걱정거리를 해결하기 위해 자신이 취할 수 있는 행동을 나열했다. 때로는 자신이 취할 수 있는 모든 행동을 생각해보는 것만으로도 어떤 결과나 시나리오가 가능한지 고려해볼 수 있는 생산적인 첫걸음이다.

4) 각 행동을 완수할 때마다 표시했다.

5) 이 목록을 완수하는 동안 걱정 목록을 새로 업데이트하거나 다시 썼다.

6) 자신의 목표에 도달할 때까지 연습을 반복했다.

이 연습은 데브가 사업을 둘러싼 불안과 두려움을 다루는 체계적인 전략이 되었다. 하지만 그는 곧 이것이 개인적이든 업무적이든 살면서 겪는 대부분의 힘든 일에도 적용할 수 있는 전략임을 발견했다. 그는 불안에 발목이 잡히는 대신, 자신의 걱정을 행동 목록으로 전환함으로써 불안을 생산적인 초능력으로 전환할 수 있었다. 이 전략으로 데브는 초능력을 얻은 것 같았다. 그는 영원히 나쁜 불안에 시달릴 거라고 생각했지만, 사업에 대한 끝없는 걱정에 과몰입했던 에너지의 방향을 틀어 곧 상황을 호전시킬 만한 강력한 비즈니스 전략으로 바꿀 힘이 있다는 것을 깨달았다. 그 결과, 데브는 새로운 자신감을 얻었다. 과거에는 자신이 내린 결정에 대해 계속 의문을 품는 마음의 속삭임을 들었다면, 이제는 자신을 더 믿을 수 있게 되었다. 작은 것까지 챙기는 주의력을 통해 오히려 자신에 대한 의구심이 줄었을 뿐 아니라 더 편안해졌다. 또한, 그는 혁신에 대한 자신의 직관을 신뢰하기 시작했으며, 모든 아이디어가 완벽해야 한다는 고집에 집착하지 않았다. 그는 이제 어떤 아이디어는 성공하고 다른 일부는 그렇지 못할 수도 있다는 것을 안다.

좋은 불안은 생산성으로 이어진다

7장에서는 주의력에 관한 신경생물학, 운동과 명상으로 주의력을 향상시키는 법, 주의 집중력의 특정 형태가 어떻게 좋은 불안의 한 종류가 되며 좋은 불안을 개발하는 이유는 생산성으로 직접 이어지기 때문이라는 점을 살펴보았다.

가령 데브의 경우 자신의 스타트업 회사에서 출시할 신제품의 문제를 해결하는 방향으로 걱정 목록을 활용하기 시작하자 생산성이 즉각적으로 향상되었다. 카일은 숙제를 하는 동안 주의 산만을 줄임으로써 학교 성적이 향상되었다. 게일은 주의 집중력의 향상과 유지를 돕는 명상 수행을 통해 에너자이저 토끼 같은 예전의 모습으로 돌아갈 수 있었다(에스트로겐 보충제도 도움이 되었다). 쪽지 기억력(또는 작업 기억력) 과제에서 보여준 베로니카의 놀라운 능력은 규칙적인 운동이 주의 집중력에 미치는 영향을 보여주었다. 이 네 가지 사례의 주인공들은 주의력 네트워크를 통해 나쁜 불안의 기저에 있는 각성 에너지를 이용하여 방향을 전환했다. 만약 그들이 주의력 네트워크 기능 방식에 초점을 맞추지 않았더라면, 불안의 각성 요소를 끌어 올리거나 전환할 수 없었을 것이다. 카일의 경우 부정적인 자극을 제거하고, 게일과 데브의 경우 뇌-신체 시스템을 진정시키거나, 베로니카의 경우 단순히 주의를 기울임으로써 주의 집중력을 발달시킬 수 있었다. 다시 말해, 다음과 같이 실천할 수만 있다면 좋은 불안은 주의력을 향상시킨다.

- 주의 산만을 일으키는 방해물 줄이기
- 명상을 통해 집중력과 생산성 향상하기
- 운동을 통해 진정과 각성 효과를 동시에 자극하기
- 불안을 일으키는 걱정 목록을 생산적이고 목표 지향적인 행동 목록으로 전환하기

CHAPTER 8

·

불안이 주는 선물
5. 사회성

·

진정한 유대는 나쁜 불안의 방어막

우리는 삶 전반에 걸쳐 언어와 비언어적 소통을 통해 타인의 감
정을 추론하고, 자신의 생각, 감정, 욕구, 의도를 전달한다. 표정
에서부터 제스처, 목소리 톤, 그리고 대화 스타일까지 모두 사회
내에서 상호 작용하고 소통할 수 있도록 학습한 행위들이다. 우
리는 가족, 학교, 직장이나 더 큰 사회 활동 범위와 같이 자신이
속한 다양한 사회 집단의 기준에 맞춰 이를 발달시키고 조율한
다. 이러한 상호 작용을 효과적으로 할수록 우리는 삶의 주도권

을 느끼며 주변 환경, 경력, 개인적 관계를 성공적으로 해결해갈 수 있다. 미국의 심리학자 다니엘 골먼Daniel Goleman은 자신의 감정뿐만 아니라 사회적 상황을 처리하는 능력을 '사회지능SQ(또는 사회지능 지수)'이라고 명명했으며 EQ로도 알려진 감성지능이 개인적 및 직업적 성공을 예측하는데 IQ보다 더 중요하다고 주장했다. 그리고 이러한 사회적 기술들은 우리가 불안을 관리하고 통제하는 데 있어 중요한 역할을 한다.

우리는 태어나자마자 사회적 기술들을 배우기 시작한다. 아기는 부모, 또는 양육자와 주고받는 상호 작용을 통해 생애 처음 받게 되는 물리적, 감정적인 자극에 주의를 기울인다. 아기는 선천적으로 표정 신호, 특히 엄마와의 눈맞춤을 주시하고 반응한다. 이러한 상호 작용은 건강한 애착 관계를 형성하도록 도와주고, 건강한 정서 심리 발달을 위한 가장 중요한 기반이 된다. 부모와 아이는 비언어적 소통을 자동으로 주고받는데 신경과학자들은 이를 사회적 동질화social synchrony라고 부른다. 이는 우리가 앞으로 상호 작용하는 방식의 기초가 된다. 이러한 상호 작용이 부재하거나 일관성이 없으면 아이의 인지 정서적 발달은 영향을 받는다. 여러 연구는 아이와 부모 사이의 상호 작용 결핍은 낮은 IQ, 자기 조절의 어려움, 학업 성취도 및 사회적 기술의 장기적 결손과도 관련 있다는 것을 보여준다.[1]

인간의 언어적, 비언어적 소통 능력은 필수적인 사회적 인지 기술로서 포유류 생물학에 기반하며 특정 뇌 네트워크와 연결되어 있다.[2] 우리는 주변 사람들과 상호 작용할 때 의미 있는 정보를 수집한다. 타인의 행동을 관찰함으로써 우리는 어떻게 행동해야 할지 배우며, 어떤 사람이나 상황이 우리에게 좋은지 나쁜지 판단한다. 결국 성인이 되면서 우리는 타인과의 관계에서 어떻게 자신의 정체성을 발전시킬지, 어떻게 친밀감을 나눌지, 어떻게 갈등을 해결할지, 어떻게 자신을 보호할지, 어떻게 협력하고 타협할지 일련의 패턴을 형성한다. 이 모든 사회적 기술은 세상 및 사람과 맺는 관계에서 엄청나게 중요하다. 이러한 기술은 우리에게 미래의 연인 관계, 친구와 의미 있는 우정, 자녀 양육, 경력과 인맥을 쌓는 데도 도움을 준다.

사랑하는 사람들과 함께하고, 활발한 사회생활을 하며 공감 능력 즉, 타인의 관점을 깊이 이해하고 상대의 감정을 느낄 수 있는 능력을 기르는 것은 우리의 뇌-신체를 보호하는 효과가 있으며 스트레스에 대한 내성을 길러 나쁜 불안에 대한 방어막을 형성한다. 따라서 이러한 사회적 뇌 영역을 성장시키는 방법을 배우면 우리는 더욱 행복하고 상황에 잘 대처할 수 있는 삶을 영위한다. 실제로 감정을 조절하고 모든 감정, 특히 부정적이고 불편한 감정에 주의를 기울이는 데서 비롯된, 좋은 불안은 우리를 타인과 관계 맺는 데 관심을 갖도록 외향적 동기를 유발한다. 그러나 극심한 불안에 빠져 스트레스나 불편함에 대한 내성이 임계점을 넘어서면, 사회적 자신감이 무너질 수 있다.

여러 연구에 따르면 만성 스트레스는 뇌세포 기능을 방해하여 사람들이 사회적 상호 작용을 회피하고 소통 욕구를 잃게 만든다. 만성 스트레스는 특히 기억을 담당하는 전전두피질에 '축소 효과'를 유발한다. 불안을 느끼면 이에 대한 즉각적인 반응으로 사람들은 사회 활동 회피를 통해 두려움과 불편함을 처리한다. 불편한 상황을 해결하기보다 회피하는 것이다. 우리는 사회적인 존재로 설계되었는데 도대체 왜 사람들 앞에 나서는 생각만으로도 불안을 느끼는 걸까? 왜 많은 이들은 단체 활동에 참여하거나 모임, 행사에 가서 새로운 사람들을 만나는 걸 고통스러워할까? 사회생활을 하도록 태어났으면서도 관계에 대해 이토록 불안을 느끼는 이유는 뭘까?

이런 반응이 제멋대로 작동하여 임상적 수준의 사회 불안에 이르면 사회 불안 장애를 겪을 수 있다. 행사 중이나 시작 전에 누구나 느낄 수 있는 일상적 긴장감이나 두려움은 사회 불안 장애와 분명한 차이가 있다. 사회 불안 장애를 겪는 사람들은 전방 대상피질[3]을 포함한 뇌의 특정 영역에서 변화를 보이고 변연계 전반에 걸쳐 과잉 각성과 같은 특성을 보인다. 일상적 불안을 겪는 사람들은 불안으로 인한 각성과 주의력을 자신이 대면한 사회적 상황을 다루는 데 초점을 맞출 수 있으며, 이를 통해 어떤 상황이 닥쳤을 때 고조될 수 있는 불안을 잘 관리하여 처음에 느꼈던 두려움을 진정시킬 수 있다. 예를 들어서 모임이나 외출에 대한 불안을 느꼈을 때 자신이 처음 반응한 방식이 회피라면 일상적 불안일 경우 이를 곧 진정시킬 방법을 터득할 수 있다. 나아가 사회적 뇌와 사회지능을 발달시킬수록 사회에 대한 불안과 그에 따른 외로움으로부터 자신을 잘 지킬 수 있다.

외로움은 종종 나쁜 불안을 동반하며, 이 둘은 서로를 악화시킨다. 부분적으로 사회적 애착과 상호 작용의 부족은 외로움을 키운다. 외로움을 달래는 방법으로 의사와 심리 치료사들은 사회 활동에 참여하고 가족, 친구, 그리고 동료와 연락하거나 치유 그룹에 참여하는 걸 권장한다. 즉, 외로움의 치료제는 사람이다. 그러나 불안이 강렬하게 지속되면 뇌가 실제로 변해, 타인에 대한 자신의 모습을 인식하는 방식에 영향을 주는 뇌 영역에서 이상과 오류를 생성한다. 연구자들은 이를 '인지적 외로움'이라고 부른다. 어떤 과학자들은 마치 유전자 이상처럼 두뇌의 기능 장애가 선행하고, 이것이 외로움에 취약하게 만드는 요인이라는 이론을 내세운다. 닭이 먼저냐, 달걀이 먼저냐는 논쟁과 무관하게 결국 외로움은 유해하고 불안을 악화시키며 몇백만 명의 삶에 영향을 끼친다.[4]

건강 보험 회사 시그나Cigna[5]가 실시한 최근 설문에 의하면 미국 성인의 반이 외로움을 호소한다고 한다. 우리는 이제 심각한 건강 문제가 외로움과 관련 있다는 것을 알고 있다. 예를 들어 30만 명의 환자를 조사한 메타 분석에 따르면, 외로운 사람들은 충분히 사회적 교류를 하는 환자들에 비해 사망 확률이 50퍼센트 더 높다.[6] 그리고 생리학적 관점에서 높은 외로움의 수치는 대사 기능 장애, 면역 체계 손상, 수면 방해, 심혈관 질환의 발병

률이 높다.

나쁜 불안이 많은 문제를 초래하고 풍요로운 삶에 필요한 사회적 관계를 맺는데 방해가 된다면, 좋은 불안은 우리를 어떻게 도와 줄 수 있을까?

사회적 뇌의 작동 방식과 사회지능을 발달시키는 방법을 이해하면 공포 반응처럼 우리를 움츠러들거나 외롭게 만드는 불안의 부정적 효과를 완화할 수 있다. 그리고 좋은 불안의 각성 에너지와 주의 집중을 이용하면 사람들과 의미 있는 유대감을 형성할 수 있다. 근육의 발달처럼 공감 능력 또한 발달시킬 수 있는 것이다. 공감은 사람들과의 친밀한 유대를 가능하게 하는 힘이다. 우리가 사람들과 진정성 있는 유대를 이어갈수록, 전반적인 뇌-신체 시스템은 더욱 건강해지고 삶은 풍요로워질 것이다. 이에 더해 공감은 초능력으로 변신할 수 있는데 그것은 바로 연민이다.

사회적 뇌는 어떻게 작동하는가

피니어스 게이지[7]의 유명한 이야기는 사회적 뇌를 현대적으로 이해하기 위한 연구로 이어졌다. 19세기 중반 철도 근로자이자 이후 현장 감독으로 일했던 게이지는 사고로 인해 뇌의 중앙 또는 '중앙선'에 가까운 전전두피질에 영구적인 손상을 입었다. 사고가 나기 전, 게이지를 아는 사람들은 그를 근면하고 책임감 있는 사람으로 평가했고, 부하 직원에게도 '인기 만점'이었다. 하지만 사고 이후 그를 치료하고 연구한 의사들은 게이지의 일반적인 지능과 대부분의 기억력은 변하지 않았지만, 그의 성격과 사회적 상호 작용 능력은 완전히 변했다고 기술했다. 그의 고용주들은 사고 후 "그의 정신 상태가 너무나 달라져 기존의 계약을 연장할 수 없다"라고 말했다. 실제로 사람들은 게이지를 "예전의 그와 걸맞지 않게 변덕스럽고 연관성 없는 말과 행동에 지독한 음담패설을 늘어놓는다"라고 묘사했다. 사실 그의 친구와 동료들은 "게이지는 더 이상 게이지가 아니었다"라고 말했다. 그의 인격은 완전히 변했다.

피니어스 게이지의 이야기는 사회지능 면에서 전전두피질의 중앙부가 얼마나 필수적인 역할을 하는지 처음으로 알려준 중요한 단서로, 모든 신경과학 교과서에 소개되어 있다. 이 유명한 사례 이후로도 사회적 상호 작용을 저해하는 또 다른 뇌 장애가 발견되었다. 신경과학자들과 인지 심리학자들은 게이지의 사례에서 손상된 핵심 기능을 '정신화'로 지칭하는데 이는 우리 자신과 타인의 정신 상태를 적절하게 드러내는 능력을 뜻한다. 정신화의 손상을 가장 쉽게 찾아볼 수 있는 예는 자폐증인데, 이런 경우 사람들은 사회적 및 언어적 소통에 어려움을 겪으며, 타인의 정신적 및 정서적 상태를 정확하게 파악하는 데도 어려움을 겪는다.

뇌 영상 연구는 정신화에 있어 두 영역이 주로 관련되어 있다고 제시했다. 첫 번째 영역은 게이지의 뇌에서 손상된 영역의 바로 중간 부위인 전전두피질의 중앙부로 이전에는 전방대상피질이라고 알려져 있었던 영역이다. 이 영역은 사람들이 자신의 심리 상태나 타인의 행동을 관찰하거나 인식할 때 활성화된다. 이와 관련된 또 다른 부위는 측두엽과 두정엽 사이의 경계 영역인 측두두정접합부이다. 이 부위는 연구 대상자들이 타인이 움직이는 것을 볼 때 활성화되는 영역으로 이탈리아의 연구자들이 발견한 '거울 뉴런mirror neurons'의 일반적인 영역으로 가장 잘 알려져 있다.[8]

거울 뉴런은 공감하는 순간에 활성화되는 정신화 뉴런과 같은 기능을 한다. 거울 뉴런이 공감의 모든 측면을 이해하는 유일한 열쇠는 아니지만, 공감에 관여하는 뇌 영역에 대한 그들의 기여가 실재한다는 증거가 증가하고 있다.[9] 거울 뉴런을 최초로 발견한 것은 1990년대 마카크 원숭이를 대상으로 한 실험이었는데 원숭이는 자신이 음식을 먹을 때뿐만 아니라 다른 원숭이가 간식을 얻는 것을 보았을 때도 이 독특한 뉴런에서 반응했다.[10] 최근 연구는 거울 효과와 관련된 더욱 광범위한 뇌 네트워크를 확인했으며, 이는 자신이 겪는 직접적 통증뿐만 아니라 공감적 통증(즉, 다른 사람이 통증을 겪는 것을 볼 때)을 경험하는 동안 활성화되는 전방뇌섬엽피질을 포함한다.[11] 공감에 대한 사회 신경과학적 연구는 큰 진전을 이루었으나, 거울 뉴런과 공감 사이의 정

확한 연결성에 대해서는 추가 연구가 필요하다.[12]

앞서 살펴보았던 다양하고 많은 뇌 기능처럼 공감 또한 아래에서 위로 향하는 상향식, 그리고 위에서부터 아래로 향하는 하향식 처리 과정에 의해 발생한다. 이는 다른 사람의 감정을 포착하고 인지하는 거울 뉴런의 자동 기능뿐만 아니라, 상대가 느끼는 감정의 중요성을 추론하는 보다 의식적인 정신화 능력에 의해서도 작동한다. 하지만 여기서 세 번째 공감 요소이자 공감 이해에 있어 핵심적인 부분은 자기 인식과 감정 조절이다. 우리가 다른 사람의 관점을 이해하기 위해서는 먼저 우리 자신이 안정감을 느낄 필요가 있다.

· · · · · · · ·

뇌의 다양한 영역들은 사회적 상황을 처리하고 이에 반응하는 사회적 인식과 관련 있다. 이 영역 중 일부는 의사 결정을 내리고 집중력에 관련된 전전두피질에 위치하며, 사회적 상황을 처리하는(사회적 단서를 포착하고 비언어적 언어를 읽는) 방식과 같이 다른 사회적 기능은 핵심 감정 반응을 처리하기도 하는 편도체에서 일어나는 것으로 보인다(그림 7 참고). 이 그림의 요점은 사회적 상황을 처리하고 반응하기 위해 우리는 수많은 뇌 영역을 사용하고 필요로 한다.

사회적 뇌의 해부학적 연구는 사회지능이 주의력과 인식, 감정 조절의 복합적인 특성임을 말해준다. 그리고 앞서 살펴보았던 것처럼 신경 회로 기저에 있는 이 모든 것은 우리가 스트레스 반응을 관리하고 불안을 처리하는 방식에 영향을 미치는 것으로 나타났다.

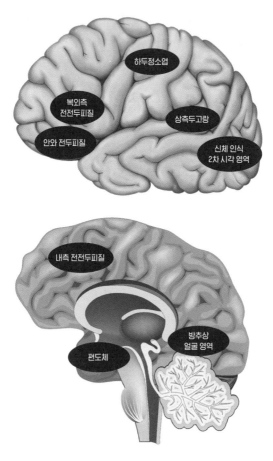

[그림 기 사회적 뇌의 신경 해부학 (펠프리와 카터 발췌13)

불안을 막아주는 사랑의 호르몬

옥시토신에 대해 들어본 적이 있을 것이다. 대중 매체에서 열풍을 일으킨 '사랑의 호르몬'이라고 불리며 수줍음을 완전히 치료해준다는 그 호르몬이다. '옥시토신'을 검색해보면 이 호르몬을 함유한 비강 스프레이가 인기 있는 것을 쉽게 찾을 수 있다. 하지만 옥시토신이 사회적 능력 즉, 우리의 사회지능을 발달시키는데 얼마나 광범위한 기능을 하고 이 호르몬의 결핍이 사회 불안 장애나 외로움과 어떤 연관이 있는지를 알면 놀랄 것이다.[14]

옥시토신은 뇌 안에서 작지만, 필수 부위인 시상하부에서 만들어져 방출된다. 가장 널리 알려진 역할 중 하나는 출산 과정에서 하는 역할이다. 자궁 수축을 자극하여 아기가 자궁 경부를 빠져나오게 해 출산을 돕고 출산 후 모유 생성을 촉진하는 것은 물론, 아이와의 애착 형성에도 필수다. 사랑의 호르몬으로서 옥시토신의 힘이 없다면 여성은 아기와 애착 형성을 하기 힘들다.

국립정신건강협회의 전 회장이었던 톰 인셀Tom Insel[15] 교수와 그의 연구진은 옥시토신의 새로운 면을 발견하였는데, 그것은 옥시토신과 관련된 신경호르몬인 바소프레신이 프레리들쥐라는 귀여운 동물의 짝짓기 행위를 조절한다는 것이다. 쉽게 말해서 인셀 교수는 프레리들쥐가 평생 일편단심인 이유를 옥시토신에서 찾을 수 있었다. 프레리들쥐처럼 평생 일부일처제를 유지하는 포유류는 드물다. 이렇게 강한 애착이 형성되려면 교미하는 동안 암컷은 옥시토신이, 수컷은 관련 호르몬인 바소프레신이 필요하다. 이후의 연구들은 옥시토신이 사회적 행동 규칙과 사회적 인식을 배우고 타인과 의미 있는 유대 관계를 맺는 데 어떤 도움을 주는지 보여주었다. 흥미롭게도 이러한 능력은 종종 만성적이거나 장기적인 외로움을 겪는 사람들에게서 결핍되어 있다.

옥시토신은 몸과 마음을 진정시켜 불안을 '조정'하고 스트레스 반응을 조절한다. 예를 들어 혈중 옥시토신 농도가 높은 사람은 스트레스 반응과 불안 반응이 낮아진다.[16] 그렇다면 옥시토신은 어떻게 작용하는 걸까? 최근 이론에 따르면 옥시토신의 방출은 과학자들이 '사회적 대처'라고 부르는 즉, 어려울 때 도움을 요청하거나 타인에게 의지하는 행동을 유도하며 이를 통해 불안을 줄인다.

잠시 생각해보자. 불안과 외로움을 덜기 위해 도움을 요청하도록 하는 화학물질을 우리 몸은 만들어낼 수 있다. 하지만 그 과정을 방해하거나 막아버리면 어떻게 될까?

옥시토신은 매우 중요해서 인위적으로 인체의 옥시토신 수치를 높이거나 이를 대체할 방법을 찾는 수많은 노력이 있었다. 예를 들어 불안한 상황에서 사회적 대처 행동을 유도하기 위해 옥시토신 수치를 인위적으로 증가시키는 비강 스프레이다. 인체를 대상으로 한 실험은 전형적인 사회적 관계를 맺고 있는 집단과 사회 불안 장애 집단, 그리고 자폐 스펙트럼 집단을 통해 비강으로 흡입한 옥시토신의 효과를 연구했다. 하지만 일관적이지 못한 결과로 명확한 결론이 나지 않았다. 다만 긍정적인 부분은 비강 흡입 옥시토신이 불안을 감소시키고 사회적 인식을 향상시켜 사회적 동기를 증가시킬 수 있다는 것이다. 하지만 부정적인 소식은 실험 결과에 일관성이 떨어지고 사회적 기제를 향상시키는 효과가 불안정하다는 점이다. 연구 대상에 따라 결괏값에 변화의 폭도 컸다. 불안, 우울함에 작용하는 비강 흡입 옥시토신의 효과에 대한 연구를 검토한 최근 보고서는 전체적으로 다양한 결과가 혼재되어 명확한 결론을 내리기 어렵다고 판단했다.[17]

그렇다면 불안에 대처하는 비강 흡입용 옥시토신을 사용할 수 있다는 희망은 여전히 남아 있을까? 그렇다. 이러한 연구는 아직 초기 단계이며 실행할 수 있는 실험이 아직 많이 남아 있다. 사실 옥시토신에 대한 연구는 매일 성장하고 있으며 우리가 비강 흡입용 옥시토신을 통해서 현대 사회의 불안을 완화하는 최선의 방법이 무엇인지는 아직 알지 못하지만, 매일 조금씩 이 기제에 대해 배우고 있다는 것은 모든 사회 신경과학자가 동의하는 부분이다. 실제로 옥시토신에 관한 연구는 우리에게 많은 영감을 준다. 우리가 이 기제를 더욱 잘 이해하고 그 수치를 증가시키는 방법을 찾아낼수록 사회 불안을 더 잘 다룰 수 있을 것이다.

좋은 불안으로 배운 공감과 연민의 힘

공감과 그의 자매 격인 연민은 불안의 초능력이라 할 수 있다. 사회지능의 과학을 통해 우리는 공감과 연민을 키우는 법을 이해할 수 있다. 신경과학적 연구의 새로운 분야 중 하나는 우리의 전반적인 안녕의 측면에서 사회지능의 중요성에 초점을 맞추고 있다. 베스트셀러 《EQ 감성지능》[18]과 《SQ 사회지능》[19]의 작가이자 사상가인 다니엘 골먼은 사회적 뇌의 다섯 가지 주요 기능을 언급했다.

1) 상호 작용의 동질화(동시성): 비언어적인 방식으로 주고받는 자동적 소통 방식은 엄마와 아기 즉, 생애 첫 관계에서 시작된다. 이것은 애착과 의사소통 기술을 형성하고 다른 사람들과의 정기적인 상호 작용을 기대하고 유도하는 방식을 이해하는 기반이다.

2) 공감의 유형: 공감에는 여러 종류가 있다. 기본적인 공감은 우리가 다른 사람들이 느끼는 분명한 감정 상태, 두려움, 혐오, 슬픔 등을 인식하거나 해석하기 위해 고난도의 인지 능력이 필요 없는 선천적인 감정을 자동으로 알아챌 수 있도록 해준다. 반면 인지적 공감은 학습된 기술로 더욱 세밀하고 정교한 추론, 인식, 주의, 그리고 지각이 필요하다. 사회적으로 예민하거나 자폐증과 같은 증상을 보이는 사람들은 공감이 어렵거나

공감 능력이 떨어진다.

3) 사회 인지: 사회 집단 내에서 자기 자신을 관리하는 전반적인 능력으로 표정 읽기, 듣기, 차례로 대화하기 그리고 다른 사람들과 조화를 이루며 잘 지내기 등을 말한다.

4) 상호 작용 및 의사소통 기술: 이러한 기본적인 기술은 우리가 말하고, 듣고, 그 외 다른 방식으로 의사소통을 할 수 있도록 해준다.

5) 타인에 대한 관심: 이 기능은 다른 이들과 유대를 형성하여 우리의 기본적인 욕구를 충족할 때의 초보적인 면부터 타인과 의미 있고 깊은 유대감을 형성하게 해주는 복잡한 면을 모두 포함한다. 즉, 우리는 자신의 이해와 생존을 위해서 다른 사람을 돌보는 능력을 선천적으로 타고난다.

우리의 뇌에는 사회적 기술을 개발하기 위한 경로가 이미 설치되어 있다. 하지만 이것을 건강하게 발달시키기 위해서는 여러 요소가 필요하다. 앞서 언급했듯이 이러한 경로는 아기를 돌보고, 만지고, 바라보고, 말을 걸어 생애 초기에 활성화해야 한다. 이것이 건강한 애착 형성의 본질이다. 좋은 소식은 가소성이 있는 우리의 뇌가 시간과 경험을 통해 이러한 사회적 기술들을 발달시킬 수 있다는 것이다.

레이번은 애틀랜타 외곽의 중산층 집안에서 자랐다. 그는 매우 빈곤하거나 부유하지도 않은 평범한 집안의 아이였는데, 그의 가족에게 부족한 부분을 채워 줬던 건 사랑과 응원, 그리고 유대감이었다. 레이번의 부모는 항상 사랑이 넘쳤다. 그 둘은 가장 친한 친구였고, 사람들 앞에서 애정 표현도 스스럼없었으며 맞벌이를 하면서도 가족과 보내는 시간을 최대한 갖기 위해 늘 한마음으로 서로의 능력과 목표를 응원해주었다. 부모는 서로에 대한 무조건적인 사랑과 응원을 두 자녀에게도 보여주었다. 부모로서 엄격한 편이었지만, 늘 사랑을 밑바탕으로 공감해주었다. 싸우거나 목소리를 높이는 날도 있었지만, 서로를 빨리 용서했고 그의 집은 가족과 친구들의 웃음으로 가득 찬 날이 더 많았다.

여동생보다 두 살 많았던 레이번은 자주 긴장하는 아이였다. 그는 가만히 있지 못해 부모를 힘들게 했고, 학교에서 문제를 일으키기도 했다. 3학년이 된 레이번은 농구에 흥미를 느꼈고, 매일 몇 시간씩 연습하기 시작했다. 그는 농구 실력이 좋아졌을 뿐 아니라 농구를 하면서 '부산스러움'도 많이 진정되었다. 운동과 경기에 대한 집중은 나쁜 불안의 첫 단계를 처리해주었고 그의 신경 시스템에 도움을 주었다.

고등학교에 진학하자 레이번은 거의 농구 경기를 위해 살다시피 했다. 그는 농구가 좋았고 팀에 소속되는 것이 좋았다. 그는 긍정적인 팀 분위기와 끈끈한 동료애를 느끼고 운동에 대한 사랑을 나누며 나날이 발전했다. 농구 코트에서 이견이 있을 때도 있었지만, 레이번은 재빠르게 상황을 진정시키는 방법을 알았다. 그는 어떤 상황이라도 상반되는 입장을 바라볼 수 있었고 편들지 않았으며 분산된 팀을 통합하여 서로 타협할 수 있도록 도왔다. 그는 완벽한 팀원이었고 곧 리더였다.

레이번은 노력에도 불구하고 지역 선수권 대회에서 수상하지 못했지만 그래도 농구 장학금을 받아 좋은 대학에 입학하며 고등학교를 졸업했다. 레이번은 출중하지는 않지만 좋은 학생이었다. 하지만 대학에 입학하자 농구 연습과 학과 수업, 과제를 모두 병행하기가 벅찼다. 농구에 대한 자신감도 그의 불안을 제어하는데 충분하지 않았다. 그의 주의력은 산산조각 났고 자신이 항상 초조한 사람처럼 느껴졌다. 그는 더욱 산만해져 성적도 저조해졌고 그곳은 자신이 있을 곳이 아니라는 생각에 고통스러웠다. 그는 계속 농구를 할 가치가 있는지 자문하며 농구 팀의 친구들도 피하기 시작했다.

레이번은 자신이 힘들어하고 있다는 것을 알았다. 그때 삶이 바뀌는 사건이 일어났다. 그는 도움을 청하라며 속삭이는 내면의 소리를 듣고 이 말을 따르기로 결심했다. 그가 연락한 첫 번째 사람은 농구 팀의 코치였다. 코치 필립스는 응원을 아끼지 않았다. 그는 레이번의 어려움을 들어 주었고, 레이번의 완벽주의 성향이 학업을 위해 필요한 도움을 요청하지 못하도록 발목을 잡고 있다는 것을 깨달았다. 코치는 레이번을 캠퍼스의 강사에게 보내 그의 바쁜 농구 연습 일정을 소화할 수 있는 효율적인 학습 전략을 세울 수 있도록 도와주었다.

코치는 또 레이번이 얼마나 가치 있는 팀원인지 스스로 느끼는 것이 중요하다고 생각했다. 그는 레이번이 강한 소속감을 느낄 수 있도록 항상 가까운 곳에서 지켜봐 주었고, 심지어 다른 선수인 앨버트에게 레이번과 함께 어울리도록 장려했다. 레이번은 이제 자신의 문제는 해결할 수 있으며 해결을 위한 모든 단계에서 응원과 도움을 받고 있는 것도 안다.

대학을 졸업하고 몇 년이 지난 후, 레이번은 힘든 시기를 이겨낼 수 있도록 자신을 응원하고 도와준 손길이 얼마나 가치 있고 중요한지 되돌아보았다. 그는 도움을 요청할 수 있다는 게 얼마나 큰 힘인지 목격했고 같은 방법으로 다른 사람들을 돕고 싶었다. 그는 자신의 리더십과 협동 기술을 통해 사람들을 도울 뿐만 아니라 세상을 위한 선한 일에 기여하고 싶었다. 레이번은 좋은 불안을 기반으로 자라난 사회적 기술을 극대화하는 법을 배웠다.

레이번은 지역구 후보의 연설을 듣고 신뢰감을 느껴 그 후보를 위한 일을 했다. 레이번은 곧 다가오는 선거인단의 주요 인재가 되었고, 정치에 능숙한 소질을 보였다. 그는 사람들과 대화하고 자신의 이야기와 통찰을 나누었으며, 특히 의견을 보류하거나 반대 의견을 가진 사람들과 이야기하는 걸 매우 좋아했다. 그는 다양한 관점을 가진 사람들과 함께 열린 토론을 하는데 재능이 있었고 자신을 방어하기보다 이를 즐겼다. 그는 대화에서 '이겨야' 할 필요가 없었다. 이것이 행동으로 드러나는 공감이다.

레이번의 이야기가 주는 교훈은 두 가지다. 첫 번째, 레이번에게는 긍정적인 사회적 교류에 대해 참고할 만한 예시가 많았다. 그는 부모가 사랑과 존중으로 소통하는 것을 보았고 농구팀의 일원이었다. 따라서 그는 자신의 삶에 이러한 기술이 어떻게 작용하는지 인식할 수 있었다. 이것은 자신의 선천적인 '부산스러움'을 완화해주었고, 팀원과 코치로부터 긍정적인 피드백을 받는 수단이 되었다. 더불어 사람들과 접촉하고 시련을 무릅쓰고 포기하지 않는 동기를 강화해주었다. 두 번째, 사회적 기술은 자신이 원한다면 언제든 활용할 수 있는 도구라는 것을 이해할 수 있었기 때문에 어려울 때 손을 뻗어 이를 활용했다. 많은 교사가 동의하는 부분이겠지만, 도움을 청하는 것은 좋은 학생이라는 신호일 뿐만 아니라 성숙함과 근성을 나타낸다. 상식이라고 생각할 수도 있지만 실은 그렇지 않다. 미국 문화는 자족이라는 개념에 뿌리를 두고 독립성을 엄청나게 강조한다. 이러한 가치는 도움이 필요한 건 나쁘고, 지원을 요청하는 것은 나약하다는 신호라고 말하며 우리를 혼란스럽게 한다. 그러나 과학자들은 그 반대라고 말한다. 도움을 요청하는 것은 강력한 사회적 기술의 신호다.

레이번의 불안은 농구팀의 일원으로서 자신의 역할과 학업 능력에 대한 내면의 의구심을 경청하게 해준 계기가 되었다. 레이번의 이야기에서 가장 중요한 점은 그가 불안감을 실패가 아니라 도움을 요청하라는 신호로 받아들인 것이다. 그는 좋은 불안을 지렛대로 삼아 사회적 자신감과 공감 능력을 발달시켰다.

나아가 공감의 확장을 통해 타인과 진정성 있는 유대감을 형성하는 한편 진정성 있는 자기 자신으로 사는 법을 발견했다.

관심사가 주는 용기

외동인 아담은 수줍음이 많고 내성적인 아이였다. 아기였을 때부터 그는 엄마에게 꼭 붙어 떨어지지 않았고 엄마가 조금이라도 보이지 않으면 울었다. 나이가 들면서 조금 더 대담해지긴 했지만, 사람들 앞에서 어색하고 긴장한 듯 늘 목소리가 작은 조용한 소년이었다. 그의 부모도 조용하고 조심스러운 편이었고 사교적이지 않았다. 그래서 아담은 이들을 통해 사회성을 배울 기회가 적었다.

아담은 친구가 많지 않았지만, 애니메이션을 좋아했다. 그는 상상력이 풍부했고 자신이 만든 이야기에 푹 빠지곤 했다. 그는 글이 있는 그림을 즐겨 그렸기 때문에 자신이 경험한 대부분의 긍정적 동기가 창작 활동에서 비롯된 게 우연이 아니었다.

고등학교와 대학교에서 아담은 과제를 하고 가끔 지인과도 어울렸지만, 대부분의 시간을 컴퓨터 앞에서 혼자 보냈다. 대학을 졸업한 후 그는 프리랜서 소프트웨어 개발자로 일했다. 이것도 사람을 만날 일 없이 주로 혼자 하는 일이었고 그에게 꼭 맞는 일인 것 같았다. 어쩌다 한 번씩 데이트를 했는데 그는 자신이 뭘 하고 있는지 모르는 것 같았다. 또 그가 만난 여성들이 자신과 진지한 관계를 원하는지도 불확실했다. 그가 너무 지루한 사람인 걸까?

그는 자신이 한 실수가 아니었음에도 직장을 퇴사하게 되었고, 이후 돈 걱정으로 인한 무자비한 고통의 시간이 시작되었다. 자신의 느낀 두려움을 함께 나눌 사람이 아무도 없었기에 걱정은 심해졌다. 부모님께 말씀드리면 과잉 반응을 보여 자신이 더 힘들어질 것이 뻔했다. 그는 누구에게도 짐이 되고 싶지 않았다. 그는 처음으로 강렬한 외로움을 느꼈다. 위안과 즐거움을 주었던 글쓰기도 별 도움이 되지 못했다. 외로움이라는 감정은 그를 두렵게 했지만 무엇을 어떻게 해야 할지 몰랐다.

그는 항상 더 많은 친구를 사귀고 활발한 사회 활동을 하고 싶었지만 어떻게 해야 할지 몰랐고, 불안했다. 이 주제에 대해 읽었던 글 중에 가장 좋았던 건 자신이 이미 좋아하고, 잘하고, 이야깃거리가 많은 활동을 바탕으로 사회적 기반을 구축하라는 글이었다. 그는 애니메이션 창작, 제작 과정 그리고 좋아하는 아티스트에 대해 말하는 자신을 상상해보았다. 그리고 이런 아이디어가 떠올랐다. 애니메이션을 가르치는 지도자 과정 수업을 들어야겠다!

그 수업은 아담에게 신의 한 수였다. 매주 가는 수업을 통해 갑자기 무언가를 공유하고 질문할 뿐 아니라 그곳의 누군가와 함께 교류하고 배우는 신세계로 발을 디디게 되었다. 온갖 종류의 애니메이션 모델에 대해 열중하면서 처음으로 낯선 사람들과 대화할 수 있었다. 대화는 재미있고 쉬웠으며 이전처럼 새로운 사람들과 대화를 시작할 때 느꼈던 불안은 느껴지지 않았다.

그는 사회성에 대한 여러 조언이 자신에게 도움이 되었다는 걸 깨달았다. 아담은 다른 수강생들과 대화하는 데 전혀 두려움이 없었고, 매주 수업을 기다리는 자신의 모습이 새로웠다. 하지만 큰 변화가 일어난 계기는 자신이 여기서 편안함을 느낀 이유가 수업을 듣는 많은 아티스트 지망생이 자신의 성향과 비슷하다는 거였다. 조용하고 수줍음이 많으며 마음속으로 할 말이 많으면서도 밖으로 말을 꺼내는 데는 익숙지 않은 면에서 말이다. 그는 그 이유가 정확히 무엇인지 깨달았을 뿐 아니라 다른 사람들을 돕기 위해 무엇을 해야 할지 정확하게 알았다. 바로 인내심을 가지고 작은 것부터 시작하는 것이다. 그는 교사의 역할을 맡았다고 상상하며 짧게 한 단어로 답변하는 것마저 좋은 시작이 될 수 있다는 걸 알아챘다. 수업을 마친 후, 그는 사람들이 많지 않아 대화하기에 더 수월한 때를 기다려 다른 수강생들에게 말을 걸며 대화를 했다. 아담이 배운 가장 큰 교훈은 공감이야말로 불안을 치료하는 궁극의 치료제였다.

이것은 아담이 갑자기 외향적인 사람이 되었다는 뜻일까? 그건 아니다. 그럼 그렇게 변해야 하는 걸까? 그것도 아니다. 그러나 어떤 사회 집단에 끼지 못할 거라는 사회 불안은 다른 불안감을 다루기 위해 그가 활용했던 기존의 도구로는 완화할 수 없다는 것을 배웠다. 이야기와 애니메이션은 그에게 기쁨과 위안을 주었다. 이러한 관심사가 다른 사람들에게도 기쁨과 위안을 주었고 그는 사람들과 어울리는 방법을 발견했다. 게다가 아담은 공감을 통해 자신뿐만 아니라 다른 사람들도 불안으로 힘들어하고 있다는 사실을 깨달았다. 이를 극복한 자신의 전략을 타인과 공유함으로써 그의 공감은 어울리기 힘들어하는 다른 사람들에게도 도움의 손길이 되었다. 이 수업의 모든 사람은 어려움과 관심사를 함께 공유하고 있다는 아담의 생각에 도움을 받았다. 그는 이제 자신의 불편함을 편안하게 받아들였고, 공감이 자신의 사회지능을 활성화했다는 것을 알았으며 타인과 관계 맺는 방식을 충분히 변화시킬 수 있다는 자신감도 가지게 되었다. 아담의 불안은 이러한 체험 없이는 결코 배울 수 없었던 멋진 세계를 열어 주었다.

누구나 불안을 연민으로 바꿀 수 있다

공감은 대단하지만, 그보다 더 놀라운 게 있다. 바로 연민이다. 어떤 의미에서 보면 연민은 불안의 가장 '단순한' 초능력 중 하나다. 개인적으로 불안을 유발하는 대상에 대해 연민을 가지는 건 실제로 자신과 타인의 불안을 동시에 줄여준다.

연민은 마치 스테로이드를 맞은 공감과 비슷하다. 연민은 자신의 행동, 생각, 말, 그리고 의사소통 방식이 효과적으로 잘 통한다는 생각에서 비롯된다. 비록 실제로 효과가 없더라도 말이다. 단, 몇 초도 안 되는 단순한 몸짓도 타인에게 기쁨을 줄 수 있는 힘이 된다.

24시간 내내 마라톤을 하듯이 연민의 제스처를 취할 필요는 없다. 작게 시작해도 된다. 불안이 우리를 이끄는 곳에 주목하자. 이러한 순간들을 타인에게 다가가기 위한 시작점이라고 생각하자. 새 직장에서 불안감을 느낀다면 비슷한 처지의 다른 동료들과 대화를 나누며 그들이 편안함을 느낄 수 있도록 해보자. 육아와 일 사이의 균형을 잡기 어렵다면 주변에 비슷한 상황에 놓인 다른 엄마 아빠들에게 격려의 말을 건네보자. 다른 사람들도 자신과 같은 어려움이나 걱정으로 고민하고 있을지도 모른다고 잠시 생각해보는 것만으로도 많은 위로를 받을 수 있다.

사람들을 만나는 데 대한 불안, 어색함, 또는 두려움에 시달린다는 것이 전혀 비정상이 아니라는 것을 알아야 한다. 겉으로 어떤 모습을 보이든, 많은 사람이 사회생활을 하며 내면의 불안을 경험한다. 그러나 이미 살펴보았듯이 사회적 기술을 배우고 이를 통해 유대를 강화하는 것은 가능하다. 그리고 불안은 타인과 대화하고 그들을 도와 줄 시초가 된다. 우리가 무엇을 불확실하고 불안하다고 느끼는지 불안이 보내는 신호를 경청하고, 비슷한 상황에 부닥친 타인에게 손을 내밀어 공감을 실천하라. 불안을 연민으로 전환하는 힘은 이미 우리 내면에 있다. 사실 바로 이 점을 실천하기 위해 불안을 타고난 것이다. 연민과 공감은 나쁜 불안에 맞서는 완충제 역할을 할 수 있다. 우리가 세상 밖으로 향할 수 있도록 불안을 활용할 수 있다. 그 결과는 동료, 인류, 모든 동식물, 그리고 지구 전체에 대한 연민이 널리 확산되는 것이다.

CHAPTER 9

·

불안이 주는 선물
6. 창의성

·

불안은 창의성의 연료

우리는 창의성을 대부분의 사람이 가지고 있지 않은 타고난 재능으로 묘사한다. 창의성은 신비롭고 추상적이며 알 수 없는 것으로 그려지며, 우리는 이를 무척 매혹적이라고 여긴다. 젊은 시절의 나 또한 창의성이라는 개념에 대해 파블로 피카소나 폴 세잔의 놀라운 그림, 버지니아 울프의 풍부한 문장력, 프랭크 게리가 설계한 구겐하임 빌바오 미술관의 경이로운 경지, 혹은 초월적인 유럽의 르네상스식 성당으로 상상했다. 과학 분야에서는 마리 퀴리, 알베르트 아인슈타인, 또는 최근 인물로는 메리-클레어 킹(유방암 유전자를 발견함)과 같은 과학자들의 창의적인 천재성에 감동했다. 조니 미첼, 바흐, 레이디 가가, 제임스 테일러의 음악은 나에게 영감을 주었다. 그렇다. 창의성은 예술가들과 천재들의 영역인 것으로 보였다. 하지만 많은 사람들처럼 나 역시 완전히 오해하고 있었다. 현대적 개념의 창의성은 예술적 걸작과 같이 감동을 주는 특별한 재능일 뿐만 아니라 평범한 두뇌의 근본적인 능력이기도 하다. 우리는 퍼즐이나 문제를 풀 때, 새로운 방식으로 스웨터를 뜨고 마당에 장작을 쌓을 때도 창의성을 활용한다. 창의성은 문제 해결, 발명, 통찰력, 혁신으로 구성되어 있다. 크고 작은 창의성은 본질적으로 인간적이며 삶을 깊고 풍요롭게 한다.

나쁜 불안이 능력 발휘에 도움이 되기보다 해를 끼칠 수 있는 것처럼, 나쁜 불안은 창의성 또한 가로막는다. 전형적인 예는 작가가 느끼는 창작의 벽과 같은 현상이다. 그렇다면 불안은 우리가 창의적인 생각을 하지 못하도록 실제로 신경 경로를 막고 있는 것일까, 아니면 불안의 신체적 증상이 창의적인 생각이든 뭐든 우리의 사고 자체를 얼어붙게 만드는 것일까? 불안은 오히려 창의성의 연료가 되기도 하고, 자신의 내면으로 깊게 파고들어 그 반대편으로 빠져나올 수 있도록 돕는다. 창의성은 우리에게 불안을 비롯한 부정적인 감정들을 처리해주는 해결법을 제시하기도 한다. 다시 한번 말하자면, 불안은 창의성을 재해석하는 방

법을 알려주며 이를 통해 우리는 불안을 다루는 새로운 방법을
재창조할 수 있다.

변화와 치유의 원천이 되는 창의성의 힘

미카엘라는 항상 마감 기한을 지켰다. 그녀는 프리랜서 편집자
이자 작가로 쉬지 않는 일벌처럼 자신이 감당할 수 있는 것보다
늘 더 많은 집필 작업을 동시에 해냈다. 그녀는 과도한 스트레스
상태야말로 삶의 단순한 진실일 뿐이라며 이를 정당화했고, 늘
긴장하는 삶은 프리랜서로서 어쩔 수 없는 부분이라고 믿었다.
그녀는 궂은날을 대비하기 위한 저축은 고사하고 자신이 월세와
관리비조차 감당할 수 있을지 늘 걱정했다.

이런 방식의 삶에는 대가가 따랐다. 그녀는 최근 갑상샘에 영
향을 미치는 자가면역질환인 하시모토병 진단을 받았다. 피로,
짜증, 그리고 불안은 갑상샘이 제대로 기능하지 않을 때 나타나
는 증상의 일부이다. 지난 몇 달 동안 그녀가 맡은 일을 해낼 수
있었던 유일한 방법은 낮잠을 자고 밤 8시 30분 잠자리에 드는
거였다. 그럼에도 불구하고 업무의 질적 수준은 평소보다 떨어
졌으며, 기한에 맞게 일은 마무리했지만 빛을 잃은 듯했다. 남자
친구와도 헤어졌고, 어떤 관계도 자신에게는 벅차다고 느꼈으며
사회 활동도 최소한으로 유지했다. 그녀의 삶은 아무런 재미 없

이 일만 하는 삶으로 축소되었다.

미카엘라의 의사는 갑상샘 약을 처방한 후, 만성 스트레스를 조절하지 않으면 다른 증상들이 나타날 거라고 경고했다. 이 경고에 미카엘라는 정신이 번쩍 들었다. 그녀는 즉시 생활 방식을 바꿔야 한다는 걸 깨달았고, 식단을 새로 짜고 운동과 명상을 시작했다. 영양사의 제안으로 그녀는 기분을 개선하고 불안을 줄이는 것으로 알려진 감마-아미노뷰티르산인 가바GABA 보조제를 복용하기 시작했으며, 스트레스가 어떻게 하시모토병을 유발하는지에 대해 공부했다. 그리고 그녀는 만성 스트레스가 어떻게 뇌-신체 시스템을 고갈시키는지 배웠다. 부신이 과량의 코르티솔을 분비하면 뇌의 주요 영역에 부정적인 영향을 미친다. 이는 해마, 편도체, 그리고 전전두피질을 포함한다(앞 장에서 살펴보았듯이 만성 불안은 이 중요한 뇌 영역들의 신경 생성을 고갈시킨다). 만성적으로 높아진 코르티솔은 건강에 영향을 미치는데 고혈압, 당뇨병, 심장 질환의 가능성을 증가시키는 것 외에도 자가면역 질환에 대한 취약성을 증가시킨다.

나는 미카엘라를 만나서 그녀가 스트레스에 어떻게 대처하고 있는지 이야기를 나누었다. 미카엘라에게 스트레스 반응을 관리하는 것이란 불안에서 멀어지기보다는 불안에 다가가는 걸 의미했다. 이 점은 미카엘라가 자신에게 진정으로 중요한 게 무엇인지 생각하게끔 해주었다. 계속 프리랜서로 일하고 싶은가? 일정을 알아서 계획하는 자유가 필요한가, 아니면 월급을 주는 안정적인 직장이 더 나은가? 그녀는 창의성과 생산성을 위해서 늘 프리랜서의 생활 방식이 필요하다고 생각했었다. 하지만 이제는 생각이 바뀌었다. 계속되는 금전적 고민과 다음 일거리를 찾는 것은 분명히 만성 스트레스의 원인 중 하나였다. 어쩌면 어느 정도의 재정적 안정성이 불안을 줄여 주지 않을까? 불안의 실마리를 따라가며 프리랜서 일과 안정적인 수입에 대해 가졌던 자신의 모순된 감정에 이르자, 그녀는 삶의 변화를 위해 다른 생활 방식을 고려해볼 만하다는 소중한 통찰을 얻었다.

미카엘라는 다른 방식으로 생각하기 시작했고, 회사의 전속 작가가 되기 위해 지원서를 넣었다. 개인적으로 업무 내용이 흥미롭지 않은 개와 고양이에 대한 잡지사였지만 월급은 괜찮았다. 예측할 수 있는 일정과 혜택으로 안정감도 느낄 수 있을 것 같았다. 그녀는 이 일을 시도해보기로 결정했다. 그리고 한 달 내에 그녀의 불안감은 줄었다. 부분적으로는 약 처방 덕분이었지만 삶의 균형으로 인해 더욱 힘이 샘솟는 것 같았다. 이제 개인적인 글쓰기 프로젝트에 쏟을 에너지도 생겼다. 그녀는 매일 아침 단순하게 하루를 기록했다. 줄리아 캐머런의 《아티스트 웨이》를 읽었고, 특별한 의도 없이 세 페이지의 글을 쓰기 시작했다. 그러다 세 페이지가 다섯 페이지, 여섯 페이지로 늘었고, 곧 소설의 윤곽이 그려졌다.

금전적 걱정은 미카엘라의 불안감을 부추겼고 소설을 쓰려던 창의적인 야망을 추구하는 데 방해가 되었으며 심지어 질병까지 초래했다. 하지만 더 이상 무시할 수 없을 정도로 불안감이 커지고 나서야 긍정적인 변화를 위한 동기를 가지게 되었다. 그녀는 한 걸음 물러나 자신의 삶과 생활 습관을 자세히 살펴보고, 불안과 자가면역질환이 삶에 한계가 되길 원치 않는다는 것을 깨달았다. 그녀는 오랫동안 금전적 불안을 무시해왔고, 그것은 더욱 관심이 필요한 건강 문제로 발전했다. 그때야 비로소 불안이 무엇을 말하는지 인정할 수 있었다. 그녀는 내면의 목소리를 듣고 변화할 필요가 있었다. 구직이 내면의 목소리가 해준 말은 아니었지만, 자신이 원했던 삶에 훨씬 근접할 수 있었다.

결국 미카엘라는 자신의 에너지를 창의적이고 의미 있게 활용할 수 있었다. 가장 긍정적인 점은 항상 그녀는 자발적인 글쓰기와 돈을 버는 글쓰기를 분리해왔지만, 이러한 거짓된 분리가 그녀의 불안을 부추겼다는 걸 새로운 에너지를 통해 발견했다. 그녀는 자신의 삶을 바꾸는 또 다른 교훈도 얻었다. 그것은 불안을 제어할 수 있을 때, 창의성과 생산성을 높일 수 있는 정신적, 감정적 여유와 신체적 에너지를 갖게 된다는 점이다. 이것이야말로 미카엘라가 얻은 가장 큰 선물이었다.

미카엘라의 이야기는 우리가 자신의 행동을 스스로 변화시킬 수 있다는 것을 보여줄 뿐만 아니라 변화와 치유의 원천이 되는 창의성의 힘을 강조한다. 앞으로도 미카엘라는 갑상샘 장애와 과도한 스트레스의 신체적 반응에 유의해야 할 것이다. 하지만 이제 그녀는 자신의 스트레스 반응을 관리하는 방법을 알고 불안을 통제하며 창의성과 에너지, 균형, 그리고 행복을 얻을 수 있다.

창의적 특성은 선택할 수 있다

이제 내가 창의적이라는 것을 인정하고 받아들일 필요가 있다. 몇 년 전만 해도 그렇게 생각하지 않았지만, 나의 경험과 연구는 그 의견이 틀렸다는 것을 증명했다. 누구나 창의적일 수 있다. 이와 관련해 연구자들이 창의적인 사람들의 특성을 어떻게 분류했는지 살펴보는 것은 흥미롭다. 마치 창의성과 관련하여 정의 가능한 성격이나 기질적 특성이 있는 것처럼 말이다.

연구에 따르면 창의적인 사람들은 다음과 같은 특성을 보인다.

- 모호함에 대한 인내
- 끈기
- 사회적 인정에 대한 상대적 무관심
- 경험에 대한 개방적 태도(즉, 새로운 경험)
- 위험을 감수하는 태도

일부 사람들은 이러한 기질적 특성을 타고나지만, 나 자신을 포함한 다른 이들은 이러한 특성 중 절반도 충족하지 못한다. 창의적 사고를 위해서 이 모든 것들이 필요할까? 아니면 이 중 몇 가지만 있어도 될까?

창의성에 관한 흔한 오해 중 하나는 창의적인 사고를 문제 해결과 혁신의 수단으로 사용하기 위해서는 창의적인 성격을 가져야 한다는 것이다. 하지만 창의성을 가능하게 하는 사고의 유형도 학습이 가능하다는 것을 이해하면서 아래의 각 특성을 우리가 선택할 수 있다고 고려해보자.

- 모호함 인내하기: 이것은 불안과 같은 고통스럽고 어려운 감정을 더욱 편안하게 받아들이는 것과 유사하다.
- 장애물이나 실패에도 끈기 있게 나아가기: 이것은 활동가 마인드셋을 키우고 피드백을 활용해 다시 시도하며 전진하길 선택하는 것이다.
- 사회적으로 인정받지 못하더라도 신경 쓰지 않기: 이것은 스스로 생각하고 필요할 때 도움을 요청하는 의지다.
- 새로운 경험이나 행동 변화에 대한 개방적 태도 유지하기 또는 행동 변화하기: 이것은 인지적 유연성의 본질이다.
- 성공이 보장되지 않아도 안전지대를 벗어나 무언가를 시도해보기: 이것은 활동 그 자체를 하고, 배우고, 즐기기 위한 욕구이다.

창의적인 접근 방식을 생활에 적용하는 것이 우리에게 유익하다고 생각하는 이유는 무엇일까? 이것은 유연성, 개방성, 그리고 배우고 성장하려는 열망을 강화시키기 때문이다. 누구나 창의적 잠재력을 가지고 있으며, 창의성을 이용해 불안의 부정적인 측면을 통제하고 좋은 것으로 전환할 수 있다. 문제는 활동가 마인드셋, 특정 목표를 향해 주의력을 훈련하려는 의지, 그리고 시도해보는 용기처럼 좋은 불안으로 유도하는 기술을 개발하는 것에 있다. 또한, 이는 단지 창의성뿐만 아니라 불안을 초능력으로 변화시키기 위해서 부정적인 상태를 인내하는 방법을 배우는 것 또한 중요하다는 걸 우리에게 상기시켜 준다.

오랫동안 나는 사람들에게 인정받지 못하는 걸 참기 힘들었었다. 나는 앞으로 전진하기 전에 타인의 인정과 지지가 필요했고 이것이 어떤 면에서는 과학계에서 긍정적이고 생산적인 경력을 쌓는데 도움이 되었지만, 다른 면에서는 창의적인 발견에 방해가 되었다. 상급자가 되어 다른 사람들이 나에게 인정받으려 할 때 나는 깨달았다. 누가 상급자이든 간에 직책 자체가 가장 좋은 조언을 의미하지 않으며 팀원 중 새로 들어온 사람이 제일 참신하고 창의적인 아이디어를 가지고 있을 수도 있다. 이 깨달음은 내가 사회적 인정에 대한 집착을 극복하는 데 큰 도움이 되었다. 실패는 업무를 향상하는 법을 가르쳐주었다. 새 제품을 출시할 때 받은 부정적인 의견마저 내가 부정적인 방향에서 긍정적인 방향으로 전환하는 데 매우 큰 도움이 되었다. 실패는 과정의 일부이다. 피드백은 개선을 위해 도움을 준다. 부정적인 의견을 일부러 찾아다니는 것은 아니지만, 그것은 아이디어나 제품을 정교하게 다듬는 데 그 어떤 찬사도 해줄 수 없는 큰 도움을 준다!

창의성은 감정을 처리하려는 노력의 산물

지금까지 보았던 창의성에 대한 최고의 정의 중 하나는 다음과 같다. 창의성은 '새롭고(독창적이고 예상치 못한) 적절한(유용하고, 특정한 작업 조건에 맞는) 결과를 생산하는 능력'[1]이다. 창의성에 대한 과학적 연구는 여전히 초기 단계지만, 창의적인 활동을 할 때 활성화하는 기본적인 신경 경로와 과정에 대해서는 점차 합의점에 이르고 있다. 뇌의 내부를 들여다보기 전에 먼저 창의성에 대한 명확한 정의부터 시작해보자.

한 과학자[2]는 창의성이 '본질적으로 다원적 처리 과정'이라고 말한다. 왜냐하면 그것은 항상 새로운 아이디어 중에서도 어떤 것이 가장 적절하고, 관련 있으며 또는 유용한지 선택하는 것으로 귀결되기 때문이다. 아인슈타인의 상대성 이론은 새로운가? 그렇다! 유용한가? 그렇다! 실직한 패션 디자이너가 코로나 시기에 '자유' 시간을 활용해 멋진 티셔츠와 스카프 대신 마스크를 만들겠다는 아이디어는 새로운가? 그렇다! 유용한가? 그렇다! 창의성은 과학자들이 T세포의 힘을 이용해서 암세포를 제거하기 위한 영감을 주었고, 힙합과 미국 역사를 융합하여 〈해밀턴〉이라는 뮤지컬을 만들어냈다. 우리의 마음이 익숙한 것을 벗어나 탐색할 때 창의성을 자극한다.

신경과학적 관점에서 볼 때, 창의성은 감정적이거나 인지적일 수 있고 의도적이거나 비의도적인 정보 처리의 한 형태다.

- 문제를 해결하는 통찰이나 직관적 깨달음을 비의도적으로 경험
- 많은 인내와 노력(의도적인 숙고) 끝에 얻는 새로운 이해나 연결 짓기

우리는 창의성이 실제 생활에서 어떻게 드러나는지 살펴볼 수 있다. 현장에서 3년 동안 근무하며 대상자를 인터뷰하고 긴 연구 논문들을 검토하는 인류학자는 수많은 나날을 고되고 기계적인 기록을 반복하며 녹음 내용을 글로 옮기는 작업을 창의적 과정으로 여기지 않을 수 있다. 하지만 그녀가 앉아서 기록해둔 내용을 종합하면서 다양한 인터뷰를 관통하는 주요 주제를 추출할 때, 이 내용을 곱씹고 연결 지으며 결론을 도출하는 과정은 창의적이다. 고된 작업, 인내, 그리고 연구는 모두 연결 짓기와 통찰이 일어나도록 해준다.

창의성 전문가이자 《불꽃: 창의성은 어떻게 작동하는가Spark: How Creativity Works》[3]의 저자이기도 한 나의 친구 줄리 버스테인Julie Burstein 또한 창의성은 소수의 능력이 아니라 누구나 키우고 가꿀

수 있는 능력이라고 말한다. 나도 이에 동의한다. 그녀는 누구나 아래 항목을 실천한다면 이 능력을 활성화할 수 있다고 한다.

1) 주변 세계에 관심을 가지고 새로운 사고와 존재 방식에 개방적인 태도 유지하기
2) 도전과 역경을 받아들이고 우리가 생각하는 한계에 맞서 밀고 나가는 방법 배우기
3) 즐기기 위해서 충분히 내려놓기
4) 인간의 존재에 불가피한 고통스러운 감정적 경험은 창의적 표현의 연료가 된다는 것을 깨닫기

창의성을 향상하는 방법에 대한 위의 항목 중에서 절반은 시련이나 힘겨운 감정적 경험에 중점을 둔 반면, 나머지 절반(예를 들어 주의력 향상 및 내려놓기)은 충분히 긴장을 풀고 과도한 자극이나 각성에 방해받지 않을 필요가 있다는 것을 보여준다. 이는 본질적으로 인지 기능면에서 좋은 불안 상태를 유지하는 것을 말한다. 흥미롭게도 심지어 나쁜 불안조차 새로운 무언가가 될 수 있다. 살면서 피할 수 없는 투쟁, 스트레스, 고통, 두려움, 그리고 불편함은 종종 기분이 나쁜 이유에 대한 해답이나 해결책, 또는 위안을 찾으려는 동기가 된다. 이러한 부정적인 감정은 창의적인 통찰이나 창작을 위한 귀중한 원석이 될 수 있다. 마인드셋, 생산성 그리고 수행 능력의 초능력을 얻기 위해서는 나쁜 불안

이 좋은 불안으로 전환하여 작동할 필요가 있다. 창의적 초능력에 대해 이해하기 시작한 부분은 우리가 고통스러운 감정과 투쟁하며 창의력이라는 초능력의 일부라도 근접할 때 이를 활성화하고 창의적 영감을 받을 수 있다는 것이다.

과학자들과 이론가들 사이에서 창의성을 연구하는 방식과 창의적 처리 과정을 기능적 경로나 구조적 영역으로 추적하는 방법에 대해서는 의견이 분분하다. 실제로 창의성을 연구하는 두 명의 주요 전문가들이 최근 창의적 사고에 대한 개요를 이렇게 말했다. "우리는 아인슈타인이나 셰익스피어와 같은 비범한 창의적 능력을 단 하나의 인지 또는 신경 기제로 설명할 수 없다."[4]

요점은 무엇일까? 창의성은 많은 측면에서 특별하다. 그리고 창의성은 우리가 감정을 처리하려는 노력의 산물이다. 그렇다면 먼저 창의성에 대한 두뇌 기반을 알아보고, 좋은 불안과 나쁜 불안을 활용하여 삶의 폭을 넓히는 창의적 능력을 어떻게 키울 수 있는지 살펴보자.

창의성이 일어나는 세 가지 신경 네트워크

처음에 신경과학자들은 전전두피질을 창의성의 '본거지'로 생각했지만, 이제는 창의적 사고에 뇌의 다양한 영역이 관여한다는 것을 발견했다. 추상적 사고, 자기 성찰, 인지적 유연성, 정신화와 공감, 작업 기억, 주의력의 지속성과 방향성. 이렇게 인지와 감정을 처리하는 개별적 방식은 다양한 창의적 과제를 수행할 때 서로 겹치고 상호 작용한다.[5]

왼손잡이라면 누구나 아는 오랜 농담이 있다. '만약 우뇌가 몸의 왼쪽을 통제한다면 왼손잡이만이 옳은 마음을 가진 사람이다.' 오랫동안 우뇌는 열정, 감정 그리고 비합리성과 관련지어졌다. 그리고 언어와 분석적, 논리적 그리고 실용적인 사고는 좌뇌에 있다고 했다. 하지만 놀랍게도 창의성은 뇌의 오른쪽이나 왼쪽 한 곳에 있지 않다. 창의성의 신경적 기반에 대한 최신 연구는 창의적인 과정에는 다양한 뇌 영역의 광범위한 네트워크가 관련한다는 것을 보여준다. 창의적인 불꽃은 속칭 '아하' 하는 순간, 뇌의 오른쪽에 있는 측두엽의 전측 상부 측두 회라는 특정 영역에서 발생하는 듯하다.[6]

신경과학자들은 창의성이 일어나는 세 가지 주요 신경 네트워크를 관찰했다. 이 중 하나는 우리에게 이미 익숙한 곳으로 집행적 주의 네트워크이며, 이는 집중력과 주의력을 모아 조직하는 것으로 알려져 있다. 나머지 두 개의 네트워크는 현저성 네트워크와 디폴트 모드 네트워크로 다차원적인 창의적 사고에 관련된 하향식 및 상향식 처리 사이의 상호 작용을 계획하는 데 도움을 준다.

집행적 주의 네트워크executive attention network. 주의력에 대해 앞서 살펴보았듯이 집행적 주의 네트워크는 전전두피질에 집중되어 있으며, 억제력, 주의, 작업 기억을 관리한다. 이 세 가지는 모두 집중력을 모으고 유지하는 데 필요하며 창의적 과정에서 중요한 역할을 한다. 전전두피질의 또 다른 주요 기능인 인지적 유연성도 창의성에 핵심 역할을 한다. 이러한 측면의 집행 기능은 우리가 문제를 방식으로 보고, 해결책을 위한 새로운 전략을 시도하며 사고의 돌파구를 찾을 수 있도록 한다. 인지적 유연성은 문제를 해결하는 방식을 창의적으로 접근하는 데 필수다.

현저성 네트워크salience network. 창의성과 관련된 두 번째 네트워크는 현저성 네트워크라고 한다. 이는 두뇌가 당면한 과제에 따라 외부 사건과 내면의 생각 모두를 관찰하고 둘 사이를 전환할 수 있도록 해주는 광범위한 뇌 구조 네트워크다. 이 네트워크와 관련된 영역은 전전두피질 내에 있는 배측 및 전방대상피질뿐만 아니라 전방뇌섬엽피질 영역을 포함한다. 또한, 편도체, 복측 선조체*, 배내측 시상, 시상 하부, 선조체의 일부도 포함한다. 창의적 사고는 사고와 아이디어, 감정, 외부 자극, 기억, 그리고 상상 사이를 유연하게 오가며 전환하는 능력을 특징으로 한다. 좋은 불안이 현저성 네트워크를 자극하면 창의적 영감의 내외부적 원천이 되는 것들 사이를 빠르게 전환할 수 있다.

디폴트 모드 네트워크default mode network(또는 상상 네트워크로 알려져 있다). 창의성에 관여하는 세 번째 네트워크는 디폴트 모드 네트

---

* 역주: 기저핵의 한 영역으로 뇌의 보상 영역에 해당한다.

워크다. 역사적으로 이 뇌 영역은 마음의 배회 상태와 관련 있다. 뇌가 쉬고 있거나 어떤 대상에 의도적으로 집중하고 있지 않을 때, 뇌의 디폴트 모드 네트워크가 활성화되어 마음이 떠도는 상태가 된다. 이 네트워크는 불안이 좋을 수도 있고 나쁠 수도 있다는 것을 잘 보여주는 예다. 디폴트 모드 네트워크가 지속해서 고착되어 과거를 반추하며 헤어 나오지 못할 때 불안은 악화한다. 하지만 디폴트 모드 네트워크가 인지하고 이를 창의적 아이디어를 떠올리기 위해 활용하면 불안은 창의성과 상상력을 위한 긍정적인 토양이 될 수 있다. 실제로 최근 연구는 창의적인 사람들의 뇌는 덜 창의적인 사람들보다 주의 집중력이 낮다는 것을 보여주었다.[7] 기능성 자기공명영상을 활용한 연구에서 이 상태는 여러 경로에 걸쳐 뚜렷하지만, 분산된 활동 패턴으로 표시된다. 비록 과학자들이 이 상태를 '휴식' 상태로 언급하지만, 이것은 의도적이거나 노력이 필요한 주의 집중으로부터 휴식이나 쉼을 말한다. 즉, 디폴트 모드 네트워크의 활성화는 많은 생각과 연결이 무의식적으로 이루어지고 있다는 것을 의미한다. 신경과학자 랜디 버크너Randy Buckner는 디폴트 모드 네트워크를 다음과 같이 설명한다 "개인의 과거 경험을 기반으로 한 동적인 정신적 시뮬레이션을 구성하는 데 관여한다. 예를 들어 기억을 회상하거나, 미래에 대해 생각하거나, 현재에 대한 대안적 관점과 시나리오를 상상할 때 그렇다."[8] 이러한 이유로 창의성 분야의 또 다른 사상가, 스콧 배리 카우프만Scott Barry Kaufman은 디폴트 모드 네트워크

를 '상상 네트워크'라고 부르기를 선호한다. 이 네트워크는 전전
두피질 내 영역들과 장기 기억에 중요한 해마가 위치한 내측 측
두엽, 그리고 두정엽 피질을 포함한다.

최근의 한 연구[9]는 개인이 독창적인 아이디어를 생성할 수
있는 능력이 이들 세 가지 네트워크 내에서 혹은 이들 간의 연결
이 얼마나 강력한지에 따라 예측 가능하다는 것을 보여주면서
이 세 가지 네트워크의 중요성을 다시 한번 확인해주었다.

창의적 사고의 두 가지 유형

잘 정리하고 정의하고 정확한 과학적 접근법에 따르면 창의성의
두 가지 주요 처리 방식은 비의도적 창의성과 의도적 창의성이
라고 할 수 있다. 비의도적 창의성은 '아하' 하고 어디선가 불쑥
나타나 뭐라고 설명하기 힘든 통찰을 가리키며 항상 디폴트 모
드 네트워크와 관련 있다고 여겨왔다. 반면에, 의도적 창의성은
전략적이고 노력이 필요하며 문제 해결을 중심으로 하는 하향식
처리 과정으로, 집행적 주의 네트워크는 물론 현저성 네트워크
가 필요하다.

심리학과 화학 양쪽 분야에서 유명한 이야기가 있다. 1890년
유명한 독일 화학자 프리드리히 아우구스트 케쿨레Friedrich August
Kekulé는 화롯불 앞에서 졸다가 '자기 자신을 집어삼키는' 뱀에 관

한 꿈을 꾸었는데, 이것이 화학 물질 벤젠의 원형 구조 즉, 벤젠 고리에 대한 아이디어로 이어졌다고 한다. 이 이야기는 종종 비의도적 창의성을 보여주는 예로 간주됐다. 그러나 최근 분석에 따르면 당시 이미 다른 사람들이 벤젠의 고리 모양 구조를 발견하여 묘사했으며, 꿈의 요소가 창의적인 방법이긴 하지만 실제 발견에 기여했다고 할 수는 없다고 한다. 첫 번째 사례는 비의도적 창의성과 관련 있지만, 후자의 해석은 분명히 의도적 창의성의 예가 된다.

그렇다면 창의적 사고의 두 가지 유형을 모래 위에 선을 긋는 것처럼 분명하게 구분 지을 필요가 있을까? 나는 '그렇다'라고 대답한다. 몰입이 발생하는 환경을 조성하는 것처럼 창의적 영역이 흘러나오고 이에 뛰어들 순간을 예상하고 경험하기 위해서는 밑 작업을 해야 한다. 통찰력이나 발명의 창의적 불꽃은 저절로 튀는 것처럼 느껴지지만 언제나 어떤 형태의 준비 작업이 선행된다.

창의성은 우리가 불안을 포함한 모든 감정에 편안해질 수 있도록 해주고 심지어는 이를 장려한다. 나아가 불안은 감정적 반응을 유발하는 대상으로 관심을 끄는 능력이 뛰어난데, 이는 창작을 위한 핵심적인 부분이다. 감정적 에너지는 그것이 부정적이든 긍정적인 감정이든 종종 예술, 글쓰기, 음악과 같은 창의적 작업에 영감을 불어 넣는다. 그러나 예술 작품의 창작에는 인지적 과정 또한 필요하다. 세 가지 네트워크의 상호 작용을 포함하여 비의도와 의도 그리고 감정과 인지 사이를 실질적으로 구분하는 것은 창의성에 관한 중요한 점을 일깨워 준다. 즉흥적으로 일어나든지 노력을 통해 얻든지 어떤 방식이든 상관없이, 창의적 통찰에 이르기 위해서 뇌는 항상 우리의 감정적 및 인지적 기억 은행에 저장된 지식을 활용한다는 것이다. 신경과학자 아르네 디트리히Arne Dietrich는 "예술이나 과학에서 창의적 통찰을 표현하는 것은 지속적인 문제 해결을 통한 고난도의 기술, 지식 또는 기술을 요구한다"[10]고 말했다. 창의성은 우리가 불안에 편안해질 수 있도록 감정적 처리 과정과 인지적 처리 과정을 연결하며, 더 나아가 창의적 과정은 불안을 아름다운 경지로 승화시키며 불안의 배출구가 될 수 있다.

이는 창의적 과정에도 단계가 있다고 제안한 일부 과학자들의 설명을 이해하는 데 도움이 된다.[11]

1) 어떤 주제나 관련 영역에 대한 호기심을 가지고 이에 둘러싸인 환경을 조성하는 준비 작업 단계
2) 잠복기 단계
3) 해결책 생성 또는 퍼즐 조각을 조립하는 단계
4) 평가 기준 생성 단계
5) 선택 및 의사 결정, 또는 구현 단계

우리가 창의적 정신을 연마하길 원한다면, 문제를 해결하고

호기심을 자극하며 안전지대를 벗어나 새로운 것을 시도하려는 영감을 얻기 위해 좋은 불안이 주는 각성, 인식, 그리고 참여가 어떻게 좌절을 되새기고 받아들이는데 도움이 될 수 있는지 생각해보자.

불안이 영감으로 바뀌는 순간

어떤 면에서는 창의적 사고를 일으키는 과정은 나쁜 불안에서 좋은 불안으로 전환하는 과정과 동일하다.

- 인지적 유연성은 우리가 상황을 재해석하고 신체적 스트레스 반응을 줄일 수 있도록 해준다.
- 다른 사람의 관점에서 바라보는 능력은 자신의 위협 반응을 다른 방식으로 바라볼 수 있도록 해준다.
- 주의력의 방향 조절과 유지는 불안에 대한 이해를 증진시키고 따라서 이를 조절하는 하향식 통제를 할 수 있도록 해준다.

창의적 사고는 나쁜 불안을 좋은 불안으로 전환하기 위해 필요한 도구들을 강화해줄 뿐만 아니라 좋은 불안 상태일 때 나타난다. 예를 들어 창의적인 사람들의 뇌는 관련 없는 정보를 여과하는 능력이 떨어진다. 즉, 창의적인 사람들은 좁은 범위의 집중력을 유지하는 능력이 떨어진다.[12] 여기에 숨겨진 의미는 무엇일까? 창의적으로 사고하는 사람들은 사고가 확장적이고 통합적이다.

특히 확산적 사고 능력을 훈련하는 방법을 연구해온 실험은 창의성도 '가르칠' 수 있다는 것을 보여주었다.[13] 나 역시 이를 직접 경험했다. 과학자로서 나는 지난 수년 동안 스스로 자랑스러워할 만한 창의적 통찰력을 쌓아왔다. 일부는 실용적이고, 일부는 난해한 것도 있었다. 예를 들어 어떠한 통찰이 왜 창의적인지는 수년간 해마의 전기생리학을 연구한 경우에만 이해할 수 있다. 하지만 내가 얻은 제일 자랑스러운 통찰은 해결해야 할 강력한 난제에서 비롯되었다.

· · · · · · · ·

나의 불안감에서 탄생한 창의성의 예는 박사 과정을 위한 신경과학 연구 기간 동안 내가 가장 자랑스럽게 여기는 일 중 하나다. 여기서 알아두어야 할 첫 번째 사항은 내가 박사 학위를 받는 데 6년이나 걸렸다는 사실이다. 나는 해마 옆에 위치하고 기억에 중요한 역할을 담당하는 뇌 영역을 연구했으며, 그 일은 매우 흥미로웠지만 길고 지루하기도 했다. 내가 했던 업무의 절반은 해마 옆에 있는 이 영역들이 어떻게 연결되어 있는지 지도로 그리는 것이었는데, 이전에는 이 영역들이 뇌의 나머지 부분과 어떻게 연결되어 있는지 전혀 모르는 상황이었다. 우리는 그동안 신경 과학 연구에서 누락된 뇌 영역을 탐구하고 있었으며, 이 부분이 뇌의 장기 기억이 작동하는 방식을 이해할 수 있는 열쇠를 쥐고 있을 것으로 추정했기에 우리가 하는 실험이 혁신적인 잠재력이 있다는 것을 알았다. 하지만 면밀한 분석을 하기 위해 해부학적 발견을 보여주는 도구가 없이는 결코 내가 발견한 자료를 세밀하게 알아낼 수 없다는 것을 깨달았다. 그렇다면 어떻게 해야 할까!

내가 한 연구는 이전에 주목받지 못했던 이 뇌 영역들이 해마와 강하게 연결되어 있을 뿐만 아니라, 해마 기능을 위해 뇌 전체에서 광범위하게 들어오는 정보를 수집하고 처리하는 일종의 집합 영역으로 작용한다는 것이다. 이러한 해부학적 연구를 위해, 연구 대상인 뇌 영역에 눈에 잘 띄지 않는 미량의 특수 염료를 주입했고, 그 염료는 주입된 뇌 영역으로 정보를 전달하는 다른 모든 세포의 몸체로 운반되었다. 나는 박사 과정 동안 수백 시간을 수작업으로 개별 뇌세포들을 찾고, 컴퓨터 시스템을 이용하여 내가 그릴 수 있는 얇은 뇌 단면 위에 그 위치를 기록하는 데 보냈다. 내가 연구했던 뇌 영역은 뇌의 광범위한 영역으로부터 정보를 송출 받았기 때문에 나는 뇌 하나당 수백 개의 얇은 단면을 힘들게 스캔하고, 표시해둔 세포들을 하나씩 모두 확인해 계획적으로 정리했다.

이 과정은 많은 시간이 소요되었지만, 우리에게는 이를 어느 정도 잘 수행할 수 있는 장비와 좋은 현미경이 있었다. 내가 관찰하고 있는 송출 작용이 미치는 영향과 이것이 해당 뇌 영역들의 기능에 무엇을 의미하는지에 대한 내용을 얼마나 잘 전달하는지에 따라 이러한 발견의 잠재적 중요성이 결정되리라는 것을 나는 알고 있었다. 이전에 수행한 연구들은 표시 세포의 대략적인 분포를 '예술적 묘사'를 통한 뇌 표면의 전반적인 밑그림으로 보여주는 방식을 채택하여 해당 뇌 영역을 보여주는 게 매우 부정확했다. 이러한 그림은 뚜렷하게 구별되는 세포층과 사례별로 차이 나는 광범위한 뇌 표지 패턴을 보여주기에는 섬세함이 부족했다. 이러한 데이터를 보여주는 더 정확하고 믿을 만한 방식이 있는데, 그것은 바로 뇌를 펼친 형태의 이차원적 도면으로 만드는 것이다. 하지만 이 작업은 100퍼센트 수작업으로 이루어지며 자동화할 방법이 없었다. 추가적인 도움 없이 이런 방식의 수작업으로 모든 데이터를 분석하려면 8년 혹은 9년 동안 박사 과정을 해야 할 것 같았다. 이런 이유로 이전의 과학자들은 위에서 언급한 것처럼 과학적이기보다 예술적이며 뇌의 전체적인 모습을 질적 측면으로 묘사하는 방식을 선택했다.

이 상황이 나에게 걱정과 불안을 유발했을까? 당연히 그랬다! 박사 과정은 과학 연구의 불확실성에 익숙해지는 6년의 시간이었다. 세계적 수준의 과학자들과 함께하고 있다는 걸 알고 있었지만, 그것으로 인해 내 박사 논문이 중점을 둔 발견 또한 세계적 수준 될 거라는 보장이 없었다.

나는 수년간의 '수작업' 노동이 내 앞에 기다리고 있다는 난관에 부딪혔다. 이 상황에서 할 수 있는 유일한 일은 이 난제를 '해결하기' 위해 창의적으로 생각하는 것이었다. 몇 주 동안 나는 기존의 방법을 수정하거나 이전에 시도되지 않은 방식으로 어떻게든 자동화시킬 방법을 고민했다. 마치 집행적 주의, 현저성, 디폴트 모드 네크워크 사이로 아이디어가 오가는 것처럼 느껴졌다. 이는 '격한 운동 후의 쾌감'을 경험하거나 한 차례의 성공에 영감을 받아 다른 어떤 것을 개발할 수 있었다는 말이 아니다. 나는 수천 시간의 현미경 작업에도 불구하고 이 노력이 내가 생각했던 중요한 과학적 발견으로 이어지지 않을지도 모른다고 걱정하며 스트레스를 받고 있었던 박사 과정의 학생이었다.

그러던 어느 날, 점점 더 불안함을 느끼고 있을 때, 나는 펼쳐진 뇌의 영역들을 손으로 하나씩 일렬로 정렬하기 시작했고, 바로 그때 아이디어가 떠올랐다. 정렬된 뇌 영역들이 몇 분 전에 작업하던 엑셀 스프레드시트의 행들처럼 보였다. 실제로 뇌 영역을 펼쳐 뇌 피질을 작은 단위로 다시 나누면서, 그 안에 표시된 세포들을 세어볼 수 있었다. 이것은 점점 더 엑셀 스프레드시트의 행렬과 비슷해보였다! 그 당시 나는 엑셀이 어떻게 작동하는지 대략은 알았지만, 많이 사용해본 적은 없었다. 하지만 불꽃 튀는 아이디어를 키워 볼 가치는 있다고 느꼈다. 캘리포니아의 산호세를 떠나기 전, 방학 동안 엑셀 스프레드시트를 '연구'하며 이를 해부학 분석의 자동화에 활용할 만한지 살펴보기 위해 엑셀 사용 설명서를 가방에 챙겼다. 결과적으로 엑셀의 행렬은 내가 수작업으로 만든 뇌의 펼쳐진 도면과 완전히 닮아있었다. 그뿐 아니라 엑셀 프로그램 언어를 사용하여 뇌 피질의 소단위 안에서 얼마나 많은 표시 세포가 발견되는지에 따라 다양한 세포들을 색깔 별로 표시하는 작은 자동화 명령어도 만들어 낼 수 있었다. 한 단위에 백 개의 세포가 있는 경우 자동으로 빨간색이 되었고, 열 개만 있는 경우에는 자동으로 회색이 되었다.

그해 크리스마스, 엑셀 사용 설명서를 넘겨보며 부모님 집 거실에서 나는 환호성을 질렀다. 완전히 자동화된 시스템을 발견한 것은 아니었지만, 내가 했던 모든 실험의 데이터를 설명하고 저장하는 새로운 양적 방법론을 발견했고, 그 후 몇 년 동안 나와 연구실의 다른 연구원들은 엑셀 스프레드시트를 통해 뇌를 분석하는 법을 활용했다. 이것은 불안에 영감을 받아 추진력을 얻은 창의성의 업적이었다. 나는 당시의 스트레스가 결국 해결책을 모색하기 위해 나 자신을 자극한 빛이 되었다는 것을 알고 있다. 나는 이 기간의 문제 해결 과정이 인지적 유연성과 지속적 주의력이 혼합된 확산적 사고의 명확한 예시라고 본다.

· · · · · · · ·

창의성은 연습이 필요한 기술이며, 종종 자신의 안전지대를 벗어나 '따를 것'을 요구한다. 성공할 거라는 보장도 없이 안전지대에서 벗어나 무언가를 시도하려 했던 순간 중에서 가장 힘들었던 경험은 무엇이었을까? 그것은 바로 무대에서 노래 하기였다. 나는 뉴욕에서 노래 수업을 들었는데 마지막 수업에서 밴드의 반주에 맞춰 혼자 무대에서 노래를 두 곡이나 불러야 했다. 이런! 이 수업은 몇 명의 아름다운 목소리를 가진 가수들과 그럭저럭 괜찮은 가수들이 섞여 있었다. 나는 말할 것도 없이 후자였다. 나는 강사와 함께한 한 일대일 수업과 연습 시간을 모두 좋아했지만, 공연의 밤만큼은 두려웠다! 나는 냇 킹 콜 버전의 〈Walkin´ My Baby Back Home〉과 마이클 부블레 버전의 〈Sway〉를 불렀다. 두 곡 다 내가 좋아하는 노래였다. 그날 밤 나는 비록 그래미상을 받지는 못했지만 제일 앞줄 왼쪽에 앉아 내가 노래하는 동안 내내 미소 지으며 발로 박자를 맞추던 여성을 기억할 것이다. 그것은 내가 해본 것 중에서 가장 용감한 일 중 하나였다. 나는 나 자신을 탐구할 또 다른 창의적인 배출구를 발견했고, 아직도 노래를 부른다.

고통은 창의성에 이르는 한 방법

나는 쥴리 버스테인의 《불꽃: 창의성은 어떻게 작동하는가》[14]를 통해 창의성을 훨씬 더 미묘한 방식으로 이해할 수 있었다. 그녀의 책에 나온 작가 리처드 포드의 이야기를 소개한다. 그는 자라면서 난독증으로 책을 읽는 속도가 매우 느렸다. 그러나 여러 해가 지난 후 포드가 깨달은 것은 천천히 읽어야 했기 때문에 오히려 언어의 리듬과 운율을 훨씬 더 깊이 감상할 수 있었다. 실제로 그는 언어에 대한 세심한 관심이 오늘날 퓰리처상을 수상한 작가가 되는데 기여했다고 말한다.

나는 이 이야기를 정말 좋아한다. 왜냐하면 올바른 마인드셋을 가진다면 고통, 좌절, 그리고 불안(평생의 난독증)에 관한 무언가가 창의성에 불을 지필 수 있다는 것을 너무나도 아름답게 보여주기 때문이다.

심리적 또는 감정적 고통과 창의성 사이의 이러한 관계는 새로운 것이 아니다. 일부 예술가들은 심각한 불안과 우울증으로 깊이 고통 받았다. 반 고흐, 앤 섹스턴, 미켈란젤로, 조지아 오키프와 같은 예술가들을 생각해보자. 그들은 모두 감정적 고통을 겪었으며, 이들 중 일부는 결국 스스로 삶을 마감하기도 했다. 비록 나는 고통이 성공적인 예술가가 되기 위한 전제 조건이라고 생각하지 않지만, 이러한 연관성은 깊이 생각해볼 가치가 있다.

줄리는 고통이 창의성에 이르는 한 방법이라고 말한다. 그녀는 이 능력을 슬픔에서 나오는 긍정적인 에너지, 성장, 그리고 통찰에 비교한다. 그녀는 우울증과 불안을 정의하는 부정적인 감정들의 집합을 어둡고 고통스러우며 부정적인 감정뿐만 아니라 재미있고, 장난스럽고, 즐거운 감정 모두를 경험할 기회로 본다. 슬픔과 상실을 받아들이면서 줄리는 교육자 파커 파머Parker Palmer

가 말하는 '비극적 간극' 즉, 세상에 존재하는 것과 우리가 창조하고 싶은 것 사이의 간극을 마주할 수 있다고 말한다. 이것은 우주의 허공을 바라보며 "해볼게!"라고 용기 있게 말하는 거다.

비극적 간극에 추가적인 해석을 덧붙이자면 이렇다. 이는 나쁜 불안으로 시작되어 타고난 창의적 욕구로 향하는 간극이다.

나는 신경과학자들이 연구하고 있는 것을 쥴리로부터 배웠다. 창의성은 우리가 통제할 수 있는 것과 내려놓는 것 사이의 긴장에 관한 것이고 애쓰는 것과 애쓰지 않는 것이며 나쁜 불안과 좋은 불안 사이의 밀고 당기기를 구현하는 데 관한 것이다. 그것은 극심한 불안과 집착, 끝없는 과잉 걱정에서 비롯된 과한 노력에 저항하면서 불안의 각성, 활성화, 관여도를 조절하는 것이다. 창의성과 창의적 과정의 다양한 차원을 이해하면(이는 단 하나의 과정이 아니므로) 우리는 창조적 표현력을 긍정적으로 활성화할 뿐 아니라 우리가 가능하다고 생각했던 것보다 뇌를 더 많이 활용할 기회를 가질 수 있다.

우리는 고통을 이용하여 새롭고 유용하며 삶을 변화시키는 의미 있는 것들을 창조할 수 있다. 이는 우리 자신에게 달려있다. 하지만 그 과정 자체는 궁극적으로 카타르시스적*이며 우리를 자아 밖으로 이끌어 세상에 기여하는 것이다.

---

*   역주: 표현을 통한 내적 해소와 정화 작용이다.

3부

불안과
다른 관계 맺기

CHAPTER 10

불안과
친해지기

불안은 마음 좋은 동창이다

우리는 놀라운 뇌의 가소성을 어떻게 활용하고 극대화할 수 있을까? 어떻게 하면 자신을 위해 긍정적인 대안을 선택할 수 있을까? 불안을 잘 조절하고 전환하는 방법은 어떻게 배울 수 있을까?

지금까지 이 책에서는 불안을 경험하고 이를 회피하려 할 때 일어나는 뇌의 작동 방식과 뇌의 기저 네트워크 및 상호 작용에 대해 배웠다. 이를 통해 과학자들이 어떻게 뇌와 그 상호 작용을 연구하고 또 우리의 감정, 반응, 행동을 제어하여 유익하게 활용하는 법을 고심했는지 알 수 있는 기회가 되길 바란다. 2부에서는 불안이 지나는 다양한 경로에 우리가 어떻게 접근하여 이를 활용하고 집중력과 수행 능력을 개선하며, 창의력과 사회적 지능을 높일 수 있는지 살펴보았다. 이런 기술에 능숙할수록 우리는 회복탄력성을 높이고 불안을 더 잘 관리할 수 있을 뿐 아니라 초능력의 문도 열 수 있다.

이제는 자기 자신에게 집중할 차례다.

불안이 주는 초능력 중 일부는 우리가 일상적으로 쉽게 접할 수 있는 것들이다. 예를 들어 지금 당장 마감 기한을 맞춰야 한다면 불안의 주의력 경로를 이용하여 생산성을 높이는 데 많은 관심을 가질 수 있다. 아니면 불안이 주는 각성이 실력 향상을 위해 어떤 도움을 주고 몰입에 이를 수 있는지에 지금 당장 관심이 생길 수도 있다. 혹은 최근 불안하고 혼란스러웠던 이유 중 하나가 너무 오랜 시간 동안 고립되어 있었기 때문이라는 것을 깨닫는 기회가 될지도 모른다. 이제 친구들과 가족들에게 다가갈 시간이다.

불안의 모든 신경 경로는 불안을 관리하는 데 도움을 주고 숨겨진 초능력으로 이어질 수 있다. 하지만 우선순위부터 정해보자. 앞으로의 내용은 책을 시작하기 전 해보았던 첫 번째 자가 진단 테스트에 이은 자가 진단 테스트다. 자가 진단 테스트는 자신이 어떻게 불안을 경험하고 있고, 평소 어떤 상황에서 불안을 느끼며 그리고 어떤 방식으로 이에 대처하는지 알아내는 데 도움이 될 것이다. 자기 성찰적 과정은 그 자체로 불안을 진정시켜 주기 때문에 치유의 과정을 방해하지 않고 오히려 불안을 반전시키는 마인드셋을 향한 첫걸음이다. 지금까지 나쁜 불안을 좋은 불안으로 반전시키는 방법에 대해 이야기해왔지만, 이 과정은 불안에 가까이 다가가는 것으로 생각하는 편이 더 정확하다. 불안이 전해주는 정보에 주의를 기울여보자. 객관적 관점을 얻게 되면 상황, 생각 또는 기억을 재평가해볼 수 있다. 이를 중심으로 감정을 어떻게 처리할지 의식적인 결단을 내리는 위치에 설 수 있다.

이런 인식이야말로 불안을 관리하고 불안의 영향력을 감소시키며, 또 원한다면 그 방향을 전환할 수 있는 열쇠가 된다. 불안을 일으키는 원인은 곳곳에 있고 끝도 없지만, 이러한 스트레스 요인에 대한 자신의 반응이 필연적인 것은 아니다. 우리는 이에 대한 대응을 '최적화할' 능력이 있다. 여기서 요점은 불안의 주요 목적인 잠재적 위험에 대한 경고 신호를 충분히 활용하여 뇌-신체에 대한 자극을 유리한 방식으로 유도하는 것이다. 불안을 일으키는 계기를 잘 인지할수록 이를 회피하는 대신 자신에게 맞는 방식으로 선택할 수 있다.

이것은 실용적이고 간결하며 실행 가능한 방법으로 연습할 수 있다. 각자 자신에게 맞는 도구를 선택하고 당장 그 효과를 살펴볼 수 있다. 우리의 목표는 이 도구들을 사용하여 불안이 자신의 삶에 방해가 되지 않도록 잘 관리하고, 불안의 에너지를 활용하는 법을 배우는 것이다. 궁극적으로 이 기술들은 우리가 불안과 친구가 될 수 있도록 도와준다. 불안은 마음 좋은 동창인 것처럼 친해지는 것이 중요하다. 친숙함은 나쁜 불안을 좋은 것이 될 수 있도록 조절하고, 전환하는 데 필요한 도구 개발에 도움을 줄 것이다. 이제 우리는 성공이든 실패든 자신의 성장 과정을 유심히 관찰하고 크든 작든 자신이 이룬 성공을 축하해주어야 한다.

불안에 대해 알아보기

불안을 경험하는 방식은 매일 다르다. 지금 자신이 불안에 어떻게 반응하고 처리하는지 알아보기 위해 다음 질문에 답해보자. 오늘의 답변은 내일이나 다음 주의 답변과 다를 수 있다. 놀리는 게 아니다. 또한, 답변은 당신이 활용할 수 있는 정보임을 기억하자.

질문에 답할 때는 자신에게 솔직하고 감정적 경험의 미묘한 차이와 뉘앙스에 주의를 기울여야 한다. 자신의 불안이 어디쯤 있는지 이해하면 자신만의 불안 기준선을 파악하는 데 도움이 될 것이다.

불안할 때 어떤 느낌이 드는가?

책을 시작하기 전 자가 진단 테스트를 통해 나의 불안 수치를 파악했다면 다음 단계는 불안이 어떤 느낌을 주는지 자기 자신에게 물어보는 것이다. 2장에서 언급한 감정의 수레바퀴를 기억해보자. 불안과 관련된 부정적인 감정에는 다양한 이름이 있으므로 자신의 감정을 식별하고 이름표를 붙이는 건 내적 경험을 의식적으로 인식하고 불안 및 기타 부정적인 감정을 잘 관리하기 위한 중요한 단계다. 아래 불안과 관련 있다고 생각하는 단어를 모두 표시해보자.

1) 긴장되는

2) 압박감을 느끼는

3) 속상한

4) 겁에 질린

5) 불안한

6) 조마조마한

7) 우유부단한

8) 걱정스러운

9) 혼란스러운

10) 안절부절못하는

11) 실패한 것 같은

12) 부족한

13) 슬픈

14) 혐오스러운

15) 지루한

16) 당혹스러운

17) 화가 난

18) 공포에 질린

19) 산만한

20) 생각에 잠긴

21) 짜증 나는

감정 기록지를 만들기 시작할 때 이 단어들과 이들이 불러일으키는 감정을 기억하자. 특히 익숙하게 느껴지는 단어가 있는지 살펴보자. 목록에는 없지만 자신이 경험하는 불안의 감정과 관련된 다른 단어들이 있는지도 생각해보자.

불안을 일으키는 계기는 무엇인가?

불안이 일으키는 다양한 감정을 살펴본 후, 자신의 삶에서 불안을 일으키는 계기가 무엇인지 집중적으로 살펴보자. 무엇이 불안의 소용돌이로 자신을 내모는 걸까? 무엇이 꼬리에 꼬리를 무는 걱정을 일으키는 걸까? 걱정, 두려움 또는 공포감을 유발하는 전형적인 원인은 무엇일까? 불안의 일반적인 원인을 특별한 순서 없이 나열하면 다음과 같다.

- 경제적 불안정
- 식량 공급의 불안정이나 배고픔
- 친구 관계와 기타 관계에서 경험하는 고통, 의견 충돌 또는 갈등
- 사회적 불안(내가 낄 수 있을까? 내가 여기 소속될 수 있을까?)
- 고립과 외로움
- 일과 연애에서 느끼는 실망감
- 실직에 대한 위협 또는 실직
- 자녀 문제나 자녀의 질병
- 노부모의 질병
- 죽음 또는 상실
- 자신의 건강 문제나 질병
- 수면 부족
- 독감이나 다른 바이러스 또는 전염병 '감염'에 대한 공포
- 대인 관계에 대한 두려움
- 갈등에 대한 두려움
- 의료적 조치에 대한 두려움

불안의 즉각적인 원인으로 상위 5위 항목을 꼽는다면 무엇일까? 불안을 일으키는 계기를 파악하면서 가장 많이 걱정되는 것(1)부터 가장 적게 걱정되는 것(5) 순서로 일지나 스마트폰에 기록해보자. 상위 다섯 개의 항목 옆에는 가장 최근의 상황, 생각 또는 이러한 감정을 불러일으킨 기억을 최대한 자세히 묘사해보자.

불안을 일으키는
상위 다섯 가지 요인과 감정 기록지

불안을 일으키는 계기	이에 따른 감정	가장 최근의 상황

이 목록을 가지고 다닌다고 해서 두려워할 필요는 없다. 위의 내용을 인지하는 건 불안을 다루는 도구 상자의 활용법을 이해하기 위한 필수적인 단계다.

마음을 진정시키는 나만의 방법 찾기

불안하거나 속상할 때 어떤 방식으로 마음을 진정시키는가? 너무 깊이 생각하지 말고, 많은 사람이 흔히 활용하는 진정 기법을 읽어보자. 그리고 자신에게 익숙한 방식을 골라보자.

1) 하루를 마무리 하기 위해 목욕을 한다

2) 친구들과 한잔하러 간다

3) 귀갓길에 패스트푸드를 사 먹는다

4) 사탕, 아이스크림, 빵과 같이 단 음식을 먹는다

5) 명상을 한다

6) 평소보다 운동량을 늘리거나 줄인다

7) 전화나 화상 통화로 친구에게 연락한다

8) 자주 낮잠을 잔다

9) 쇼핑하러 간다

10) 혼자 술을 마신다

11) 담배를 피운다

12) 정원을 가꾼다

13) 자연환경에서 야외 활동을 즐긴다

14) 베이킹이나 요리를 한다

15) TV 프로그램을 한꺼번에 몰아본다

위에서 고른 대처 전략이 자신에게 효과가 있는지 결론을 내리기 위해 79~81쪽의 긍정적, 부정적 대처 목록을 다시 살펴보자. 자신에 대해 평가하라는 말이 아니라 자기 자신에게 질문을 던지는 것이다. 자신이 주로 활용하는 스트레스 대처법이 실제로 도움이 되는지 아닌지, 혹은 이런 대처법이 원치 않는 2차 피해를 일으키지는 않는지, 이런 대처 전략 중에 어떤 것이 자신에게 효과가 있는지, 어떤 대처법을 더 많이 시도해볼 수 있는지 자신에게 물어보자.

불편한 감정을 허용해볼 것

스트레스에 대한 내성을 키우기 위해서는 불편한 감정을 편안하게 받아들이는 것이 필요하다. 우리가 불안을 즉각적으로 은폐하고 밀어내거나 부정하려 한다면, 불안이 주는 각성과 주의력을 긍정적으로 활용할 기회를 놓치게 된다. 첫 번째 단계에서는 감정을 있는 그대로 받아들이고, 심적 불편함과 동요에서 멀어지기보다 가까워진다. 불편함을 인식하고 수용하는 것은 두 가지 효과를 가져다준다. 1) 우리가 불편한 감정에 익숙해지고 그것을 '견딜' 수 있다는 것을 깨닫게 되고, 2) 자신의 행동 방식과 대응 방식에 대해 더욱 의식적인 결정을 내릴 수 있는 시간과 공간을 확보할 수 있다. 바로 이것이 새롭고 긍정적인 신경 경로가 만들어지는 방식이다.

이 과정은 다음 네 단계를 포함한다.

1) 감정을 인지하자. 최근에 느꼈던 부정적인 감정을 떠올려 무슨 감정인지 인지하고 그 감정을 그대로 받아들인다.

2) 불편함을 허용하자. 감정을 인지한 후에는 이 감정이 어떻게 느껴지는지 현재에 집중한다. 불안의 경우 심신의 불편함과 동요를 수반할 수 있다.

3) 감정을 느껴보자. 실제로 느껴지는 신체적 또는 정서적 감각에 대해 개방적인 상태로 머문다. 감정을 허용하고 이에 집중한다. 감정을 회피하거나 부정하려 하지 않는다.

4) 대안을 선택해보자. 이제 불안의 에너지를 불안의 여섯 가지 활용법 중 하나로 유도하기 위해 전전두엽을 불러내어 의식적인 결정을 내릴 때다.

불안을 생산적인 것으로 전환하기 전에는 이러한 변화가 일어날 수 있는 충분한 정서적 공간을 만들어주어야 한다. 이 단계는 많이 연습할수록 자연스러워지고, 불안이 불편하게 느껴질 때마다 바로 활용할 수 있는 전략으로 자리 잡을 수 있다.

CHAPTER 11

·

불안을 유리한 방향으로
유도하기

·

자신의 감정 조절 전략은?

감정의 힘은 과소평가할 수 없을 만큼 강하다. 이미 살펴보았던 것처럼 스트레스를 건강한 방식으로 처리하고 불안을 유리한 방향으로 유도하는 주요 방법의 하나는 우리가 감정, 특히 부정적인 감정을 조절하거나 관리하는 데서 비롯된다. 불편한 감정을 관리하는 일반적인 전략은 두 가지로, 다음의 설문지를 통해 확인해볼 수 있다. 이는 인지적 유연성과 불편함을 해결하려는 욕구를 보여주는 '인지적 재평가', 그리고 불편한 감정에 대처하는

감정 조절 설문지ERQ[59]

감정 조절 설문지는 개인이 습관적으로 사용하는 두 가지 감정 조절 전략 즉, 인지적 재평가와 표현 억압에 대한 개인차를 평가하기 위해 고안되었다.
각 항목에 대해 아래의 수치를 사용하여 전혀 동의하지 않음(1), 중립(4), 강력하게 동의함(7) 중 어디에 해당하는지 표시해보자.

$$1 — 2 — 3 — 4 — 5 — 6 — 7$$

1. _____ 즐거움이나 유머 같은 긍정적인 감정을 더 많이 느끼고 싶을 때 머리에 떠오르는 생각을 전환해본다.
2. _____ 내 감정을 감춘다.
3. _____ 슬픔이나 분노 같은 부정적인 감정을 덜 느끼고 싶을 때 머리에 떠오르는 생각을 전환해본다.
4. _____ 긍정적인 감정을 표현하지 않도록 주의한다.
5. _____ 스트레스받는 상황에서 침착함을 유지하는데 도움이 되는 방식으로 상황을 바라본다.
6. _____ 감정 표현을 절제하는 방식으로 감정 조절을 한다.
7. _____ 긍정적인 감정을 더 많이 느끼고 싶을 때는 상황을 바라보는 관점을 바꾼다.
8. _____ 내가 처한 상황에 대해 관점을 바꾸는 방식으로 감정을 조절한다.
9. _____ 부정적인 감정을 느꼈을 때 표현하지 않으려고 노력한다.
10. _____ 부정적인 감정을 덜 느끼고 싶을 때 상황을 바라보는 사고방식을 바꿔보려고 한다.

부적응적인 방법인 '표현 억압'이라는 두 가지 전략이다. 질문에 솔직하게 답변 해보자. 이것은 자기 평가를 위한 것이 아니라 자신이 얼마나 불안과 같은 불편한 감정을 다룰 준비가 되었는지, 또는 그럴 의지가 있는지 확인하는 기회다.

· · · · · · · ·

결과를 해석하려면 먼저 1, 3, 5, 7, 8, 10번 질문에 어떻게 응답했는지 살펴보자. 이 질문들은 부정적인 감정을 얼마나 자주 또는 규칙적으로 재평가하는지 살펴보기 위해 고안되었다. 이는 또한 긍정적인 감정을 느끼고 싶어 하는 자신의 욕구를 반영한다. 예를 들어 만약 1, 3, 5, 7, 8, 10번 질문에 높은 점수(중립에서 강력하게 동의함 사이)를 주었다면 상황을 다른 관점으로 바라보는 방식을 통해 불편한 감정을 다룰 수 있다. 이는 바람직하고 적절한 감정 조절 방식이다. 2, 4, 6, 9번 질문에 낮은 점수로 답했다면 부정적이든 긍정적이든 감정을 대할 때 감정을 억압하지 않는다는 것을 보여준다. 이 또한 감정 조절을 잘하고 있다는 신호다.

반면 1, 3, 5, 7, 8, 10번 질문에 낮은 점수로 응답했다면 감정 관리에 어려움이 겪고 있으며 인지적 유연성이 필요하다. 추가로, 2, 4, 6, 9번에 대한 높은 점수는 감정을 억제하는 경향으로 감정 조절의 어려움을 나타낸다.

· · · · · · · ·

목표를 세워보자. 불안의 활용법으로 다양한 종류의 감정을 조
절하는 방법을 습득하여 나쁜 불안을 좋은 불안으로 전환시키고
자신의 긍정적인 목표를 달성하자.

불안을 다루는 도구 활용법

호흡하기

내가 습득한 호흡 명상 중 가장 쉽고 빠르며 효과적인 방법으로,
호흡·명상 전문가이자 친구인 니콜라스 프래틀리Nicholas Pratley로
부터 배운 호흡법을 소개한다.

> 1단계: 조용한 장소에 찾아 앉는다.
> 2단계: 천천히 깊이 숨을 들이쉬며 4초를 센다.
> 3단계: 숨을 멈추고 6초간 유지한다.
> 4단계: 8초에 걸쳐 천천히 숨을 내쉰다.
> 5단계: 필요에 따라 6~8회 더 반복한다.

수천 가지에 달하는 다양한 호흡 연습법이 있다. 가령 단순히
평소대로 호흡하면서 호흡의 세부 과정과 감각에 집중한다. 일

부 요가 클래스에서 흔히 하는 호흡으로 양쪽 콧구멍을 번갈아 가며 호흡하는 방법도 있다. 주로 사용하는 손의 엄지와 약지를 사용하여 오른쪽과 왼쪽 콧구멍을 번갈아 막으며 호흡하는 것이다. 먼저 오른쪽 콧구멍을 막고 열려있는 왼쪽 콧구멍으로 4초간 숨을 들이마신다. 그다음 4초간 숨을 멈춘다. 이제 오른쪽 콧구멍을 열고 왼쪽 콧구멍을 막아 천천히 숨을 내쉰다. 방금 내쉬었던 쪽에서 다시 시작한다. 원한다면 검색을 통해 더 자세히 알아보자!

긍정적인 것으로 주의를 환기하기

불안을 일으키는 상황에 부닥쳤을 때, 우리는 훈련을 통해서 불안을 일으키는 요소로부터 긍정적인 것으로 자신의 주의를 환기할 수 있다. 두려운 발표를 앞두고 벗어날 수 없다는 생각에 빠지기보다 발표 주제에 대해 친구와 편하게 이야기해보자. 천장에 붙어있는 타일의 수를 세거나 방에 있는 모든 사람의 이름을 외워보자. 현재 자신이 처한 환경에 머물면서 좀 더 익숙하게 느낄 수 있는 방법을 찾아보자. 주의를 환기하는 연습은 단순해보이고 또 실제로도 단순한 방법이지만 불안을 다루는 강력한 효과가 있다.

성공 자축하기

불안한 상황을 다루는 데 도움이 되는 중요한 도구 중 하나는 자신의 성공 경험을 기억하는 거다. 어떻게 하는 것일까? 나쁜 불안을 좋은 불안으로 반전시키기 위해 치렀던 전투에서 자신이 이루었던 모든 성공 경험을 가치 있게 되돌아보는 시간을 가져보자. 대인 관계를 견딜 수 있었다면? 자신을 축하해주자! 스트레스를 덜 받는 방식으로 상황을 변화시키거나 수정할 수 있었다면? 나 자신에게 선물을 주자. 커피처럼 말이다!

현명한 선택하기

자신이 노출되는 환경을 스스로 제어할 수 있다는 걸 기억한다면 불안의 즉각적 원인에 한발 물러나 상황을 재평가할 여유를 가질 수 있다. 우리가 누구와 함께 어디서 일하고, 살고, 먹고, 자고, 시간을 보내는지 자신의 처한 환경에 대해 통제력을 가지는 것은 삶과 감정이 통제 불가능하다는 느낌을 상쇄시켜 주는 강력한 방법이다. 통제력을 가지려면 '어떤 일이 일어나도록 그냥 내버려두지' 않고 의식적이고 의도적인 행동이 필요하다. 다음을 실천해보자. 누군가가 화풀이하거나 분노를 폭발할 때 호흡을 하면서 그 사람의 나쁜 태도는 자신의 문제가 아니라는 것을 기억하자. 지나치게 단순해보일 수 있지만, 매번 타인의 기분이나 상황에서 자신을 분리할 때마다 자신의 경계를 단단하게 지킬 수 있다.

상황 수정하기

불안을 늘 유발하는 상황도 있다. 하지만 이를 피하거나 벗어나기 위해 에너지를 소모할 것이 아니라(이는 종종 부적응적 행동으로 이어진다), 새로운 접근 방식을 시도해보자. 그것은 바로 준비하기다. 불확실성이 적을수록 자신이 처한 상황에 대해 더 많은 통제력을 가질 수 있다. 예를 들어 즉흥적인 말하기를 싫어한다면 사람들 앞에서 보고해야 하는 모든 내용을 완전히 준비해 미리 써놓는다. 동료들과 함께 서 있거나 앉아있는 자신의 모습을 상상하고 보고서를 소리 내어 읽어보며 연습한다. 회의 의장에게 보고서를 미리 보내어 읽도록 하거나 중요한 순간 전에 직접 읽어보며 만족스럽게 들리는지 확인해보는 것도 도움이 된다. 여기서 요점은 가장 불안한 상황에서조차 늘 선택권이 있다는 것이다. 전략을 세울 수 있는 시간이 있다면 특히 그렇다. 이것이 바로 자신의 불안을 잘 알아야 하는 이유다. 그래야 불안을 유발하는 불가피한 상황에 대해 예측하고 예상할 수 있다. 준비를 잘할수록 불안을 잘 통제할 수 있다.

불안의 뿌리 찾기

앞서 적어본 불안 요인 상위 다섯 가지 목록으로 돌아가서 각 불안 요인이 발생한 근본적인 이유를 생각해보자. 이것은 어디서 비롯되었는가? 자신의 삶에서 이를 공유하는 사람은 누구인가? 삶의 다른 측면에서도 이러한 불안이 나타나고 있는가? 아마 평생에 걸친 금전적 불안은 부모에게서 물려받았을지도 모르고 사회적 불안은 초등학교에서 일어났던 부끄러운 사건에서 비롯된 것일 수도 있다. 충분한 시간을 두고 생각해보면 대부분은 일반적인 불안조차도 구체적인 이미지나 예로 떠오른다. 그 예를 떠올려보자. 지금부터 도전이 시작된다. 자신을 따돌리는 아이들의 조롱 같은 부정적인 사건이나 많은 돈은 벌기 어렵다는 신념을 재구성하여 뒤집어 볼 수 있을까? 이런 부정적인 경험은 일회성으로 받아들이고 대신 자신이 사람들과의 대화에 참여할 수 있는 중요하고 재미있는 것을 가지고 있다고 재구성한 신념을 키워본다. 또는 세상에 돈은 많다고 재구성한 신념도 키워본다. 다른 도구에 비해 실제로 적용하기에는 더 긴 시간이 걸릴 수 있지만, 불안의 중심에 자리한 신념을 파악하는 행위 자체가 생산적인 첫 단계가 될 수 있다.

두뇌에 연료 공급하기

연구에 따르면 깨끗하고 영양가 있는 음식을 먹고 균형 있는 혈당을 유지할 때 우리는 더 행복감을 느끼고 더 명확하게 사고할 가능성이 높다.[2] 음식을 먹는 것은 자기 자신을 보살피는 행위다. 반면에 음식을 거부하고, 다이어트를 하며 빈곤한 상태를 만드는 것은 자신의 통제감을 감소시키고 불안을 악화시킨다. 건강한 지방이 포함된 식품들은 뇌를 진정시키며 불안을 관리하는 나머지 작업에 필요한 연료가 된다. 따라서 나쁜 불안을 좋은 불안으로 바꾸는 데 도움이 될 두 가지 간단한 전략을 소개한다. 1) 채소 섭취를 늘리고 단백질과 곡물 섭취를 줄이자. 2) 기분이 좋아지는 음식을 식단에 추가하자. 아보카도 토스트, 블루베리를 곁들인 그래놀라, 피칸, 호박씨, 호두, 살짝 구운 귀리, 그리고 내가 제일 좋아하는 코코아 가루를 뿌린 유기농 무가당 요거트.

수면 패턴 만들기

수면은 신체와 정신 건강에 있어 최적의 상태를 유지하기 위해 필수지만, 최근 추정한 바에 따르면 약 30퍼센트의 미국인이 6시간이나 그 이하의 수면을 취하고 있다고 한다. 수면 부족은 면역 억제 반응, 비효율적인 스트레스 반응, 높은 혈중 코르티솔 수치, 전반적인 감정 관리의 어려움으로 이어진다. 다른 사람과 마찬가지로 나도 수면의 질과 양을 개선하기 위해 오랫동안 노력해 왔다. 좋다는 모든 방법을 시도했었고, 그중 효과가 있는 것이 있었다.

처음에는 쉽게 할 수 있는 몇 가지 간단한 방법을 시도했다. 첫째, 잠자리에 들었을 때 배에 음식이 가득하지 않도록 저녁을 일찍 먹었다. 둘째, 아침에는 물을 많이 마시고 저녁 6시 이후로는 술을 마시지 않았다. 셋째, 침실에 들어가면 영상을 보지 않았고, 침실 온도를 15도 정도로 시원하게 설정했다. 이 세 가지를 바꾸자 잠자리에서 몸이 더 편안했고, 자다 깨서 화장실에 가지 않았으며, 시원한 방에서 더 쉽게 잠들 수 있는 등 긍정적 변화가 일어났다.

그리고 다음의 두 가지 방법을 추가한 것은 매일 7~8시간의 수면 패턴을 유지하는데 큰 도움이 되었다.

1) 알코올 섭취량을 줄였다. 많은 이들에게 어려운 일이라는 걸 알지만 숙면을 한 후 기분이 얼마나 좋아지는지를 몸소 경험한다면 알코올을 줄이는 것이 그리 나쁘지만은 않을 거다!

2) 드라마 〈브리저튼〉을 보고 싶다고 해서 수면 시간을 줄이지 않았다. 어떤 일정이 있더라도 내가 정한 수면 시간을 확보했는데, 내 몸은 이에 대해 매일 감사해하고 있다!

물론 여전히 잠을 설치는 날도 있지만, 이 방법을 통해 수면 시간을 7~8시간으로 늘렸더니 기분이 훨씬 좋아졌고 건강해졌으며 활력이 넘친다!

운동하기

자연스러운 기분 전환과 불안 해소를 위해 어떤 운동이 제일 좋을까? 그것은 사람마다 다르다. 내게 가장 잘 맞았던 운동은 30분간의 강도 높은 유산소 운동이나 내가 다 해내지는 못해도 곧잘 따라가는 타바타 운동*이다. 힘들긴 하지만 운동을 마치고 나

---

* 역주: 체지방 감소를 위해 고강도 운동과 휴식을 반복하는 짧은 운동이다.

면 나 자신이 매우 자랑스럽고 온종일 활기가 느껴진다.

이제 여러분의 차례다. 다음 도전은 기분 전환에 가장 좋은 신체 활동이 무엇인지 찾는 것이다. 파워 워킹? 자전거 타기? 줌바? 요가? 탱고? 자신이 어떤 유형의 운동(혹은 영감을 주는 강사)을 통해 기분이 가장 좋아지는지 아는 것만으로도 정말 필요한 순간에 언제든 꺼내 쓸 수 있다는 인식을 하게 된다. 우리가 평소 하는 범위 내에서 운동을 한 후에 자신의 기분이 어떤지 명확하게 비교하고 대조해보자. 가장 기분 전환이 되는 운동은 무엇일까? 이 점을 기억해두면 정말 기분 전환이 필요한 날에 가장 효과적인 운동이 무엇인지 알 수 있다.

만약 더 많이 움직이기로 했지만, 아직 그렇게 하지 못했다면 어떻게 할까? 이런 경우, 산책을 하고 기분이 어떻게 변하는지 살펴보자. 10분의 산책과 20분의 산책 효과를 비교해보는 것은 어떨까? 이것은 대부분 할 수 있는 활동으로 많은 사람이 에너지가 증가하고 활기차며 긍정적인 기분을 느끼는 등 눈에 띄는 효과를 경험할 것이다. 기분 전환과 불안 해소 효과에 대한 민감성은 매우 강력하여, 일상생활에서 전략적으로 활용할 수 있다.

향 활용하기

특정한 향이 과거의 구체적인 기억을 떠올리는 경험을 해봤나? 후각은 해마로 직접 정보를 송출하는 유일한 감각이기 때문에 향기는 특히 강력한 기억 자극제다. 특히 '따뜻하고 포근한' 기억을 불러오는 향이 있다면 찾아보자. 그것이 엄마 아빠의 향이거나 좋아하는 음식의 냄새, 혹은 특정한 꽃이나 허브 향일 수 있다. 이러한 향을 찾아서 주변에 두면 따뜻하고 포근한 기억의 후각적 '배경'을 조성할 수 있다. 이러한 기억을 불러일으키는 향을 얻을 수 없다면, 따뜻함과 포근함을 주는 다양한 에센셜 오일을 시도해보자. 나는 유칼립투스가 주는 활기와 라벤더의 진정 효과를 늘 좋아했다. 이러한 향이 있다면 자신이 느끼고 싶은 감정이나 기분을 불러일으키기 위해 활용해보자.

CHAPTER 12

·

나를 지키는 좋은
불안 사용법

·

회복탄력성을 키우는 다섯 가지 방법

회복탄력성을 꾸준히 연습하면 필요할 때 우리 곁을 지켜줄 것
이다. 그 과정을 통해 우리는 실수가 가져다준 새로운 정보에 감
사하거나 심지어 환영하는 법까지 배울 수 있다.

낙관주의 연습하기

낙관주의를 키우는 비법이 있다. 매일의 시작이나 끝(자신에게 가
장 잘 맞는 시간)에 현재 자신의 삶에서 크든 작든 불확실한 상황

들을 모두 생각해보자. 내게 특별한 그 사람에게 문자가 올까? 업무 평가를 잘 받을 수 있을까? 내 아이가 학교에 잘 적응할 수 있을까? 이제 각 항목에 대해 가장 낙관적이고 놀라우며 사랑스럽고 멋진 상황을 시각화해보자. 그냥 '괜찮은' 결과가 아니라 상상할 수 있는 가장 좋은 결과를 말이다. 이것은 그에게 문자가 오지 않는 현실에 더 큰 실망을 하라고 조장하는 것이 아니다. 좋은 결과를 기대하는 마음의 근육을 키우고 심지어 이러한 좋은 결과에 이르기 위해 즉, 자신이 꿈꾸는 결과를 위해서 필요한 아이디어가 떠오를 수도 있다.

긍정적인 한마디 연습하기

린마누엘 미란다Lin-Manuel Miranda는 하루의 시작과 끝에 보내는 말 한마디에 관한 책을 출판했다.[1] 이 책에서 그는 재미있고 리듬감과 즐거움이 가득한 기분 좋은 메시지들을 공유한다. 나와 개인적으로 아는 사이는 아니지만 인터뷰를 통한 그의 모습은 전형적인 활동가 마인드셋을 가진 낙관적이고 긍정적인 사람처럼 보였다. 그렇게 생산적이고 창의적인 사람이 되는 방법은 무엇일까? 확실한 대답 중의 하나는 자기 자신을 위한 긍정적인 한마디다! 여기서 요점은 하루의 시작과 끝에 자신을 응원하고 격려하는 것이다. 오늘 자신이 무엇을 '완전 멋지게' 해낼 것인지, 하루를 마칠 때면 얼마나 잘 해냈는지 자신에게 말해주자. 모자만 떨어뜨려도 자신을 비난하는 많은 사람에게(나 자신도 포함해서) 이런 한

마디는 어려울 수 있지만, 대신 자신의 삶을 가장 응원해주는 사람(배우자, 형제, 친구, 부모, 좋아하는 이모)이 말해주는 것으로 생각하며 자신에게 따뜻한 한마디를 건네주는 법을 배우자!

한계 넘기

요즘은 새로운 운동을 선보이는 온라인 클래스에 참여하거나 소셜 미디어의 라이브 방송을 접하기가 그 어느 때보다 쉽다. 몇 달 전, 신문 기사를 보고 나는 윔블던 챔피언인 비너스 윌리엄스와 그녀의 어머니가 샴페인 병으로 운동하는 인스타그램 라이브에 참여했다. 정말 훌륭하고 기억에 남는 운동이었다. 요점은 무료 혹은 적은 비용으로 새로운 것을 시도해보고 어떤 것이든 해볼 수 있다는 것이다! 운동이 쉬울 수도 있고, 어려울 수도 있고, 자신에게 딱 맞는 수준이거나 처음 해보는 것일 수도 있지만, 자신의 뇌-신체의 한계를 넘어 시도해보는 거다.

자연과 함께 하기

과학은 자연과 함께하는 것이 마음을 달래주고 회복하는데 도움이 된다는 것을 수차례 보여주었다. 전통적으로 일본에는 산림욕[2]이라는 것이 있는데, 이것은 숲을 거닐며 마치 목욕하듯이 나무에서 나오는 산소를 모두 흡수한다는 개념이다. 내가 사는 곳 주변에는 숲이 없지만 나는 센트럴 파크에서 하는 산책을 마치 산림욕을 하는 것처럼 생각했고 사람들이 많지 않은 조용한 곳에서 특히 이런 효과를 느낄 수 있었다. 하지만 산림욕이 자신의 취향이 아니라면 시간을 보낼 수 있는 어떤 자연환경이든 찾아 보자. 호흡하고 이완하며 주변의 소리, 냄새, 경치에 주의를 기울여보자. 모든 감각을 활용하여 자연을 더욱 느껴보자. 이 연습은 에너지를 회복하고 균형을 재설정 해주며 전반적인 회복탄력성을 증진한다.

도움 구하기

내가 겪었던 이별 중에 가장 나쁜 이별의 기억은 뉴욕에 처음 이사 왔을 때였다. 나는 애리조나에 사는 제일 친한 친구인 수잔과 조셉에게 울며 전화했고, 그들은 내게 주말에 애리조나로 오라고 했다. 나는 그들의 초대를 받아들였다. 그때 나는 나를 챙겨주는 친구를 가진 가장 운 좋은 루저라고 느꼈다. 되돌아보면 헤어진 그 남자는 내 인생에 있어 그 정도로 난리를 칠만한 가치가 없었던 사람이었다. 하지만 그때의 나는 정말 감정적인 밑바닥 상태였고 눈물과 속상함으로 몸을 제대로 가눌 수 없었다. 나는 정신이 없었는지 애리조나에 도착한 후 가방을 차에서 꺼내다가 조셉의 손이 나와 있는지도 모르고 차 문을 닫기도 했다. 친구들은 동료 교수진 몇 명을 초대해 작은 저녁 모임을 가졌는데 아마 내가 역대 최고로 우울한 손님이었을 것이다. 나는 평소에 아주 잘하던 행복한 척마저 할 수 없었다. 그때를 되돌아보며 교훈을 얻었다. 이별의 아픔을 견딜 수 있다는 것뿐만 아니라 좋은 친구가 얼마나 소중한지도 알게 되었다. 그들은 나를 받아들이고 돌봐주었으며 내 곁에 있어 주었다.

그들은 내가 이별의 아픔에서 회복할 수 있도록 도움을 주었고, 그들이 보여준 사랑을 나는 절대 잊지 않는다. 도움을 요청할 수 있다는 것, 친구와 가족과 연결되어 있다는 것, 응원하고 격려하는 관계를 적극적으로 키우는 것은 나쁜 불안을 막을 수 있을 뿐 아니라 자신이 혼자가 아니라는 느낌을 견고하게 해준다. 이는 스트레스의 거대한 파도에도 불구하고 건강한 삶을 유지하기 위해 회복탄력성에 기대야 할 순간에 꼭 필요하다. 상실이나 여러 형태의 고통에 괴로워할 때 위축되는 것은 자연스럽다. 실제로 우리는 애도 중인 동물들이 이러한 행동을 보이는 것을 관찰할 수 있다. 그러나 우리는 자기 돌봄을 위해 도와주는 사랑의 손길로 우리 자신을 이끌 힘 또한 지니고 있다.

· · · · · · · ·

회복탄력성을 키우는 것을 실험처럼 생각해보자. 자신에게 물어보자. 우리가 친구를 위해 손쉽게 할 수 있고 기쁨을 줄 수 있는 가장 단순한 일은 무엇일까? 이제 이를 실천하고 어떻게 느꼈는지 경험을 적어보자(이것이 실험의 일부이다). 수많은 신경과학적 연구 결과를 신뢰한다면 이타주의는 엄청난 도파민 상승효과가 있고 이는 회복탄력성을 효율적으로 키우는 강력한 방법이다. 자신이 쉽게 할 수 있지만 친구가 새롭거나 재미있게 느낄 수 있는 일을 해보자. 누구나 친구를 위해 자신이 들이는 노력에 비해 훨씬 많은 기쁨을 가져다주는 일을 할 수 있다. 베이킹을 할 줄 알거나 자동차 오일을 교체할 줄 안다면? 컴퓨터나 스마트폰을 더 효율적으로 활용할 줄 안다면? 내가 할 줄 아는 것은 친구들의 아이들을 위해 양의 두뇌 해부를 보여주는 것이었다. 나는 이 일을 빠르고 흥미롭게, 항상 즐거운 마음으로 할 수 있다. 매번 할 때마다 충격과 놀라움을 금치 못하는 그들의 반응을 보는 것도 즐겁다. 그래서 내게 도파민을 상승시키는 이타주의적 비법은 내 연구소에서 8~10세 정도의 친구 아이들을 위해 양 두뇌를 해부하는 행사를 주최하는 거다. 모든 사람의 여유 시간을 찾아 날짜를 정하는 것 외에 나는 특별한 준비를 할 필요가 없지만 어른과 아이들 모두는 처음 느꼈던 거부감을 극복하고 나면 너무 즐거워한다. 그리고 나는 아이스크림을 대접받는다! 주위 사람들을 위해 자신이 줄 수 있는 특별한 선물은 무엇인지 생각해보는 시간을 가져보자.

작은 몰입의 순간 만들기

완벽함은 연습으로 만들어진다

연습의 힘을 탐구해보자. 늘 하고 싶었지만, 시간이 없어 하지 못했던 기술이 있다면 다음 주에 연습해보자. 적어도 매일 20분 정도, 언제 어디서든 할 수 있는 대로 연습해보자. 연습 시간을 기록해서 한 주간의 연습 후에 실력 변화를 확인해보자. 갈고, 닦고, 반복하자!

몰입하기: 될 때까지 되는 척하기

이 연습은 자연스럽게 몰입이 나타나기 전까지 몰입의 정신을 삶에 부여하는 훌륭한 방법이다. 즉, 될 때까지 되는 척하는 것이다! 이 연습이 효과가 있으려면 다른 사람이 자신을 지켜보면서 '도움이 될 만한' 조언을 주는 일이 없도록 개인적으로 실행하는 것이 중요하다. 방법은 다음과 같다. 지금은 잘하지 못하지만, 마음속으로 더 잘하고 싶은 활동이나 기술을 선택해보자. 나에게는 노래였다. 이제 사적인 공간을 찾아 애창곡을 마음껏 부르되 얼마나 잘하는지 신경 쓰지 말고 즐거움에 집중해보자. 나는 자신의 목소리를 휘트니 휴스턴이나 비욘세와 비교하거나 자신이 그린 그림을 마티스나 바스키아의 작품에 비교하는 내면의 완벽주의자 때문에 시작도 하기 전에 몰입이 밟혀 버린다고 생각한다. 이 연습은 즐겁게 참여할 때 몰입을 만들어 낼 수 있는지 살펴보기 위한 연습이다. 이 연습을 규칙적으로 시도하면 가짜 몰입이 실제 몰입으로 바뀔 뿐만 아니라 실력이 눈에 띄게 향상된다는 것을 확신한다. 이 연습을 적용할 수 있는 다른 활동들로는 벽이나 기계에 테니스공 치기, 골프 연습장에서 골프공 치기, 그림 그리기, 요리하기, 재봉, 칼 갈기, 집 청소, 애견 훈련 등이 있다. 일상의 활동을 온전히 즐기는 것만으로도 몰입을 만들어 낼 수 있다면 어떨까? 내가 경험했던 것처럼, 작은 몰입의 경험과 더불어 이러한 연습은 우리의 삶에 더 큰 몰입을 가져다줄 것이다.

작은 몰입의 순간들을 새롭게 만들어 가기

이것은 작은 몰입을 경험하기 위해 새롭고 대안을 탐구하고 만드는 것을 말한다. 여기서 작은 몰입의 순간이란 우리가 자기 자신과 합일하여 현재 순간을 어떻게 경험하고 있는지를 분명하게 느끼는 짧은 순간들을 뜻한다. 어떻게 하면 될까? 1~2주 동안 기분 좋았던 일을 기록하면서 시작해보자. 어떤 것이라도 기분 좋은 일을 경험할 때마다 기쁘거나, 사랑받거나, 감사하거나 강해지고 있다는 느낌을 받았을 때 그냥 적어보자. 이제 그 목록을 살펴보자. 반복되는 주제가 보이는가? 기분 좋은 일로 이어지는 시간이나 장소가 있다면 무엇인가? 이들 중 일부는 작은 몰입의 목록에 이미 있을 수도 있고 없을 수도 있다. 이제 자신의 삶에서 기분 좋은 순간을 만들어주는 주제나 영역을 살펴보자. 이것은 사람들과 함께 하거나 혼자 시간을 보내는 것일 수도 있다. 이러한 주제들을 활용하면 자신의 일상에서 작은 몰입의 순간을 더 많이 경험할 수 있다. 또한 이러한 기록을 통해 자신의 삶에 무엇이 빠져 있는지도 발견할 수 있다. 아마도 즐겁다고 생각하는 독서, 영화 감상이나 여러 다른 활동이 이에 포함되지 않을 수 있다. 이것은 자신의 삶에 작은 몰입의 순간을 더 많이 만들어 내기 위해 살펴봐야 할 부분일 수도 있다.

즐거움 조건화 연습하기

어두운 길에서 강도의 접근 같은 무서운 경험을 겪게 되면 오랫동안 그 장소를 피하게 된다. 이것은 편도체에 의한 공포 조건화의 예시로 나쁜 일이 일어났던 장소(어두운 거리)가 강한 공포 반응과 자동으로 연결되어 이를 제거하기가 매우 어려워진 것이다. 그런데 알고 보니 편도체는 긍정적인 기분과 감정의 조건화를 돕기도 하는데, 나는 이것을 '즐거움 조건화'라고 부른다. 공포 조절이 자신을 안전하게 지킬 수 있도록 강력하게 자동 반응했지만, 즐거움 조건화는 일상적 삶의 질을 확장하기 위해 활용할 수 있다(특히 불안감이 높은 날에는 더욱 그렇다). 즐거움 조건화는 다음과 같이 작동한다. 두 가지 핵심 요소를 가진 과거의 경험을 선택해보자. 첫 번째는 다시 느끼고 싶을 만큼 멋진 기분을 주는 경험이어야 한다. 그리고 두 번째는 그 기억과 관련된 후각 감각을 재현시킬 수 있어야 한다.

나의 예시로 인상적이었던 요가 수업을 들 수 있다. 수업하는 동안 나는 위로 엎드리고 아래로 엎드리고 뒤집기도 하는 다양한 요가 자세를 전문가처럼 멋지게 해냈다. 땀을 뻘뻘 흘리며 수업이 끝나갈 무렵, 모두가 제일 좋아하는 사바사나* 자세를 위해 누웠다. 내가 요가 매트에 깊숙이 몸을 묻은 채 사바사나를 시작하려던 찰나, 갑자기 요가 강사가 다가와서 라벤더 핸드크림을 묻힌 손을 내 코 앞에서 흔들다가 곧이어 내 인생에서 가장 황홀했던 목 마사지를 5초 동안 해주었다. 나는 천국에 있는 듯했다. 라벤더 핸드크림 향을 맡을 때면 자연스럽게 그 순간을 떠올리게 된다. 이것은 나의 뇌가 자동으로 라벤더 핸드크림을 목 마사지로 인해 특별했던 사바사나의 경험과 연결 지은 것으로 보인다(즉, 즐거움 조건화다). 그래서 나는 작은 라벤더 에센셜 오일 병을 들고 다니며 일상생활에서 기쁨이나 몰입이 필요할 때마다 오일 병을 열어 그 순간을 재현한다.

즐거움 조건화를 위해 멋진 기억을 되살려주는 에센셜 오일이나 다른 향을 이용해보자. 후각 자극이 가장 효과적인 이유는 후각 시스템이 새로운 장기 기억 생성에 필수적인 구조인 해마와 특별히 밀접한 관계를 맺고 있기 때문이다. 결과적으로 삶의 특정한 순간이나 사건은 향기와 연결 짓기 쉽다. 자신의 삶에 기쁨을 줄 수 있는 기억을 탐구하고 활용해보자. 행복했던 경험을 통해 삶의 질을 발전시키는 것은 자신이 가장 좋아하는 활동이 될 수 있다.

---

* 역주: 송장 자세라고 하며 매트 위에 편하게 눕는 자세를 말한다.

활동가 마인드셋으로 속도 높이기

마인드셋 확인하기

너무 많은 생각을 하지 말고 지금 당장 자기 자신이 느끼는 감정 열 가지를 짧게 써보자(예를 들어 답답한, 비판적인, 친절한, 짜증 난, 따뜻한, 화난, 감사하는 등). 그리고 그 이유도 써보자.

1.

2.

3.

4.

5.

6.

7.

8.

9.

10.

이제 비판이나 평가 없이(이 부분이 매우 중요함!) 위의 목록을 살펴보고 긍정적 단어에 동그라미를 한다. 그다음 자신에 대해 긍정적으로 느낄 수 있는 것들을 확장해보자. 이렇게 느끼는 이유는 무엇일까? 자신의 이런 특성에 대해 어떤 느낌이 드는가? 자기 평가의 가장 긍정적인 측면을 진정으로 이해하고 감사할 수 있도록 최대한 깊이 들어가보자. 만약 위의 목록에서 긍정적인 단어가 원하는 만큼 많지 않아도, 걱정할 필요가 없다! 두 번째 비법으로 빠르게 해결할 수 있다.

부정적인 자기 대화를 바꾸는 방법

이제 활동가 마인드셋을 통해 위의 목록에서 자신에 대해 느끼는 가장 부정적인 감정 두 가지에 집중해볼 것이다. 사람들이 자기 자신을 다그치거나 답답해할 때 흔히 볼 수 있는 두 가지 방식과 이를 바꿀 수 있는 예시를 살펴보자.

1. 경력에 진전이 없는 것 같아 짜증 날 때. 흔히 볼 수 있는 이러한 짜증과 답답함은 자신이 가장 잘하는 업무 능력이 무엇인지 알고 이에 초점을 맞춰 변화시킬 수 있다. 그것은 인맥 관리, 보고서 작성, 인적 관리나 금전 관리 능력일 수 있다. 여기서 중요한 것은 짜증을 유발하는 부분에서 생산적이고 긍정적인 측면

을 발견하기 위해 더욱 깊이 탐구하는 거다. 이제 여기에 집중해보자. '직장에서 내가 원하는 만큼 빨리 앞서갈 수 없어서 계속 짜증이 난다'가 과거의 마인드셋이라면, '나의 주요 강점인 X와 Y에 집중해서 약점을 보완하는 방법을 배우면 앞서 나갈 수 있다는 것을 나는 안다'로 바꿔보라.

2. 연애나 결혼 상대를 찾지 못해 좌절감을 느낄 때. 삶을 함께 하는 관계에서 가장 가치 있는 측면이 무엇인지 떠올려보자. 이것은 과거의 연인이나 가까운 친구와의 관계(가령 친한 친구 폴라에 대해 내가 늘 느끼는 신뢰감), 또는 부모님이나 자신이 잘 아는 사람들의 관계를 통해 관찰하고 우러러볼 만한 관계의 속성이 될 수도 있다. 자신이 가지지 못한 것에 집중하는 대신 자신이 원하는 중요한 요소들로 그림을 그려보는 방향으로 마인드셋을 바꾸어보자. 미래를 함께할 상대가 내 삶에 무엇을 가져다주길 바라는가? 이런 관계가 어떻게 작동하기를 바라는가? 앞으로의 관계를 위해 자신이 원하는 기본적인 요소를 생각해보는 것은 미래에 만날 상대를 제대로 평가하는 강력한 틀을 이해하고 준비할 수 있도록 돕는다. 이러한 시각화는 자신의 삶에서 중요한 요소가 결핍되어 있다는 생각에서 벗어나 자신이 찾는 관계의 요소를 만들어 갈 수 있도록 해주며, 따라서 좋은 사람이 나타났을 때 알아볼 수 있는 눈을 가질 수 있다.

감사 연습하기

이 도구는 단순하지만 자주 규칙적으로 활용하기를 추천한다. 즉, 자신의 삶에서 누리는 축복에 감사하는 시간을 가져 보는 것이다. 당연하게 여겨 왔던 것들, 항상 자신을 위해 해결책을 주는 팀 동료나 매일 자신을 지켜주는 집에 대한 감사함 등에 집중해 보자. 지금 손에 쥐고 있는 펜이 정말 좋다는 사소한 생각일지라도 한 시간에 하나씩 감사한 생각을 해보자. 이 연습은 자신만의 활동가적 마인드셋을 개발하고 자신에게 가장 절실하고, 영감을 주고받는 삶의 목표를 추구하는 데 도움을 줄 것이다.

마인드셋을 확장하고 강화하기

근육은 많이 사용할수록 강해지고 움직임이 유연해진다. 많은 면에서 뇌도 비슷하게 작동한다. 우리가 늘 사용하는 신경망과 경로는 자주 사용할수록 강해지고 효율적이며 민첩해진다. 알다시피 마인드셋은 기질이나 성격적 특성을 넘어 개방성, 유연성, 낙관성을 지향한다. 누구나 자신에 대한 관점을 다시 훈련해 성장 지향적으로 만들 수 있는 힘을 가지고 있다. 그렇다면 활동가 정신의 신경 '근육'을 어떻게 키울 수 있을까? 그 대답은 가능한 한 많이 사용하는 것이다.

인지적 유연성의 '근육'을 '강화'하는 최고의 방법 중 하나는 바로 활동가적 마인드셋의 개발 방법을 배우는 것처럼 실수를 통해 학습하는 연습이다. 누구나 크고 작은 실수를 저질렀던 기록이 있다. 어떤 이들에게는 이러한 기록이 나쁜 불안의 초점이 되어, 자신이 미숙하다는 증거가 될 수 있다. 하지만 이런 과거에 대해 걱정하는 대신 자신에게 유리하게 사용하는 방법이 있다. 하루가 끝나갈 때, 실수나 거짓말처럼 느껴지는 그 순간을 통해 새롭게 얻은 통찰이나 교훈을 의식적으로 생각해보자. 우리가 모두 똑같은 실수를 저지른 것이 아니고, 모든 실수가 삶을 변화시킬 통찰을 제공하는 것도 아니다. 하지만 추가적인 성찰의 시간을 가지면 때때로 그 사건이 전혀 실수가 아니었다는 걸 깨달을 수도 있다. 실수를 통해 얻은 교훈을 평가해보는 것이 어떻게 작은 지식과 지혜의 선물로 이어지는지를 깨닫는다면 깜짝 놀랄지도 모른다.

내가 좋아하는 예시 중 일부는 부분적인 결함과 결핍이 새롭고, 예기치 않은 무언가를 창조할 때다. 그것은 서브를 받아 칠 때 테니스공이 네트에 계속 부딪히는 이유에 주의를 기울이는 것만큼 단순한 것일 수 있다. 처음에는 같은 실수를 반복한다. 아무리 네트 위로 공을 넘기고 싶어도 공은 넘어가지 않는다. 그러면 코치가 라켓의 평면과 공이 만나는 방식이 공을 위가 아닌 아래로 보내고 있다고 지적해준다. 교정 후 이제 공은 공중을 날아 네트 위를 통과하지만, 너무 높아 경계선 밖으로 나간다. 그러면 다시 교정한다. 테니스 수업이 몇 주가 지나야 어떻게 라켓을 잡고 볼을 쳐야 스윙과 공의 방향을 통제할 수 있는지 이해하기 시작한다. 불안을 관리하는 것도 무척 비슷하다. 자신의 목표가 무엇인지 파악하면, 우리가 원하는 방향으로 나아가도록 반응을 조절할 수 있다.

실수를 통한 학습에 대한 더욱 복잡 미묘한 예시를 위해서 눈도 깜빡이지 않고 굉장한 거짓말을 했던 기억이 있다면 되돌아보자. 생각만 해도 움찔하거나 일부러 잊으려고 애쓰는 그런 기억 말이다. 이때도 시각화가 강력한 도구로 작용할 수 있다. 직장 행사에서 상사의 이름을 잊어버렸던 순간일 수도 있다. 당혹감과 수치심을 기억하는 대신, 그 장면으로 다시 돌아가 상황이 원만하게 풀리는 장면을 상상해보자. 상사의 이름을 기억하고 재치 있는 말을 하며 모든 것이 잘 풀렸다. 새로운 장면을 머릿속에서 만들어내면서 실제로 일어난 일에 대한 부정적인 감정을 덮어버릴 힘을 가진 새로운 기억을 만들 수 있다. 과거를 바꿀 수 있는 것은 아니지만, 당황스러운 과거의 기억으로 막혀있는 현재의 길을 여는데 도움이 된다. 덤으로, 이제 상사의 이름을 다시는 잊어버리지 않을 것이다!

자신의 뇌를 지금 이 순간에 집중하라

걱정 목록 다시 쓰기

걱정 목록이란 생각을 방해하고 미루게 하며 그 외 자신을 방해하는 성가신 걱정들의 목록을 말한다. 만약 내가 보고서, 에세이,

보조금 지원서, 영업 제안서 등의 빈칸 채우기를 해내지 못한다면? 만약 내가 직장을 잃는다면? 만약 내가 5킬로그램이나 찐 살을 못 뺀다면? 대부분은 자신을 괴롭히는 걱정거리를 가지고 있다. 이런 걱정거리는 종종 고집스럽고 딱히 현실적이지 않을 때도 있다. 그럼 이러한 걱정이 자신을 덮치지 않도록 어떻게 멈출 수 있을까?

최근 연구에 따르면 두 가지 전략이 강력하고 신뢰할 만한 결과를 보여준다. 걱정의 긍정적인 결과를 시각화하거나 걱정 목록에 대한 대안적 결과를 말로 표현하면 걱정 즉, 덜 불안하고 자신의 '대처 능력이 향상되었다고 스스로 인식'[3]하게 된다고 한다. 다시 말해 걱정에서 물러나 충분한 거리를 두고 자신이 대처할 수 있다는 것을 깨닫게 된다.

연습해보자. 단순하다고 생각할 수 있지만 힘은 반복에서 비롯된다. 적어도 1주일 이상 스스로 실험해보는 것이 좋다. 하루에 한 번씩 연습을 반복하고 자신의 경험을 기록하는 것도 중요하다.

1. 자신의 걱정 목록에서 자주 경험하는 걱정거리 하나를 떠올려보자.

2. 5분 동안 오직 호흡에만 집중해보자. 마음이 흐트러지면 다시 호흡으로 돌아간다. 정해진 5분을 채우기 위해 타이머를 사용해도 좋다.

3. 이 연습 후, 걱정 목록에서 고른 항목으로 돌아가 다음 두 가지 중 하나를 실행해보자.

   i. 눈을 감고 그 걱정에 대한 긍정적인 결과를 상상해보자. 예를 들어 발표에 대해 걱정된다면 발표를 마친 후 친구와 동료들이 모두 다가와 얼마나 발표가 좋았고 자신이 지금까지 했던 발표 중에 얼마나 잘했는지를 말해주는 상황을 상상한다.

   ii. 눈을 감고 긍정적 결과를 큰 소리로 말해보자. 예를 들어 발표한 후 동료들과 지도 교수가 모두 다가와 정말 뛰어난 발표였다고 축하해주는 상황을 자기 자신에게 말한다.

'1회 연습' 후 기록하는 단계에서 이렇게 해보자. 호흡 단계 후에 어떤 느낌이었는지 생각해보고 시각화 단계나 말하기 단계 후에 어떤 느낌이었는지 또한 생각해보자. 걱정 목록에 있는 다른 항목으로 실험을 해볼 수도 있다. 목록에 있는 걱정거리들이 사라진다는 것을 보장해줄 순 없지만, 이에 대한 내성을 키울 수는 있다. 걱정으로부터 자신을 분리하여 이에 대해 좀 더 객관성을 가지게 될 것이다.

집중력에 집중하기

우리는 항상 해야 할 일들이 있다. 이 연습은 주의 집중력이 어떻게 작용하는지 인식하고 동시에 이를 개발하는 데 도움을 줄 수 있다.

아래와 같이 연습해보자.

1. 집이나 직장에서 곧 마무리해야 할 일을 시작할 때, 이 일에 딱 10분만 집중할 시간을 가져보자. 이 10분간은 전화 응답이나 웹 서핑, 좋아하는 뉴스 채널 확인, 반려동물과 놀기 등 다른 활동은 허용되지 않는다.
2. 10분을 채우면 자신을 격려하고, 필요하다면 짧은 휴식을 취한 다음 다시 시작한다.
3. 예를 들어 10분간의 도전 중에 갑자기 유튜브를 보게 되더라도 자신을 다그치지 말고 무엇이 집중력에 방해가 되었는지 간단히 기록하고 10분 타이머를 다시 시작한다.

이 연습은 자신을 방해하는 것이 무엇이고 그 이유가 무엇인지 인식하는 데 도움을 줄 것이다. 또한 자신의 집중력 한계가 어디까지인지, 15분이나 30분까지 집중할 수 있는지 살펴보자. 그리고 피곤할 때 무슨 일이 벌어지는지도 생각해보자. 마지막 항목은 고도의 집중력이 필요한 활동을 위해 휴식을 취해야 할지, 내려놓아야 할지를 알려줄 것이다.

환경 바꾸기

나쁜 불안이 쌓이기 시작할 때 주의력을 높이려면 환경을 바꾸는 것이 가장 좋은 방법 중 하나다. 운동을 더하면 효과는 더욱 배가 된다. 빠르게 걷는 것은 기분과 주의력에 모두 놀라운 효과를 줄 수 있다. 산책에 목표를 추가해 이 전략을 발전시켜보자. 아름답거나 걷기 좋은 목적지를 정하고, 응원과 도움을 주는 친구를 데려가거나 슈퍼마켓, 쇼핑몰 또는 심지어 공항에서 보통 걷는 거리보다 긴 산책을 해보자!

명상 습관화 하기

나의 첫 책 《체육관으로 간 뇌과학자》[4]를 읽었다면 규칙적인 명상을 시작하는 것이 내게 얼마나 어려웠는지 알고 있을 거다. 자가 명상부터 수업, 유튜브 강의까지 모든 것을 시도했지만 차 명상을 하기 전까지는 별다른 성과가 없었다. 차 명상에서는 자신의 생각과 감정을 인식하는 개방형 모니터링 명상과 차를 우리고 마시는 행위를 결합한다. 좋은 차를 실제로 주전자에 우려내는 행위와 명상을 함께 하는 것은 내가 그 전에 경험하지 못했던 리듬감과 목적의식을 주었다.

이렇게 해보자.

1. 테이블이나 편안한 곳에 자리를 잡고 끓는 물이 든 주전자, 석 잔 이상 분량의 찻잎을 담은 작은 주전자, 그리고 찻잔을 준비한다.
2. 뜨거운 물을 찻잎이 든 주전자에 붓는다.

3. 차가 우러나는 동안 조용히 앉아 있는다.

4. 조심스럽게 자신의 찻잔에 차를 따른다.

5. 차의 맛과 차가 목과 배를 따뜻하게 하는 감각을 음미하며 차를 마신다. 차를 마시는 동안 또는 다음 잔이 우러나기를 기다리는 동안 주변을 자세히 관찰하자. 나는 항상 실내에 식물을 많이 놓아둔 자리에서 차 명상을 하며 그저 가만히 식물들을 보며 조용한 시간을 보낸다. 실외라면 자연을 관찰하자.

6. 찻잎이 든 주전자의 물이 모두 우러날 때까지 이 의식을 반복한다.

매일 아침의 차 명상으로 명상법을 찾아 헤매는 나의 여정을 끝낼 수 있었다. 사실 나는 이런 일상의 의식이 필요했고 좋아했다. 내가 다른 형태의 명상을 적극적으로 추구하지는 않지만 때때로 차 명상을 하는 동안은 사랑과 친절, 그리고 연민의 명상 접근법을 포함하려고 노력한다. 예를 들어 사랑, 친절, 연민의 감정을 가장 강렬하게 불러일으키는 사람이나 동물에게 먼저 초점을 맞추고 원한다면 일상에서 이러한 감정을 덜 느끼는 사람들을 향해 같은 감정을 확장해본다. 대체로 나는 몸과 마음이 어떻게 느끼는지에 초점을 맞춘다. 나의 관심을 끌어당기는 찰나의 생각들을(첫 번째 예약 시간이 언제였더라? 어젯밤에 그 이메일을 보냈나?) 그냥 지나가도록 내버려둔다.

글쓰기를 통한 주의 집중하기

현재에 머물면서 자신의 뇌를 지금, 이 순간에 집중하도록 훈련하는 또 다른 좋은 방법은 규칙적인 글쓰기다. 잠자리에 들기 전이나 아침에 일어나는 시간은 종이 한 장 위에 마음을 비워낼 수 있는 완벽한 시간이다. 이 활동 또한 명상 습관을 들이는데 도움이 된다.

아래와 같이 해보자.

1. 5분 동안 일기장이나 주변에 있는 종이쪽지에 글을 써보자. 손 글씨는 타자를 치는 것보다 느리므로 더욱 깊은 생각을 통한 명상적인 과정이 될 수 있기에 손 글씨를 추천한다.
2. 지금, 이 순간 몸이 어떻게 느껴지는지 정확히 적어보자. 발부터 시작해 간단하게 묘사하며(튼튼한, 강력한, 뻐근한, 빡빡한 등 느껴지는 대로) 점차 올라가거나, 몸의 특정 부위와 호흡에 집중해보자.

지금, 이 순간에 발붙이기 위해 몸의 감각에 집중한다. 5분 안에 모두 쓰거나 쓴 내용을 다 읽을 수 있는지는 중요하지 않다(나도 가끔 안될 때가 있다). 요점은 이 활동을 이용해 지금 여기에 집중하는 것이다.

창의성은 연습하면 된다

불안에 뛰어들기

압박감을 느꼈을 때 머릿속에서 바로 떠오른 유일한 아이디어로 해결책을 내거나 임기응변으로 대처한 적이 있는가? 만일 그렇다면 창의성을 위한 나쁜 불안의 한 측면을 이미 활용한 것이다. 비록 가장 우아한 방식의 해결책은 아니었을지라도 불안을 연료로 한 그 해법이야말로 장애물을 넘기 위해 자신에게 꼭 필요했던 것이었을 수 있다. 과거, 순발력 있게 문제를 해결했던 순간들을 생각해보고, 자신이 가장 좋아하는 예시를 적어보자.

예를 들어 나는 하루 종일 허리를 굽힌 상태로 컴퓨터에 글을 썼기 때문에 등과 목에 심한 통증을 겪었다. 특히 집에서 오랫동안 책을 집필할 때 심했다. 나는 입식 책상을 갖고 싶었지만 내가 사는 아파트에는 충분한 여유 공간이 없었다. 또한, 가격도 너무 비쌌다. 그럼에도 불구하고 내 어깨는 점점 더 구부러지고 있었다. 그때 나의 해결책은 키친타올이었다. 키친타올 두 개로 서서 할 수 있을 만큼 컴퓨터의 높이를 높이고, 사용하지 않을 때는 주방으로 쉽게 치울 수도 있었다.

이제 연습해보자. 일상생활에서 짜증과 불안을 일으키고 자신을 가로막는 것이 무엇인지 생각해보자. 문제에 대한 자신의 감정과 해결책을 찾고자 하는 욕망을 어떻게 분리할 수 있을까? 먼저 불안이 어떻게 느껴지는지에 초점을 맞춰보면 대안적인 해결책을 생각하는데 도움이 된다. 자기 자신에게 불안감, 짜증, 심지어 분노를 오롯이 경험할 수 있도록 허용해주는 것은 종종 자신의 삶에서 유용한 것을 창조하거나 고안해내는 기회가 된다. 이 연습으로 나쁜 불안을 이미 창의적인 문제 해결법으로 활용했던 과거의 경험을 되돌아볼 수 있다!

이야기 새로 쓰기

이 책에서 단 한 가지 깨달음을 얻길 바란다면, 불안으로 가득 차 있고 심지어 비극적이기까지 한 모든 힘든 일들이 창의성의 발판이 될 수 있다는 것이다. 이 연습을 위해서 과거에 힘들었던 상황을 생각해보자. 나쁜 이별은 종종 좋은 예가 될 수 있다. 이 경험에 대한 통찰력을 가질 수 있을 만큼 충분히 먼 과거로, 고통이나 불안을 일으키지 않는 사례를 고른다. 이제 그 이별에 대해 긍정적인 부분이 들어간 이야기를 작성해보자. 그 관계가 어떻게 시작되었는지, 어떤 좋은 추억이 있었는지 말이다. 그리고 관계의 끝을 묘사하는 단계에서는 관찰자가 된 것처럼 그 일들을 묘사해본다. 마지막으로 자기 자신에 대해 배운 삶의 교훈이나, 관계는 어떻게 작용하는지, 혹은 오늘날의 자신에게 그 관계가 어떤 영향을 주고 있는지를 포함하여 그 관계에서 가장 좋았던 부분을 생각해보자. 이야기 새로 쓰기는 실험을 재해석하는 방식과 비슷하지만, 자신의 삶에서 시련을 통한 배움의 경험을 기념하고 새로운 것으로 재창조할 수 있도록 해준다.

의도적 창의성 연습하기

주의력 네트워크를 활용하여 의도적 창의성을 연습할 차례다. 개인의 삶이나 직장 생활에서 해결하거나 개선하고 싶은 문제에 대해 생각해보자. 이제 어떤 문제나 과제에 대해 체계적으로 탐색하고 연구하기 위해 전전두피질을 기반으로 하는 주의 집중력 네트워크를 활용한다. 이런 문제를 어떻게 해결했는지 다른 사람들과 이야기해보고 관련된 해결법을 모두 찾아본다. 문제 해결에 충분한 시간을 두고 각 단계를 이전보다 더 깊이 있게 생각해보자. 다양한 해결책을 참고해볼 수도 있다. 이 연습의 요점은 의도적이고 주의력을 중심으로 하는 접근법을 사용하여 창의성의 범주를 탐색하는 것이다. 검토해볼 수 있도록 적어도 세 가지 해결책을 생각해보자.

비의도적 창의성 연습하기

해결이 필요한 다른 문제를 가져와보자. 예를 들어 음식을 낭비하지 않는 최적의 식단을 계획하거나 집을 친환경적으로 만드는 법 등을 말이다. 이번에는 문제에 간접적으로 접근하기 위해 마음을 자유롭게 두는 초기화 네트워크, 속칭 떠돌이 네트워크를 활용하는 비의도적 창의성을 활용한다. 창의성을 위한 이 두 가지 활동에는 모두 좋은 불안의 핵심 요인이 필요하다는 것을 기억하자. 즉, 문제를 창의적으로 해결하고자 하는 추진력이나 에너지와 같이 의도적이고 직접적인 방식이나 현재 문제를 해결하는데 영감을 주는 다른 아이디어에 초점을 맞추는 간접적인 방식으로 주의력 네트워크를 제어하는 것이다.

자각몽 연습하기

수 세기 동안 꿈은 영감과 창의성의 원천으로 간주되어 왔다. 특히 자각몽이라고 알려진 꿈의 한 형태는 의식적으로 연습하여 창의적인 생각이나 통찰력을 자극하기 위해 사용할 수 있다. 심리생리학자 스티븐 라베르지Stephen LaBerge는 자각몽에 대해 상당한 연구를 했고 자각몽을 연습하고 강화하는 방법을 책으로 자세히 썼는데, 자각몽을 경험하기 위한 간략한 방법은 아래와 같다.

1. 잠자리에 들기 전에 무슨 꿈을 꾸고 싶은지 결정하자. 목표나 의도를 가진다.
2. 이 의도에 대해 명상하고 의식적으로 잠들기 시작한다.
3. 잠들기 시작할 때 의도나 목표에 대한 장면 속에 자신의 모습을 그려본다.
4. 특정 세부 사항을 떠올리고 그것에 계속 집중한다. 이 과정은 꿈을 기억하는데 도움이 될 것이다.
5. 잠에서 깨어났을 때, 기억나는 대로 꿈을 가능한 한 자세히 적어 본다.

이 과정을 더 많이 연습할수록 뇌는 꿈에 더 많은 주의를 기울이게 될 것이다.

마사지를 받을 시간!

2012년 연구에 따르면 마사지는 옥시토신 수치를 증가시키며 옥시토신은 스트레스를 완화하는데 도움이 된다. 그렇다면 뇌의 옥시토신을 증가시키고 스트레스를 줄이기 위해 마사지보다 더 좋은 방법이 있을까? 해당 연구는 마사지가 어떤 종류의 자극이라도 무관하게 효과가 있는지(공항에 있는 마사지 의자도 마찬가지로 효과가 있는지) 아니면 특별히 사람의 접촉이 효과가 있는지 아직 결론을 내지는 못했지만, 마사지를 받을 좋은 구실이 필요하다면 그 이유는 여기에 있다! 접촉의 힘은 논란의 여지가 없다. 피부가 서로 닿도록 신생아를 엄마의 가슴 위로 올려놓는 이유, 손을 잡고 있으면 마음이 따뜻해지는 이유, 발을 문질러주면 긴장이 풀리는 이유는 모두 접촉의 힘 때문이다. 신체적 접촉은 옥시토신과 도파민을 방출하는데, 이것은 기분이 좋아지는 가장 강력한 뇌-신체의 화학물질이다!

포옹하기

마사지가 옥시토신 수치를 증가시킨다면, 포옹, 끌어안기, 입맞춤은 물론 섹스까지 다른 종류의 신체적 접촉 또한 뇌에 있는 옥시토신을 증가시켜 기분을 좋게 한다는 건 그리 놀랄만한 일도 아니다. 때로는 정말 포옹이 필요할 뿐이니, 두려워하지 말고 안

아달라고 부탁해보자!

큰소리로 웃기

웃음 또한 옥시토신을 방출한다. 사람을 만나 웃는 일에 끌리지 않는다면, 웃음을 주는 재미있는 영화, 코미디쇼, 좋아하는 TV 쇼 등으로 대신해보자. 웃음이 나오는 활동만 선택해 웃음 가득한 주말을 가져보자! 다양한 방법으로 웃음보가 터질 수 있다. 부모님 틱톡 확인하기, 유튜브로 예전 SNL 클립 시청하기, 영화 NG 장면 보기, 개그 콘서트에서 새로운 코너 발견하기 등 말이다.

사회성 근육 발달시키기

사회성 근육은 발달시킬 수 있다. 불안을 이용하면서도 공감 능력을 깨우고 타인과 연결되며 연민을 다듬는 간단하고 강력한 방법이 바로 여기 있다.

- 나쁜 기억으로 인한 불안: 살면서 진심으로 감사한 사람을 떠올려보자(그 사람은 불안을 유발하는 기억과 완전히 무관할 수도 있다). 그리고 손 글씨로 그 사람에게 감사한 이유를 적은 편지에 우표를 붙여 보낸다. 편지는 따뜻하고 짧은 내용일 수도 있지만 확실히 받는 사람이 좋아할 뿐만 아니라 그 사람과

의 관계가 돈독해질 수 있다.

- 금전적 걱정: 정말 금전적 도움이 필요한 좋은 일에 기부하면 금전적 걱정에 대한 새로운 관점을 가질 수 있다.
- 소외될 수 있다는 두려움: 단순한 안부 인사나 질문으로 문자 세 개를 보내보자.
- 시험 불안: 누군가를 화상 통화에 초대해 함께 공부해보자.
- 직장에 대한 걱정: 경험자에게 자기 계발을 위한 멘토나 조언 자가 되어 달라고 부탁한다.

여기에서 어떤 공통점을 발견할 수 있을까? 다이애나 로스는 이렇게 말한다. "손을 내밀어 다른 사람의 손을 잡으세요. 할 수 있다면 세상을 더 좋은 곳으로 만들어 보세요." 소통이 핵심이다. 그리고 실제로 마주하는 것이, 혹은 줌으로도, 너무 두렵다면 옛날 방식인 편지나 요즘 방식인 문자로 소통해보자. 보고 싶다는 친구의 문자를 받으면 얼마나 기분 좋은지 모른다. 다른 사람에게 이런 안부를 보내 보고 답장을 받았을 때 어떤 기분을 느끼는지 주의를 기울여보자.

웃는 '척'하기

사회성 근육을 손쉽게 키울 수 있는 빠르고 쉬운 방법은 웃음이다. 여기에도 과학이 있다. 캔자스대학교의 한 연구에 따르면, 스트레스가 많은 업무를 하는 동안 웃는 '척'하라는 지시를 받은 사람들은 웃지 않은 사람들보다 낮은 스트레스 반응을 나타냈다. 더 크게 웃는 척할수록 스트레스 반응이 낮아졌다. 심지어 연구자들은 막대기로 입술을 올려 웃는 모양을 만들 때도 전혀 웃지 않은 사람보다 낮은 스트레스 반응을 나타내는 것을 보여주었다. 이러한 반응의 특정 기제를 구체적으로 파악하지는 못했지만, 같은 실험을 반복한 결과 심호흡이 스트레스와 불안 수치에 미치는 즉각적인 영향과 유사할 것이라고 한다. 심호흡은 스트레스와 불안 수치를 줄여주는 부교감신경계를 모방하고 활성화한다. 마찬가지로 심지어 웃는 척하는 행위조차 신경계에서 같은 '휴식 및 소화' 반응을 활성화할 수 있다. 결론적으로 어려움에도 미소 지으면 불안의 순간을 헤쳐 나가는데 생각보다 더 큰 도움이 된다.

불안은 저주가 아니라
힘이 될 수 있다

이 책은 자신에 대해 가르쳐주는 정보를 주고, 충만하고 창의적
이며 스트레스가 덜한 삶으로 이끌어주는 불안의 모든 면을 포
용하기 위한 책이다. 나는 이제 불안이 저주가 아니라 힘이 될 수
있다는 것을 독자 여러분이 깨닫기를 희망한다. 또한 과학적 관
점에서 볼 때 우리가 생각했던 것보다 자신의 생각, 감정, 행동을
더 잘 통제할 수 있다는 것도 깨닫기를 희망한다. 이 책에 나온
연구와 사례, 그리고 연습 활동은 우리의 뇌가 얼마나 유연하고
가소성을 지녔는지, 그리고 좋은 불안이 학습과 적응의 욕구인
가소성을 어떻게 포착하고 활용하는지를 보여준다. 긍정적 마인

드셋, 생산성 향상, 연민, 수행 능력의 흐름, 창의성 깨우기, 회복 탄력성 충전하기, 이러한 모든 것들은 자신과 타인을 위한 뇌와 불안의 능력을 인식하고 소유함으로써 따르는 부가적인 혜택들이다. 여기서 마지막으로 여러분과 공유하고 싶은 초능력이 있다면 그것은 바로 사랑이다.

아버지와 오빠의 죽음은 나와 내 삶을 영원히 바꿔놓았다. 가장 즉각적인 영향 중 하나는 나와 엄마의 관계, 그리고 올케와 맺은 관계가 더욱 끈끈해졌다는 것이다. 달리 표현할 방법 없이 우리는 더 가까워졌다. 새로운 공감대가 생겼고, 더욱 깊으면서도 밖으로 '드러나는' 종류의 사랑과 깊고 의식적인 감사가 뿌리를 내렸다. 이 사랑은 모든 가족과 친구들에게 퍼져나갔다. 또한 크고 작은 방식으로 내 삶의 우선순위도 바꾸었다. 내가 시간을 어떻게 보내는지(친구, 가족과 함께 웃는 시간 늘리기, 혼자 연구실에 갇혀 연구 결과들을 검토하는 시간은 줄이기)에서부터 이 세상에서 무엇을 창조해내고 싶은지까지 말이다(뇌를 활용하여 사람들의 재능을 극대화할 수 있도록 도와주는 것).

사랑의 풍부한 힘을 통해 이 책은 내 마음속에서 더욱 명료해졌고 결국 집필도 더 수월해졌다. 표면 아래에 숨어있던 오빠에 대한 사랑이 사실 얼마나 큰 것이었는지, 오빠를 잃기 전까지는 드러나지 않았을 뿐이었다. 아마도 내 마음속에서 형제간 경쟁으로 인한 잔재나 여전히 남아있던 유치함 같은 것으로 그 사랑이 가려져 있었는지도 모른다. 오빠의 죽음은 그 사랑이 얼마나 심오한 의미가 있었는지를 여실히 보여주었다.

이별하기 전까지는 그 사람이 얼마나 특별한지 깨닫지 못한다는 오랜 격언이 나에게는 부정할 수 없는 사실이다. 다른 한편으로는 내가 오빠를 잃지 않았다면 그에 대한 사랑의 깊이를 결코 경험할 수 없었을 거라고 생각한다. 내가 느꼈던 모든 고통과 괴로움의 원인은 내 사랑의 표현이었을 뿐만 아니라, 내 삶에서 새롭게 확장된 사랑의 초능력을 발견하게 해준 본질이었다. 그 사랑이 이 책에서 불안을 기반으로 한 모든 초능력에 영감을 주었다.

나는 상실과 상처, 시련과 삶의 고통을 통해 깊이와 앎, 그리고 지혜를 얻을 수 있다는 것을 깨달았다. 그리고 이를 가장 잘 표현하는 방법은 자신의 삶에 대한, 그리고 자신의 삶을 위한 깊은 사랑이다. 결국 나는 아버지와 오빠를 잃었지만 아니 사실 그 덕분에 계속해서 한 사람으로서 성장하고 발전해간다.

나는 이 글을 읽는 모든 사람이 사랑을 느끼고 사랑을 포용하며 사랑을 전할 수 있게 되기를 바란다. 내 생각에 사랑이야말로 우리 자신이 지닌 가장 강력한 초능력이고, 이는 측정할 수 없을 만큼 너무나 커서 남은 삶을 풍족하고 활기차게 살아갈 수 있도록 해준다.

감사의 말

집필 파트너인 빌리 피츠패트릭의 지혜와 인내, 그리고 영감을 주는 필력에 깊은 감사의 뜻을 표한다. 탁월한 도서 기획자 이파트 레이스 겐델에게 그녀의 변치 않는 까칠함(!)과 창의성에 대한 감사의 말을 전한다. 그리고 긍정적인 에너지와 비전, 그리고 뛰어난 편집 능력을 가진 훌륭한 편집자 리아 밀러에게 감사하다.

1장 불안의 재발견

1   Joseph LeDoux, Anxious: Using the Brain to Understand and Treatand Anxiety (New York: Penguin Press, 2015).

2   Robert M . Sapolsky, "Why Stress Is Bad for Your Brain," Science 273 (5276), 1996: 749–50, doi:10.1126/science.273.5276.749; Robert M. Sapolsky, Why Zebras Don't Get Ulcers (New York: W. H. Freeman, 1998).

3   Jack P. Shonkoff and Deborah A. Phillips, eds., From Neurons to Neighborhoods: The Science of Early Childhood Development (Wash-DC: National Academies Press, 2000).

4   Website of the Anxiety & Depression Association of America,.org.

2장 나쁜 불안과 좋은 불안

1   Mark R. Rosenzweig, David Krech, Edward L. Bennett, and Marian C. Diamond, "Effects of Environmental Complexity and Training on Brain Chemistry and Anatomy: A Replication and Extension," Journal of Comparative and Physiological Psychology 55 (4), 1962: 429–37, doi:10.1037/h0041137.

2   Tiffany A. Ito, Jeff T. Larsen, N. Kyle Smith, and John T. Cacioppo, "Negative Information Weighs More Heavily on the Brain: The Negativity Bias in Evaluative Categorizations," Journal of Personality and Social Psychology 75 (4), 1998: 887–900, doi:10.1037//0022 –3514.75.4.887.

3   Robert Plutchik, "A General Psychoevolutionary Theory of Emotion," in Emotion: Theory, Research, and Experience, Volume 1: Theories of Emotion,

Robert Plutchik and Henry Kellerman, eds., (New York: Ac‑ademic Press, 1980), 3‑33.

4   Jeremy P. Jamieson, Alia J. Crum, J. Parker Goyer, Marisa E. Marotta, and Modupe Akinola, "Optimizing Stress Responses with Reappraisal and Mindset Interventions: An Integrated Model," Anxiety Stress and Coping 31 (3) 2018: 245‑61, doi:10.1080/10615806.2018.144261.

5   James J. Gross, "Emotion Regulation: Past, Present, Future," Cognition and Emotion, Volume 13: 1999;13:551‑573.

6   James J. Gross, "Antecedent‑ and Response‑Focused Emotion Regulation: Divergent Consequences for Experience, Expression, and Physiology," Journal of Personality and Social Psychology 74 (1), 1998: 224‑37, doi:10.1037//0022‑3514.74.1.224; James J. Gross, ed., Hand‑ book of Emotion Regulation, 2nd ed. (New York: Guilford Press, 2014).

7   Josh M. Cisler, Bunmi O. Olatunji, Matthew T. Feldner, and John P. Forsyth, "Emotion Regulation and the Anxiety Disorders: An Inte‑ grative Review," Journal of Psychopathology and Behavioral Assessment 32 (1), 2010: 68‑82, doi:10.1007/s10862‑009‑9161‑1.

3장 불안은 죄가 없다

1   Elizabeth I. Martin, Kerry J. Ressler, Elisabeth Binder, and Charles B. Nemeroff, "The Neurobiology of Anxiety Disorders: Brain Imaging, Genetics, and Psychoneuroendocrinology," Psychiatric Clinics of North America 32 (3), 2009: 549‑75, doi:10.1016/j.psc.2009.05.004; Rainer H. Straub and Maurizio Cutolo, "Psychoneuroimmunology‑ Developments in Stress Research," Wiener Medizinische Wochenschrift 168 (3‑4), 2018: 76‑84, doi:10.1007/s10354‑017‑0574‑2.

4장 불안이 주는 선물 1. 회복탄력성

1   Karen J. Parker and Dario Maestripieri, "Identifying Key Features of Early Stressful Experiences that Produce Stress Vulnerability and Resilience in Primates," Neuroscience & Biobehavioral Reviews 35 (7), 2011: 1466‑83, doi:10.1016/j.neubiorev.2010.09.003.

2   American Psychological Association, "Building Your Resilience," https://www.apa.org/topics/resilience.

3   Theodore M. Brown and Elizabeth Fee, "Walter Bradford Cannon: Pioneer Physiologist of Human Emotions," American Journal of Public Health 92 (10), 2002: 1594‑95.

4   Hideo Uno, Ross Tarara, James G. Else, Mbaruk A. Suleman, and Robert M. Sapolsky, "Hippocampal Damage Associated with Pro‑ longed and Fatal

Stress in Primates," Journal of Neuroscience 9 (5), 1989: 1705-11, doi:10.1523/JNEUROSCI.09-05-01705.1989.

5   Gang Wu, Adriana Feder, Hagit Cohen, Joanna J. Kim, Solara Cal- deron, et al., "Understanding Resilience," Frontiers in Behavioral Neuroscience 7 (10), 2013, doi:10.3389/fnbeh.2013.00010.

6   Richard Famularo, Robert Kinscherff, and Terence Fenton, "Psy- chiatric Diagnoses of Maltreated Children: Preliminary Findings," Journal of the American Academy of Child & Adolescent Psychiatry 31 (5), 1992: 863-67, doi:10.1097/00004583-199209000-00013.

7   Louise S. Ethier, Jean-Pascal Lemelin, and Carl Lacharité, "A Lon- gitudinal Study of the Effects of Chronic Maltreatment on Chil- dren's Behavioral and Emotional Problems," Child Abuse & Neglect 28 (12), 2004: 1265-78, doi:10.1016/j.chiabu.2004.07.006.

8   Jungeen Kim and Dante Cicchetti, "Longitudinal Trajectories of Self-System Processes and Depressive Symptoms Among Maltreated and Nonmaltreated Children," Child Development 77 (3), 2006: 624-39, doi:10.1111/j.1467-8624.2006.00894.x.

9   Celia C. Lo and Tyrone C. Cheng, "The Impact of Childhood Maltreatment on Young Adults' Substance Abuse," The Amer-ican Journal of Drug and Alcohol Abuse 33 (1), 2007: 139-46,.1080/00952990601091119.

10   Cathy Spatz Widom and Michael G . Maxfield, "A Prospectiveof Risk for Violence Among Abused and Neglected Children," Annals of the New York Academy of Sciences 794, 1996: 224-37, doi:10.1111/j.1749-6632.1996.tb32523.x.

11   Eamon McCrory, Stephane A. De Brito, and Essi Viding, "Research Review: The Neurobiology and Genetics of Maltreatment and Adversity," The Journal of Child Psychology and Psychiatry 51 (10), 2010: 1079-95, doi:10.1111/j.1469-7610.2010.02271.x.

12   Michael D. De Bellis, Matcheri S. Keshavan, Duncan B. Clark, B. J. Casey, Jay N. Giedd, et al., "Developmental Traumatology, Part II: Brain Development," Biological Psychiatry 45 (10), 1999: 1271-84, doi:10.1016/s0006-3223(99)00045-1.

13   Martin H. Teicher, Jacqueline A. Samson, Carl M. Anderson, and Kyoko Ohashi, "The Effects of Childhood Maltreatment on Brain Structure, Function and Connectivity," Nature Reviews Neuroscience 17 (10), 2016: 652-66, doi:10.1038/nrn.2016.111; Fu Lye Woon, Shabnam Sood, and Dawson W. Hedges, "Hippocampal Volume Deficits Associated with Exposure to Psychological Trauma and Posttraumatic Stress Disorder in Adults: A Meta-Analysis," Progress in Neuro-Psychopharmacology and Biological Psychiatry 34 (7), 2010: 1181-88, doi:10.1016/j.pnpbp.2010.06.016.

14   Jack P. Shonkoff and Deborah A. Phillips, eds., From Neurons to Neighborhoods: The Science of Early Childhood Development (Washington, DC: National Academies Press, 2000).

15   Jack P. Shonkoff, W. Thomas Boyce, and Bruce S. McEwen, "Neuroscience, Molecular Biology, and the Childhood Roots of Health Disparities: Building a

New Framework for Health Promo- tion and Disease Prevention," JAMA 301 (21), 2009: 2252-59, doi:10.1001/jama.2009.754.

16   Dominic J. C. Wilkinson, Jane M. Thompson, and Gavin W. Lambert, "Sympathetic Activity in Patients with Panic Disorder at Rest, Under Laboratory Mental Stress, and During Panic Attacks," JAMA Psychiatry 55 (6), 1998: 511-20, doi:10.1001/ archpsyc.55.6.511.

17   Flurin Cathomas, James W. Murrough, Eric J. Nestler, Ming-Hu Han, and Scott J. Russo, "Neurobiology of Resilience: Interface Be- tween Mind and Body," Biological Psychiatry 86 (6), 2019: 410-20, doi:10.1016/j.biopsych.2019.04.011.

18   M. E. Seligman, "Depression and Learned Helplessness," in The Psy-chology of Depression: Contemporary Theory and Research, eds. R. J. Friedman and M. M. Katz (London: John Wiley & Sons, 1974), 83-125.

19   J. Brockhurst, C. Cheleuitte-Nieves, C. L. Buckmaster, A. F. , and D. M. Lyons, "Stress Inoculation Modeled in Mice," Translational Psychiatry 5 (3), 2015: e537, doi: 10.1038/tp.2015.34; PMID: 25826112; PMCID: PMC4354359.

20   Gang Wu, Adriana Feder, Hagit Cohen, Joanna J. Kim, Solara Cal- deron, et al., "Understanding Resilience," Frontiers in Behavioral Neuroscience 7, 2013: 10, doi:10.3389/fnbeh.2013.00010.

5장 불안이 주는 선물 2. 몰입 경험

1   Malcolm Gladwell, Outliers: The Story of Success (New York: Little,2008).

2   Mihaly Csikszentmihalyi, Flow: The Psychology of Optimal ExperienceYork: HarperCollins, 1991).

3   Ibid.

4   Jeanne Nakamura and Mihaly Csikszentmihalyi, "Flow Theory and Research," in The Oxford Handbook of Positive Psychology, eds. Shane J. Lopez and C. R. Snyder (New York: Oxford University Press, 2009), 89-105.

5   Robert Yerkes and John D. Dodson, "The Relation of Strength of Stimulus to Rapidity of Habit Formation," Journal of Compar-ative Neurology & Psychology 18 (1908): 459-82, doi:10.1002/cne.920180503.

6   Sian Beilock, Choke: What the Secrets of the Brain Reveal About Getting It Right When You Have To (New York: Free Press, 2010)

7   Ibid.

6장 불안이 주는 선물 3. 활동가 마인드셋

1   Joseph Loscalzo, "A Celebration of Failure," Circulation 129 (9), 2014: 953-55, doi:10.1161/CIRCULATIONAHA.114.009220.

2   Carol S. Dweck, Mindset: The New Psychology of Success (New York:House, 2006).

3   Elizabeth I. Martin, Kerry J. Ressler, Elisabeth Binder, and Charles. Nemeroff, "The Neurobiology of Anxiety Disorders: Brain Imaging, Genetics, and Psychoneuroendocrinology," Psychiatric Clinics of North America 32 (3), 2009: 549-75, doi:10.1016/j.psc.2009.05.004.

4   Lang Chen, Se Ri Bae, Christian Battista, Shaozheng Qin, Tanwen Chen, et al., "Positive Attitude Toward Math Supports Early Academic Success: Behavioral Evidence and Neurocogni-tive Mechanisms," Psychological Science 29 (3), 2018: 390-402, doi:10.1177/0956797617735528.

5   William A. Cunningham and Philip David Zelazo, "Attitudes and Evaluations: A Social Cognitive Neuroscience Perspective," Trends in Cognitive Science 11 (3), 2007: 97-104, doi:10.1016/j.tics.2006.12.005.

6   Leo P. Crespi, "Quantitative Variation of Incentive and in the White Rat," American Journal of Psychology 55 (4), 1942: 467-517, doi:10.2307/1417120.

7장   불안이 주는 선물 4. 집중력

1   Sadia Najmi, Nader Amir, Kristen E. Frosio, and Catherine Ayers, "The Effects of Cognitive Load on Attention Control in Subclinical Anxiety and Generalised Anxiety Disorder," Cognition and Emotion 29 (7), 2015: 1210-23, doi:10.1080/026 99931.2014.975188.

2   Steven E. Petersen and Michael I. Posner, "The Attention System of the Human Brain: 20 Years After," Annual Review of Neuro-science 35 (2012): 73-89, doi:10.1146/annurev-neuro-062111-150525.

3   Adele Diamond, "Executive Functions," Annual Review of Psychology 64 (2013): 135-68, doi:10.1146/annurev-psych-113011-143750.

4   Morgan G. Ames, "Managing Mobile Multitasking: The Culture of iPhones on Stanford Campus," CSCW'13: Proceedings of the 2013 Conference on Computer Supported Cooperative Work (2013), 1487-98, doi:10.1145/2441776.2441945.

5   Antoine Lutz, Heleen A. Slagter, John D. Dunne, and Richard J. Davidson, "Attention Regulation and Monitoring in Meditation," Trends in Cognitive Sciences 12 (4), 2008: 163-69, doi:10.1016/j.tics.2008.01.005.

6   Matthieu Ricard, Antoine Lutz, and Richard J. Davidson, "Mind of the Meditator," Scientific American 311 (5), 2014: 39-45, doi:10.1038/scientificamerican1114-38; Lutz, Slagter, Dunne, and Davidson, "Attention Regulation and Monitoring in Meditation."

7   Heleen A. Slagter, Antoine Lutz, Lawrence L. Greischar, Andrew D. Francis, Sander Nieuwenhuis, et al., "Mental Training Affects Distribution of Limited Brain Resources," PLoS Biology 5 (6), 2007: doi:10.1371/journal.pbio.0050138.

8   Yi-Yuan Tang, Yinghua Ma, Junhong Wang, Yaxin Fan, Shigang Feng, et al., "Short-Term Meditation Training Improves Attention and Self-Regulation," Proceedings of the National Academy of Sciences 104 (43), 2007: 17152-56, doi:10.1073/pnas.0707678104.

9   Julia C. Basso and Wendy A. Suzuki, "The Effects of Acute Exercise on Mood, Cognition, Neurophysiology, and Neurochemical Path- ways: A Review," Brain Plasticity 2 (2), 2017: 127-52, doi:10.3233/BPL-160040.

10 Stan J. Colcombe and Arthur F. Kramer, "Neurocognitive Aging and Cardiovascular Fitness: Recent Findings and Future Directions," Journal of Molecular Neuroscience 24 (2004): 9-14, doi:10.1385/JMN:24:1:009.

11 James A. Blumenthal, Michael A. Babyak, P. Muriali Doraiswamy, Lana Watkins, Benson M. Hoffman, Krista A. Barbour, Steve Herman, et al., "Exercise and Pharmacotherapy in the Treatment of Major Depressive Disorder," Psychosomatic Medicine 69 (7): 587- 596, doi: 10.1097/PSY.0b013e318148c19a.

12 Gordon J. G. Asmundson, Mathew G. Fetzner, Lindsey B. Deboer, Mark B. Powers, Michael W. Otto, and Jasper A. J. Smits, "Let's Get Physical: A Contemporary Review of the Anxiolytic Effects of Exercise for Anxiety and Its Disorders," Depression & Anxiety 30 (4), 2013: 362-73, doi:10.1002/da.22043.

13 Stanley J. Colcombe, Kirk I. Erickson, Paige E. Scalf, Jenny S. Kim, Ruchika Prakash, et al., "Aerobic Exercise Training Increases Brain Volume in Aging Humans," The Journals of Gerontology Series A 61 (11), 2006: 1166-70, doi:10.1093/gerona/61.11.1166.

14 Basso and Suzuki, "The Effects of Acute Exercise on Mood, Cognition, Neurophysiology, and Neurochemical Pathways: A Review."

15 Joaquin A. Anguera, Jacqueline Boccanfuso, Jean L. Rintoul, Omar Al-Hashimi, Farshid Faraji, et al., "Video Game Training Enhances Cognitive Control in Older Adults," Nature 501 (7465), 2013: 97- 101, doi:10.1038/nature12486; Federica Pallavicini, Ambra Ferrari, and Fabrizia Mantovani, "Video Games for Well-Being: A Systematic Review on the Application of Computer Games for Cognitive and Emotional Training in the Adult Population," Frontiers in Psychology 9 (2018): doi:10.3389/fpsyg.2018.02127.

8장 불안이 주는 선물 5. 사회성

1   Jack P. Shonkoff, "From Neurons to Neighborhoods: Old and New Challenges for Developmental and Behavioral Pediatrics," Journal of Developmental & Behavioral Pediatrics 24 (1), 2003: 70-76, doi:10.1097/00004703-200302000-00014.

2   Matthew D. Lieberman, "Social Cognitive Neuroscience: A Review of Core Processes," Annual Review of Psychology 58 (2007): 259-89, doi:10.1146/annurev.psych.58.110405.085654.

3   Heide Klumpp, Mike Angstadt, and K. Luan Phan, "Insula Reactiv-ity and Connectivity to Anterior Cingulate Cortex When Processing Threat in Generalized Social Anxiety Disorder," Biological Psychology 89 (1), 2012: 273-76, doi:10.1016/j.biopsycho.2011.10.010.

4   Louise C. Hawkley and John T. Cacioppo, "Loneliness Matters: A Theoretical and Empirical Review of Consequences and Mech- anisms," Annals of Behavioral

Medicine 40 (2), 2010: 218-27, doi:10.1007/s12160-010-9210-8; Stephanie Cacioppo, John P. Capitanio, and John T. Cacioppo, "Toward a Neurology of Loneli-ness," Psychological Bulletin 140 (6), 2014: 1464-1504, doi:10.1037/a0037618.

5   Cigna, "New Cigna Study Reveals Loneliness at Epidemic Levels in America," May 1, 2018, https://www.cigna.com/about-us/newsroom/news-and-views/press-releases/2018/new-cigna-study-reveals-loneliness-at-epidemic-levels-in-america#:~:text=Research%20Puts%20Spotlight%20on%20the,U.S.%20and%20Potential%20Root%20Causes&text=The%20survey%20of%20more%20than,left%20out%20(47%20percent).

6   Julianne Holt-Lunstad, Timothy B. Smith, and J. Bradley Layton, "Social Relationships and Mortality Risk: A Meta-Analytic Review," PLoS Medicine 7 (7), 2010, doi:10.1371/journal.pmed.1000316.

7   Bhaskara Shelley, "Footprints of Phineas Gage: Historical Beginnings on the Origins of Brain and Behavior and the Birth of Cerebral Lo- calizationism," Archives of Medicine and Health Sciences 4 (2), 2016: 280-86.

8   James M. Kilner and Roger N. Lemon, "What We Know Currently about Mirror Neurons," Current Biology 23, 2013: R1057-R1062 . doi: 10.1016/j.cub.2013.10.051.

9   Frans B. M. de Waal and Stephanie D. Preston, "Mammalian Empathy: Behavioural Manifestations and Neural Basis," Nature Reviews Neuroscience 18 (8), 2017: 498-509, doi:10.1038/nrn.2017.72.

10   Giacomo Rizzolatti and Corrado Sinigalia, "The Mirror Mechanism: A Basic Principle of Brain Function," Nature Reviews Neruoscience 17 (12), 2016: 757-65, doi:10.1038/nrn.2016.135.

11   Claus Lamm, Jean Decety, and Tania Singer, "Meta-Analytic Evidence for Common and Distinct Neural Networks Associated with Directly Experienced Pain and Empathy for Pain," Neuro-image 54 (3), 2011: 2492-502, doi:10.1016/j.neuroimage.2010.10 .014.

12   Claus Lamm and Jasminka Majdandzic, "The Role of Shared Neural Activations, Mirror Neurons, and Morality in Empathy-A Critical Comment," Neuroscience Research 90 (2015): 15-24, doi:10.1016/j.neures.2014.10.008.

13   Kevin A. Pelphrey and Elizabeth J. Carter, "Brain Mechanisms for Social Perception: Lessons from Autism and Typical Development," Annals of the New York Academy of Sciences 1145 (2008): 283-99, doi:10.1196/annals.1416.007.

14   Greg J. Norman, Louise C. Hawkley, Steve W. Cole, Gary G. Bernt- son, and John T. Cacioppo, "Social Neuroscience: The Social Brain, Oxytocin, and Health," Social Neuroscience 7 (1), 2012: 18-29, doi:10.1080/17470919.2011 .568702; Candace Jones, Ingrid Ba-rrera, Shaun Brothers, Robert Ring, and Claes Wahlestedt, "Oxy- tocin and Social Functioning," Dialogues in Clinical Neuroscience 19 (2), 2017: 193-201, doi:10.31887/DCNS.2017.19.2/cjones.

15   Thomas R. Insel, "The Challenge of Translation in Social Neuro- science: A Review of Oxytocin, Vasopressin, and Affiliative Behav-ior," Neuron 65 (6), 2010: 768-79, doi:10.1016/j.neuron.2010.03.005.

16 Norman, Hawkley, Cole, Berntson, and Cacioppo, et al., "Social Neuroscience: The Social Brain, Oxytocin, and Health."

17 Candace Jones, Ingrid Barrera, and Shaun Brothers, et al., "Oxytocin and Social Functioning," Dialogues in Clinical Neuroscience 19 (2), 2017: 193-201.

18 Daniel Goleman, Working with Emotional Intelligence (New York: Bantam Dell, 2006).

19 Daniel Goleman, Social Intelligence: The New Science of Human Relationships (New York: Bantam Books, 2006).

9장 불안이 주는 선물 6. 창의성

1 Arne Dietrich, "The Cognitive Neuroscience of Creativity," Psy-Bulletin & Review 11 (6), 2004: 1011-26, doi:10.3758.

2 Ibid.

3 Julie Burstein, Spark: How Creativity Works (New York: HarperCol-lins, 2011).

4 Arne Dietrich and Hilde Haider, "A Neurocognitive Framework for Human Creative Thought," Frontiers in Psychology 7 (2017), 2078: doi:10.3389/fpsyg.2016.02078.

5 Ibid.

6 M. Jung-Benjamin, E. M. Bowden, J. Haberman, J. L. Frymiare,. Aranbel-Liu, et al., "Neural Activity When People Solve Ver-bal Problems with Insight," PLoS Biology 2 (4), April 2004: E97, doi:10.1371/journal.pbio.0020097.

7 Lindsey Carruthers, Rory MacLean, and Alexandra Willis, "The Re-lationship Between Creativity and Attention in Adults," Creativity Research 30 (4), 2018: 370-79, doi:10.1080/10400419.2018.1530910.

8 Randy L. Buckner, Jessica R. Andrews-Hanna, and Daniel L. Schacter, "The Brain's Default Network: Anatomy, Function, and Relevance to Disease," Annals of the New York Academy of Sciences 1124 (1), 2008: 1-38, doi.org/10.1196/annals.1440.011.

9 Roger E. Beaty, Yoed N. Kennett, Alexander P. Christensen, Monica D. Rosenberg, Mathias Benedek, Qunlin Chen, Andreas Fink et al., "Robust Prediction of Individual Creative Ability from Brain Functional Connectivity," Proceedings of the National Academy of Sciences115(5),2018:1087-92,doi:10.1073/pnas.1713.

10 Peter, "The Cognitive Neuroscience of Creativity," h+, August 16, 2015, https://hplusmagazine.com/2015/07/22/the-cognitive-neu-of-creativity/.

11 Scott B. Kaufman, 2007, "Creativity," in Encyclopedia of Special4th ed., Vol. 3, eds. Cecil R. Reynolds, Kimberly J.and Elaine Fletcher-Janzen (New York: Wiley, 2014).

12 Lindsey Carruthers, Rory MacLean, and Alexandra Willis, "The Relationship Between Creativity and Attention in Adults," Creativity Research 30 (4), 2018: 370-79, doi:10.1080/10400419.2018.1530910.

13　Jiangzhou Sun, Qunlin Chen, Qinglin Zhang, Yadan Li, Haijiang Li, et al., "Training Your Brain to Be More Creative: Brain Functional and Structural Changes Induced by Divergent Thinking Training," HumanMapping 37 (10), 2016: 3375-87, doi:10.1002/hbm.23246.

14　Julie Burstein, Spark: How CreativityWorks (New York: HarperCollins, 2011).

11장　불안을 유리한 방향으로 유도하기

1　James J. Gross and John P. Oliver, "Individual Differences in TwoEmotion Regulation Processes: Implications for Affect, Relation- ships, and Well-Being," Journal of Personality and Social Psychology 85 (2), 2003: 348-62, doi:10.1037/0022-3514.85.2.348.

2　Lisa Mosconi, Brain Food: The Surprising Science of Eating for Cognitive Power (New York: Aver, 2018).

12장　나를 지키는 좋은 불안 사용법

1　Lin-Manuel Miranda, Gmorning, Gnight!: Little Pep Talks for Me &(New York: Random House, 2018).

2　Qing Li, "Effect of Forest Bathing Trips on Human Immune" Environmental Health and Preventive Medicine 15 (1), 2009:9-17, doi:10.1007%2 Fs12199-008-0068-3.

3　Claire Eagleson, Sarra Hayes, Andrew Mathews, Gemma Perman, and Colette R. Hirsch, "The Power of Positive Thinking: Patho-logical Worry Is Reduced by Thought Replacement in Generalized Anxiety Disorder," Behaviour Research and Therapy 78, 2016: 13-18, doi:10.1016/j.brat.2015.12.017.

4　Wendy Suzuki and Billie Fitzpatrick, Healthy Brain, Happy Life: A Personal Program to Activate Your Brain & Do Everything Better (New York: Dey Street, 2015).

KI신서 11989

당신의 불안은 죄가 없다

1판 1쇄 발행 2024년 7월 17일
1판 3쇄 발행 2024년 9월 4일

지은이 웬디 스즈키
옮긴이 안젤라 센
감수 김경일
펴낸이 김영곤
펴낸곳 (주)북이십일 21세기북스

정보개발팀장 이리현
정보개발팀 최수진 이수정 강문형 이종배 박종수 김설아
교정 교열 이보라 **디자인 표지** 장마 **본문** 이슬기
출판마케팅영업본부장 한충희
마케팅1팀 남정한
출판영업팀 최명열 김다운 김도연
제작팀 이영민 권경민
해외기획실 최연순 소은선

출판등록 2000년 5월 6일 제406-2003-061호
주소 (10881) 경기도 파주시 회동길 201(문발동)
대표전화 031-955-2100 **팩스** 031-955-2151 **이메일** book21@book21.co.kr

ⓒ 웬디 스즈키, 2024
ISBN 979-11-7117-667-0 03180

(주)북이십일 경계를 허무는 콘텐츠 리더

21세기북스 채널에서 도서 정보와 다양한 영상자료, 이벤트를 만나세요!
페이스북 facebook.com/jiinpill21 **포스트** post.naver.com/21c_editors
인스타그램 instagram.com/jiinpill21 **홈페이지** www.book21.com
유튜브 youtube.com/book21pub